अशोक के फूल

अशोक के फूल

हजारीप्रसाद द्विवेदी

लोकभारती प्रकाशन

लोकभारती प्रकाशन
पहली मंजिल, दरबारी बिल्डिंग, महात्मा गांधी मार्ग
प्रयागराज-211 001
वेबसाइट : www.lokbhartiprakashan.com
ईमेल : info@lokbhartiprakashan.com
शाखाएँ : 1-बी, नेताजी सुभाष मार्ग, दरियागंज
नई दिल्ली-110 002
अशोक राजपथ, साइंस कॉलेज के सामने
पटना-800 006
1, अनमोल सोराबजी संतुक लेन, धोबी तलाव,
मरीन लाइंस, मुम्बई-400 002

पहला संस्करण : 1948
तैंतीसवाँ संस्करण : 2024

बी.के. ऑफसेट
नवीन शाहदरा, दिल्ली-110 032
द्वारा मुद्रित

ASHOK KE PHOOL
by Hazariprasad Dwivedi

ISBN : 978-81-8031-200-7

मूल्य : ₹ 695

प्रकाशकीय

प्रस्तुत पुस्तक के विषय में विशेष कुछ कहने की आवश्यकता नहीं है। श्री हजारीप्रसाद द्विवेदी उन इने-गिने चिंतकों में से हैं, जिनकी मूल निष्ठा भारत की पुरानी संस्कृति में है, लेकिन साथ ही नूतनता का आश्चर्यजनक सामंजस्य भी उनमें पाया जाता है। भारतीय संस्कृति, इतिहास, साहित्य, ज्योतिष और विभिन्न धर्मों का उन्होंने गहराई के साथ अध्ययन किया है। उनकी विद्वत्ता की झलक इस पुस्तक के निबंधों में स्पष्ट दिखाई देती है। लेखक की एक और विशेषता है। वह यह कि छोटी-से-छोटी चीज को भी वह सूक्ष्म दृष्टि से देखते हैं। वसंत आता है, हमारे आस-पास की वनस्थली रंग-बिरंगे पुष्पों से आच्छादित हो उठती है, लेकिन हममें से कितने हैं, जो उसके आकर्षक रूप को देख और पसंद कर पाते हैं? अपनी जन्मभूमि का इतिहास हममें से कितने जानते हैं? पर द्विवेदीजी की पैनी आँखें उन छोटी, पर महत्त्वपूर्ण चीजों को बिना देखे नहीं रह सकीं।

शिक्षा और साहित्य के बारे में द्विवेदीजी का दृष्टिकोण बहुत ही स्वस्थ है। पाठक देखेंगे कि तद्विषयक निबन्धों में साहित्य एवं शिक्षा को जनहित की दृष्टि से ढालने की उन्होंने एक नवीन दिशा सुझाई है। यदि उसका अनुसरण किया जा सके तो राष्ट्र-उत्थान के लिए बड़ा काम हो सकता है।

पुस्तक की भाषा और शैली के बारे में तो कहना ही क्या? भाषा चुस्त और शैली प्रवाहयुक्त है। कहीं-कहीं पर कठिन शब्दों का प्रयोग सामान्य पाठक को खटक सकता है; लेकिन प्रत्येक शब्द के साथ कुछ ऐसा वातावरण रहता है कि कभी-कभी कठिन शब्दों के प्रयोग से बचा नहीं जा सकता।

हमें आशा है कि पाठक इस संग्रह से अधिकाधिक लाभ उठाएँगे और द्विवेदीजी की अन्य रचनाओं को भी यथासमय प्रकाशित करने का हमें अवसर देंगे।

अट्ठाईसवाँ संस्करण

इस पुस्तक का अट्ठाईसवाँ संस्करण प्रस्तुत करते हुए हमें हर्ष हो रहा है। इतनी जल्दी सत्ताईसवाँ संस्करण निकल जाना इस बात का द्योतक है कि पुस्तक पाठकों को पसंद आई है। कई शिक्षण-संस्थानों ने इसे अपने पाठ्यक्रम में सम्मिलित कर लिया है। ऐसे स्वस्थ साहित्य का अधिक-से-अधिक प्रसार होना चाहिए। यदि हम चाहते हैं कि हमारे आज के नवयुवक जिम्मेदार नागरिक बनकर समाज और राष्ट्र के प्रति अपने कर्त्तव्य का सुचारु रूप से पालन करें, तो उन्हें ऐसी पुस्तकें अधिकाधिक संख्या में मिलनी चाहिए।

हमें विश्वास है पुस्तक की लोकप्रियता आगे और बढ़ेगी।

—प्रकाशक

अनुक्रम

अशोक के फूल

अशोक में फिर फूल आ गए हैं। इन छोटे-छोटे, लाल-लाल पुष्पों के मनोहर स्तबकों में कैसा मोहन भाव है! बहुत सोच-समझकर कंदर्प-देवता ने लाखों मनोहर पुष्पों को छोड़कर सिर्फ पाँच को ही अपने तूणीर में स्थान देने योग्य समझा था। एक यह अशोक ही है।

लेकिन पुष्पित अशोक को देखकर मेरा मन उदास हो जाता है। इसलिए नहीं कि सुन्दर वस्तुओं को हत्भाग्य समझने में मुझे कोई विशेष रस मिलता है। कुछ लोगों को मिलता है। वे बहुत दूरदर्शी होते हैं। जो भी सामने पड़ गया, उसके जीवन के अंतिम मुहूर्त तक का हिसाब वे लगा लेते हैं। मेरी दृष्टि इतनी दूर तक नहीं जाती। फिर भी मेरा मन इस फूल को देखकर उदास हो जाता है। असली कारण तो मेरे अंतर्यामी ही जानते होंगे, कुछ थोड़ा-सा मैं भी अनुमान कर सकता हूँ। बताता हूँ।

भारतीय साहित्य में, और इसलिए जीवन में भी, इस पुष्प का प्रवेश और निर्गम दोनों ही विचित्र नाटकीय व्यापार हैं। ऐसा तो कोई नहीं कह सकेगा कि कालिदास के पूर्व भारतवर्ष में इस पुष्प का कोई नाम ही नहीं जानता था; परन्तु कालिदास के काव्यों में यह जिस शोभा और सौकुमार्य का भार लेकर प्रवेश करता है, वह पहले कहाँ था! उस प्रवेश में नववधू के गृह-प्रवेश की भाँति शोभा है, गरिमा है, पवित्रता है और सुकुमारता है। फिर एकाएक मुसलमानी सल्तनत की प्रतिष्ठा के साथ-ही-साथ यह मनोहर पुष्प साहित्य के सिंहासन से चुपचाप उतार दिया गया। नाम तो लोग बाद में भी लेते थे, पर उसी प्रकार जिस प्रकार बुद्ध, विक्रमादित्य का। अशोक को जो सम्मान कालिदास से मिला, वह अपूर्व था। सुन्दरियों के आसिंजनकारी नूपुरवाले चरणों के मृदु आघात से वह फूलता था, कोमल कपोलों पर कर्णावतंस के रूप में झूलता था और चंचल नील अलकों की

अचंचल शोभा को सौ गुना बढ़ा देता था। वह महादेव के मन में क्षोभ पैदा करता था, मर्यादा पुरुषोत्तम के चित्त में सीता का भ्रम पैदा करता था और मनोजन्मा देवता के एक इशारे पर कंधों पर से ही फूट उठता था। अशोक किसी कुशल अभिनेता के समान झम से रंगमंच पर आता है और दर्शकों को अभिभूत करके खप-से निकल जाता है। क्यों ऐसा हुआ? कंदर्प-देवता के अन्य बाणों की कदर तो आज भी कवियों की दुनिया में ज्यों-की-त्यों है। अरविंद को किसने भुलाया, आम कहाँ छोड़ा गया और नीलोत्पल की माया को कौन काट सका? नवमल्लिका की अवश्य ही अब विशेष पूछ नहीं है; किन्तु उसकी इससे अधिक कदर कभी थी भी नहीं। भुलाया गया है अशोक। मेरा मन उमड़-घुमड़कर भारतीय रस-साधना के पिछले हजारों वर्षों पर बरस जाना चाहता है। क्या यह मनोहर पुष्प भुलाने की चीज थी? सहृदयता क्या लुप्त हो गई थी? कविता क्या सो गई थी? ना, मेरा मन यह सब मानने को तैयार नहीं है। जले पर नमक तो यह है कि एक तरंगायित पत्रवाले निफूले पेड़ को सारे उत्तर भारत में अशोक कहा जाने लगा। याद भी किया तो अपमान करके।

लेकिन मेरे मानने-न मानने से होता क्या है? ईसवी सन् के आरंभ के आस-पास अशोक का शानदार पुष्प भारतीय धर्म, साहित्य और शिल्प में अद्भुत महिमा के साथ आया था। उसी समय शताब्दियों के परिचित यक्षों और गंधर्वों ने भारतीय धर्म-साधना को एकदम नवीन रूप में बदल दिया था। पंडितों ने शायद ठीक ही सुझाया है कि गंधर्व और कंदर्प वस्तुतः एक ही शब्द के भिन्न-भिन्न उच्चारण हैं। कंदर्प-देवता ने यदि अशोक को चुना है तो यह निश्चित रूप से एक आर्येतर सभ्यता की देन है। इन आर्येतर जातियों के उपास्य वरुण थे, कुबेर थे, वज्रपाणि यक्षपति थे। कंदर्प यद्यपि कामदेवता का नाम हो गया है तथापि है वह गन्धर्व का ही पर्याय। शिव से भिड़ने जाकर एक बार यह पिट चुके थे, विष्णु से डरते थे और बुद्धदेव से भी टक्कर लेकर लौट आए थे। लेकिन कंदर्प-देवता हार मानने वाले जीव न थे। बार-बार हारने पर भी वह झुके नहीं। नये-नये अस्त्रों का प्रयोग करते रहे। अशोक शायद अंतिम अस्त्र था। बौद्ध धर्म को इस नये अस्त्र से उन्होंने घायल कर दिया, शैवमार्ग को अभिभूत कर दिया और शाक्त-साधना को झुका दिया। वज्रयान इसका सबूत है, कौल-साधना इसका प्रमाण है और कापालिक मत इसका गवाह है।

रवीन्द्रनाथ ने इस भारतवर्ष को 'महामानवसमुद्र' कहा है। विचित्र देश है वह! असुर आए, आर्य आए, शक आए, हूण आए, नाग आए, यक्ष आए, गंधर्व आए—न जाने कितनी मानव-जातियाँ यहाँ आईं और आज के

भारतवर्ष के बनाने में अपना हाथ लगा गईं। जिसे हम हिन्दू रीति-नीति कहते हैं, वे अनेक आर्य और आर्येतर उपादानों का अद्‌भुत मिश्रण है। एक-एक पशु, एक-एक पक्षी न जाने कितनी स्मृतियों का भार लेकर हमारे सामने उपस्थित हैं। अशोक की भी अपनी स्मृति-परंपरा है। आम की भी है, बकुल की भी है, चंपे की भी है। सब क्या हमें मालूम है? जितना मालूम है, उसी का अर्थ क्या स्पष्ट हो सका है? न जाने किस बुरे मुहूर्त में मनोजन्मा देवता ने शिव पर बाण फेंका था? शरीर जलकर राख हो गया और वामन-पुराण (षष्ठ अध्याय) की गवाही पर हमें मालूम है कि उनका रत्नमय धनुष टूटकर खंड-खंड हो धरती पर गिर गया। जहाँ मूठ थी, वह स्थान रुक्म-मणि से बना था, वह टूटकर धरती पर गिरा और चंपे का फूल बन गया! हीरे का बना हुआ जो नाह-स्थान था, वह टूटकर गिरा और मौलसरी के मनोहर पुष्पों में बदल गया! अच्छा ही हुआ। इन्द्रनील मणियों का बना हुआ कोटि-देश भी टूट गया और सुन्दर पाटल-पुष्पों में परिवर्तित हो गया। यह भी बुरा नहीं हुआ। लेकिन सबसे सुन्दर बात यह हुई कि चन्द्रकांत-मणियों का बना हुआ मध्यदेश टूटकर चमेली बन गया और विद्रुम की बनी निम्नतर कोटि बेला बन गई, स्वर्ग को जीतनेवाला कठोर धनुष जो धरती पर गिरा तो कोमल फूलों में बदल गया! स्वर्गीय वस्तुएँ धरती से मिले बिना मनोहर नहीं होतीं!

परन्तु मैं दूसरी बात सोच रहा हूँ। इस कथा का रहस्य क्या है? यह क्या पुराणकार की सुकुमार कल्पना है या सचमुच ये फूल भारतीय संसार में गन्धर्वों की देन हैं? एक निश्चित काल के पूर्व इन फूलों की चर्चा हमारे साहित्य में मिलती भी नहीं! सोम तो निश्चित रूप से गंधर्वों से खरीदा जाता था। ब्राह्मण-ग्रन्थों में यज्ञ की विधि में यह विधान सुरक्षित रह गया है। ये फूल भी क्या उन्हीं से मिले?

कुछ बातें तो मेरे मस्तिष्क में बिना सोचे ही उपस्थित हो रही हैं। यक्षों और गंधर्वों के देवता—कुबेर, सोम, अप्सराएँ—यद्यपि बाद के ब्राह्मण-ग्रंथों में भी स्वीकृत हैं, तथापि पुराने साहित्य में आप देवता के रूप में ही मिलते हैं। बौद्ध-साहित्य में तो बुद्धदेव को ये कई बार बाधा देते हुए बताए गए हैं। महाभारत में ऐसी अनेक कथाएँ आती हैं जिनमें संतानार्थिनी स्त्रियाँ वृक्षों के अपदेवता यक्षों के पास संतान-कामिनी होकर जाया करती थीं! यक्ष और यक्षिणी साधारणतः विलासी और उर्वरता-जनक देवता समझे जाते थे। कुबेर तो अक्षय निधि के अधीश्वर भी हैं। 'यक्ष्मा' नामक रोग के साथ भी इन लोगों का सम्बन्ध जोड़ा जाता है। भरहुत, बोधगया, साँची आदि में उत्कीर्ण मूर्तियों में संतानार्थिनी स्त्रियों का यक्षों के सान्निध्य के

लिए वृक्षों के पास जाना अंकित है। इन वृक्षों के पास अंकित मूर्तियों की स्त्रियाँ प्राय: नग्न हैं, केवल कटिदेश में एक चौड़ी मेखला पहने हैं। अशोक इन वृक्षों में सर्वाधिक रहस्यमय है। सुन्दरियों के चरण-ताड़न से उसमें दोहद का संचार होता है और परवर्ती धर्म-ग्रन्थों से यह भी पता चलता है कि चैत्रशुक्ल अष्टमी को व्रत करने और अशोक की आठ पत्तियों के भक्षण से स्त्री की सन्तान-कामना फलवती होती है। अशोक कल्प में बताया गया है कि अशोक के फूल दो प्रकार के होते हैं—सफेद और लाल। सफेद तो तांत्रिक क्रियाओं में सिद्धिप्रद समझकर व्यवहृत होता है और लाल स्मरवर्धक होता है। इन सारी बातों का रहस्य क्या है? मेरा मन प्राचीन काल के कुंझटिकाच्छन्न आकाश में दूर तक उड़ना चाहता है। हाय, पंख कहाँ हैं?

वह मुझे प्राचीन युग की बात मालूम होती है। आर्यों का लिखा हुआ साहित्य ही हमारे पास बचा है। उसमें सब कुछ आर्य दृष्टिकोण से ही देखा गया है! आर्यों से अनेक जातियों का संघर्ष हुआ। कुछ ने उनकी अधीनता नहीं मानी, वे कुछ ज्यादा गर्वीली थीं। संघर्ष खूब हुआ। पुराणों में इसके प्रमाण हैं। यह इतनी पुरानी बात है कि सभी संघर्षकारी शक्तियाँ बाद में देवयोनि-जात मान ली गईं। पहला संघर्ष शायद असुरों से हुआ। यह बड़ी गर्वीली जाति थी। आर्यों का प्रभुत्व इसने कभी नहीं माना। फिर दानवों, दैत्यों और राक्षसों से संघर्ष हुआ। गंधर्वों और यक्षों से कोई संघर्ष नहीं हुआ। वे शायद शांतिप्रिय जातियाँ थीं। भरहुत, साँची, मथुरा आदि में प्राप्त यक्षिणी मूर्तियों की गठन और बनावट देखने से यह स्पष्ट हो जाता है कि ये जातियाँ पहाड़ी थीं। हिमालय का देश ही गंधर्व, यक्ष और अप्सराओं की निवास-भूमि है। इनका समाज सम्भवत: उस स्तर पर था, जिसे आजकल के पंडित 'पुनालुअन सोसाइटी' कहते हैं। शायद इससे भी अधिक आदिम! परन्तु वे नाच-गान में कुशल थे। यक्ष तो धनी भी थे। वे लोग वानरी और भालुओं की भाँति कृषिपूर्व स्थिति में भी नहीं थे और राक्षसों और असुरों की भाँति व्यापार-वाणिज्यवाली स्थिति में भी नहीं। वे मणियों और रत्नों का सन्धान जानते थे, पृथ्वी के नीचे गड़ी हुई निधियों की जानकारी रखते थे और अनायास धनी हो जाते थे। सम्भवत: इसी कारण उनमें विलासिता की मात्रा अधिक थी। परवर्तीकाल में यह बहुत सुखी जाति मानी जाती थी। यक्ष और गन्धर्व एक ही श्रेणी के थे। परन्तु आर्थिक स्थिति दोनों की थोड़ी भिन्न थी। किस प्रकार कंदर्प-देवता को अपनी गन्धर्वसेना के साथ इन्द्र का मुसाहिब बनना पड़ा, वह मनोरंजक कथा है। पर यहाँ वह सब पुरानी बातें क्यों रटी जाएँ? प्रकृत यह है कि बहुत पुराने जमाने में आर्य लोगों को

अनेक जातियों से निपटना पड़ा था। जो गर्वीली थीं, हार मानने को प्रस्तुत नहीं थीं, परवर्ती साहित्य में उनका स्मरण घृणा के साथ किया गया और जो सहज ही मित्र बन गईं, उनके प्रति अवज्ञा और उपेक्षा का भाव नहीं रहा। असुर राक्षस, दानव और दैत्य पहली श्रेणी में तथा यक्ष, गंधर्व, किन्नर, सिद्ध, विद्याधर, वानर, भालू आदि दूसरी श्रेणी में आते हैं। परवर्ती हिन्दू-समाज इन सबको बड़ी अद्‌भुत शक्तियों का आश्रय मानता है, सबमें देवता-बुद्धि का पोषण करता है।

अशोक-वृक्ष की पूजा इन्हीं गन्धर्वों और यक्षों की देन है। प्राचीन साहित्य में इस वृक्ष की पूजा के उत्सवों का बड़ा सरस वर्णन मिलता है। असल पूजा अशोक की नहीं, बल्कि उसके अधिष्ठाता कंदर्प-देवता की होती थी। इसे 'मदनोत्सव' कहते थे। महाराज भोज के 'सरस्वती-कंठाभरण' से जान पड़ता है कि यह उत्सव त्रयोदशी के दिन होता था। 'मालविकाग्निमित्र' और 'रत्नावली' में इस उत्सव का बड़ा सरस मनोहर वर्णन मिलता है। मैं जब अशोक के लाल स्तबकों को देखता हूँ तो मुझे वह पुराना वातावरण प्रत्यक्ष दिखाई दे जाता है। राजघरानों में साधारणत: रानी ही अपने सनूपुर चरणों के आघात से इस रहस्यमय वृक्ष को पुष्पित किया करती थीं। कभी-कभी रानी अपने स्थान पर किसी अन्य सुन्दरी को नियुक्त कर दिया करती थीं। कोमल हाथों में अशोक-पल्लवों का कोमलतर गुच्छ आया, अलक्तक से रंजित नूपुरमय चरणों के मृदु आघात से अशोक का पाद-देश आहत हुआ—नीचे हलकी रुनझुन और ऊपर लाल फूलों का उल्लास! किसलयों और कुसुम-स्तबकों की मनोहर छाया के नीचे स्फटिक के आसन पर अपने प्रिय को बैठाकर सुन्दरियाँ अबीर, कुंकुम, चन्दन और पुष्प-सम्भार से पहले कंदर्प-देवता की पूजा करती थीं और बाद में सुकुमार भंगिमा से पति के चरणों पर वसन्त-पुष्पों की अंजलि बिखेर देती थीं। मैं सचमुच इस उत्सव को मादक मानता हूँ। अशोक के स्तबकों में वह मादकता आज भी है, पर पूछता कौन है? इन फूलों के साथ क्या मामूली स्मृति जुड़ी हुई है? भारतवर्ष का सुवर्ण-युग इस पुष्प के प्रत्येक दल में लहरा रहा है।

कहते हैं, दुनिया बड़ी भुलक्कड़ है! केवल उतना ही याद रखती है, जितने से उसका स्वार्थ सधता है। बाकी को फेंककर आगे बढ़ जाती है। शायद अशोक से उसका स्वार्थ नहीं सधा। क्यों उसे वह याद रखती? सारा संसार स्वार्थ का अखाड़ा ही तो है।

अशोक का वृक्ष जितना भी मनोहर हो, जितना भी रहस्यमय हो, जितना भी अलंकारमय हो, परन्तु है वह उस विशाल सामंत-सभ्यता की परिष्कृत

रुचि का ही प्रतीक, जो साधारण प्रजा के परिश्रमों पर पली थी, उसके रक्त के संसार कणों को खाकर बड़ी हुई थी और लाखों-करोड़ों की उपेक्षा से जो समृद्ध हुई थी। वे सामंत उखड़ गए, समाज ढह गए, और मदनोत्सव की धूमधाम भी मिट गयी। संतान-कामिनियों को गंधर्वों से अधिक शक्तिशाली देवताओं का वरदान मिलने लगा—पीरों ने, भूत-भैरवों ने, काली-दुर्गा ने यक्षों की इज्जत घटा दी। दुनिया अपने रास्ते चली गई, अशोक पीछे छूट गया!

मुझे मानव-जाति की दुर्दम-निर्मम धारा के हजारों वर्ष का रूप साफ दिखाई दे रहा है। मनुष्य की जीवनी-शक्ति बड़ी निर्मम है, वह सभ्यता और संस्कृति के वृथा मोहों को रौंदती चली आ रही है। न जाने कितने धर्माचारों, विश्वासों, उत्सवों और व्रतों को धोती-बहाती यह जीवन-धारा आगे बढ़ी है। संघर्षों से मनुष्य ने नई शक्ति पाई है। हमारे सामने समाज का आज जो रूप है, वह न जाने कितने ग्रहण और त्याग का रूप है। देश और जाति की विशुद्ध संस्कृति केवल बाद की बात है। सबकुछ में मिलावट है, सबकुछ अविशुद्ध है। शुद्ध है केवल मनुष्य की दुर्दम जिजीविषा (जीने की इच्छा)। वह गंगा की अबाधित-अनाहत धारा के समान सबकुछ को हजम करने के बाद भी पवित्र है! सभ्यता और संस्कृति का मोह क्षण-भर बाधा उपस्थित करता है, धर्माचार का संस्कार थोड़ी देर तक इस धारा से टक्कर लेता है, पर इस दुर्दम धारा में सबकुछ बह जाते हैं। जितना कुछ इस जीवनी-शक्ति को समर्थ बनाता है; उतना उसका अंग बन जाता है, बाकी फेंक दिया जाता है। धन्य हो महाकाल, तुमने कितनी बार मदनदेवता का गर्व-खंडन किया है, धर्मराज के कारागार में क्रान्ति मचाई है, यमराज के निर्दय तारल्य को पी लिया है, विधाता के सर्वकर्तृत्व के अभिमान को चूर्ण किया है! आज हमारे भीतर जो मोह है, संस्कृति और कला के नाम पर जो आसक्ति है, धर्माचार और सत्यनिष्ठा के नाम पर जो जड़िमा है, उसमें का कितना भाग तुम्हारे कुंठनृत्य से ध्वस्त हो जाएगा, कौन जानता है! मनुष्य की जीवन-धारा फिर भी अपनी मस्तानी चाल से चलती जाएगी। आज अशोक के पुष्प-स्तबकों को देखकर मेरा मन उदास हो गया है, कल न जाने किस वस्तु को देखकर किस सहृदय के हृदय में उदासी की रेखा खेल उठेगी! जिन बातों को मैं अत्यन्त मूल्यवान समझ रहा हूँ और जिनके प्रचार के लिए चिल्ला-चिल्लाकर गला सुखा रहा हूँ, उनमें कितनी जिएँगी और कितनी बह जाएँगी; कौन जानता है! मैं क्या शौक से उदास हुआ हूँ, माया काटे कटती नहीं। उस युग के साहित्य और शिल्प मन को मसले दे रहे हैं। अशोक के फूल ही नहीं, किसलय भी हृदय को कुरेद रहे हैं।

कालिदास जैसे कल्पकवि ने अशोक के पुष्प को ही नहीं, किसलयों को भी मदमत्त करनेवाला बताया था—अवश्य ही शर्त यह थी कि वह दयिता (प्रिया) के कानों में झूम रहा हो—**'किसलय प्रसवोऽपि विलासिनां मदयिता दयिता श्रवणार्पितः!'** परन्तु शाखाओं में लंबित, वायु लुलित किसलयों में भी मादकता है। मेरी नस-नस से आज करुण-उल्लास की झंझा उत्थित हो रही है। मैं सचमुच उदास हूँ।

आज जिसे हम बहुमूल्य संस्कृति मान रहे हैं, वह क्या ऐसी ही बनी रहेगी? सम्राटों-सामंतों ने जिस आचार-निष्ठा को इतना मोहक और मादक रूप दिया था, वह लुप्त हो गई; धर्माचार्यों ने जिस ज्ञान और वैराग्य को इतना महार्घ समझा था, वह लुप्त हो गया; मध्ययुग के मुसलमान रईसों के अनुकरण पर जो रस-राशि उमड़ी थी, वह वाष्प की भाँति उड़ गई, क्या यह मध्ययुग के कंकाल में लिखा हुआ व्यावसायिक-युग का कमल ऐसा ही बना रहेगा? महाकाल के प्रत्येक पदाघात में धरती धसकेगी। उसके कुंठनृत्य की प्रत्येक चारिका कुछ-न-कुछ लपेटकर ले जाएगी। सब बदलेगा, सब विकृत होगा—सब नवीन बनेगा।

भगवान् बुद्ध ने मार-विजय के बाद वैरागियों की पलटन खड़ी की थी। असल में 'मार' मदन का ही नामांतर है। कैसा मधुर और मोहक साहित्य उन्होंने दिया! पर न ज़ाने कब यक्षों के वज्रपाणि नामक देवता इस वैराग्यप्रवण धर्म में घुसे और बोधिसत्वों के शिरोमणि बन गए। फिर वज्रयान का अपूर्व धर्म मार्ग प्रचलित हुआ। त्रिरत्नों में मदन देवता ने आसन पाया। वह एक अजीब आँधी थी। इसमें बौद्ध बह गए, शैव बह गए, शाक्त बह गए। उन दिनों **'श्री सुन्दरीसाधनतत्पराणां योगश्च भोगश्च करस्थ एव'** की महिमा प्रतिष्ठित हुई। काव्य और शिल्प के मोहक अशोक ने अभिचार में सहायता दी! मैं अचरज से उस योग और भोग की मिलन-लीला को देख रहा हूँ। यह भी क्या जीवनी शक्ति का दुर्दम अभियान था? कौन बताएगा कि कितने विध्वंस के बाद इस अपूर्व धर्म-मत की सृष्टि हुई थी? अशोक-स्तबक का हर फूल और हर दल इस विचित्र परिणति की परंपरा ढोए जा रहा है। कैसा झबरा-सा गुल्म है।

मगर उदास होना भी बेकार है। अशोक आज भी उसी मौज में है, जिसमें आज से दो हजार वर्ष पहले था। कहीं भी तो कुछ नहीं बिगड़ा है, कुछ भी तो नहीं बदला है। बदली है मनुष्य की मनोवृत्ति। यदि बदले बिना वह आगे बढ़ सकती तो शायद वह भी नहीं बदलती। और यदि वह न बदलती और व्यावसायिक संघर्ष आरम्भ हो जाता—मशीन का रथ घर्घर चल पड़ता—विज्ञान का सावेग धावन चल निकलता, तो बड़ा बुरा होता।

हम पिस जाते। अच्छा ही हुआ जो वह बदल गई। पूरी कहाँ बदली है? पर बदल तो रही है। अशोक का फूल तो उसी मस्ती में हँस रहा है। पुराने चित्त से इसको देखनेवाला उदास होता है। वह अपने को पंडित समझता है। पंडिताई भी एक बोझ है—जितनी भी भारी होती है, उतनी ही तेजी से डुबाती है। जब वह जीवन का अंग बन जाती है तो सहज हो जाती है। तब वह बोझ नहीं रहती। वह उस अवस्था में उदास भी नहीं करती। कहाँ! अशोक का कुछ भी तो नहीं बिगड़ा है। कितनी मस्ती में झूम रहा है! कालिदास इसका रस ले सके थे—अपने ढंग से। मैं भी ले सकता हूँ, अपने ढंग से। उदास होना बेकार है।

वसंत आ गया है

जिस स्थान पर बैठकर लिख रहा हूँ, उसके आस-पास कुछ थोड़े-से पेड़ हैं। एक शिरीष है, जिस पर लंबी-लंबी सूखी छिम्मियाँ अभी लटकी हुई हैं। पत्ते कुछ झड़ गए हैं और कुछ झड़ने के रास्ते में हैं। जरा-सी हवा चली नहीं कि अस्थिमालिकावाले उन्मत्त कापालिक भैरव की भाँति खड़खड़ाकर झूम उठते हैं। **'कुसुम जन्म ततो नव पल्लवाः'** का कहीं नाम-गंध भी नहीं है। एक नीम है। जवान है, मगर कुछ अत्यन्त छोटी किसलयिकाओं के सिवा उमंग का कोई चिह्न उसमें भी नहीं है। फिर भी यह बुरा मालूम नहीं होता। मसें भीगी हैं और आशा तो है ही। दो कृष्णचूड़ाएँ हैं। स्वर्गीय कविवर रवीन्द्रनाथ के हाथ से लगी वृक्षावली में ये आखिरी हैं। इन्हें अभी शिशु ही कहना चाहिए। फूल तो इनमें कभी आए नहीं, पर वे अभी नादान हैं। भरे फागुन में इस प्रकार खड़ी हैं मानो आषाढ़ ही हो। नील मसृण पत्तियाँ और सूच्यग्र शिखांत। दो-तीन अमरूद हैं, जो सूखे सावन भरे भादों कभी रंग नहीं बदलते—इस समय दो-चार श्वेद पुष्प इन पर विराजमान हैं; पर ऐसे फूल माघ में भी थे और जेठ में भी रहेंगे। जातीय पुष्पों का एक केदार है; पर इन पर ऐसी मुर्दनी छाई हुई है कि मुझे कवि-प्रसिद्धियों पर लिखे हुए एक लेख में संशोधन की आवश्यकता महसूस हुई है। एक मित्र ने अस्थान में एक मल्लिका का गुल्म भी लगा रखा है, जो किसी प्रकार बस जी रहा है। दो करबीर और एक कोविदार के झाड़ भी उन्हीं मित्र की कृपा के फल हैं, पर वे बुरी तरह चुप हैं। कहीं भी उल्लास नहीं, उमंग नहीं और उधर कवियों की दुनिया में हल्ला हो गया, प्रकृति रानी नया शृंगार कर रही है, और फिर जाने क्या-क्या! कवि के आश्रम में रहता हूँ। नितांत ठूँठ नहीं हूँ; पर भाग्य प्रसन्न न हो तो कोई

क्या करें? दो कांचनार वृक्ष इस हिन्दी भवन में हैं। एक ठीक मेरे दरवाजे पर और दूसरा मेरे पड़ोसी के। भाग्य की विडम्बना देखिए कि दोनों एक ही दिन के लगाए गए हैं। मेरावाला ज्यादा स्वस्थ और सबल है। पड़ोसीवाला कमजोर, मरियल। परन्तु इसमें फूल नहीं आए और वह कमबख्त कंधे पर से फूल पड़ा है। मरियल-सा पेड़ है, पर क्या मजाल कि आप उसमें फूल के सिवा और कुछ देखें! पत्ते हैं नहीं और टहनियाँ फूलों से ढक गई हैं। मैं रोज देखता हूँ कि हमारेवाले मियाँ कितने अग्रसर हुए? कल तीन फूल निकले थे। उसमें दो तो एक संथाल-बालिका तोड़कर ले गई। एक रह गया है। मुझे कांचनार फूल की ललाई बहुत भाती है। सबसे बड़ी बात यह है कि इन फूलों की पकौड़ियाँ भी बन सकती हैं। पर दुर्भाग्य देखिए कि इतना स्वस्थ पेड़ ऐसा सूना पड़ा हुआ है और वह कमजोर दुबला लहक उठा है! कमजोरों में भावुकता ज्यादा होती होगी!

पढ़ता-लिखता हूँ। यही पेशा है। सो दुनिया के बारे में पोथियों के सहारे ही थोड़ा-बहुत जानता हूँ। पढ़ा हूँ, हिन्दुस्तान के जवानों में कोई उमंग नहीं है, इत्यादि-इत्यादि। इधर देखता हूँ कि पेड़-पौधे और भी बुरे हैं। सारी दुनिया में हल्ला हो गया कि वसंत आ गया। पर इन कमबख्तों को खबर ही नहीं! कभी-कभी सोचता हूँ कि इनके पास तक संदेश पहुँचाने का क्या कोई साधन नहीं हो सकता? महुआ बदनाम है कि उसे सबके बाद वसंत का अनुभव होता है; पर जामुन कौन अच्छा है। वह तो और भी बाद में फूलता है। और कालिदास का लाड़ला यह कर्णिकार? आप जेठ में मौज में आते हैं। मुझे ऐसा लगता है कि वसंत भागता-भागता चलता है। देश में नहीं, काल में। किसी का वसंत पंद्रह दिन का है तो किसी का नौ महीने का। मौजी है अमरूद। बारह महीने इसका वसंत-ही-वसंत है। हिन्दी भवन के सामने गंधराज पुष्पों की पाँत है। ये अजीब हैं, वर्षा में ये खिलते हैं लेकिन ऋतु-विशेष के उतने कायल नहीं हैं। पानी पड़ गया तो आज भी फूल ले सकते हैं। कवियों की दुनिया में जिसकी कभी चर्चा नहीं हुई, ऐसी एक घास है—विष्णुकांता। हिन्दी भवन के आँगन में बहुत है। कैसा मनोहर नाम है! फूल और भी मनोहर होते हैं। जरा-सा तो आकार होता है, पर बलिहारी है उस नील मेदुर रूप की। बादल की बात छोड़िए, जरा-सी पुरवैया बह गई तो इसका उल्लास देखिए। बरसात के समय तो इतनी खिलती है कि मत पूछिए। मैं सोचता हूँ कि इस नाचीज लता को संदेश कैसे पहुँचता है? थोड़ी दूर पर वह पलाश ऐसा फूला है कि ईर्ष्या होती है। मगर उसे किसने बताया कि वसंत आ गया है? मैं थोड़ा-थोड़ा समझता हूँ।

वसंत आता नहीं, ले आया जाता है। जो चाहे और जब चाहे अपने पर ले आ सकता है। वह मरियल कांचनार ले आया है। अपने मोटेराम तैयारी कर रहे हैं, और मैं?

मुझे बुखार आ रहा है। यह भी नियति का मजाक ही है। सारी दुनिया में हल्ला हो गया कि वसंत आ रहा है, और मेरे पास आया बुखार। अपने कांचनार की ओर देखता हूँ और सोचता हूँ, मेरी वजह से तो यह नहीं रुका है?

प्रायश्चित्त की घड़ी

पाँच वर्षों के निरन्तर रक्तपात के बाद महायुद्ध समाप्त हो गया, पर दुनिया में शान्ति नहीं आई। जिन राष्ट्रों के सिर पर दुश्मनों के पैर जमे हुए थे, वे धूल झाड़कर फिर विजयी राष्ट्रों के दल में आ खड़े हुए हैं और चौगुने उत्साह और निर्लज्जता के साथ पूर्व के राष्ट्रों की महत्त्वाकांक्षा को हमेशा के लिए कुचल देने का प्रयत्न करने लगे हैं। राष्ट्रीय अपमान ने इन्हें न लज्जित किया है, न बुद्धिमान बनाया है; परन्तु जनशक्ति निश्चित रूप से जाग गई है। क्या पूर्व में और क्या पश्चिम में, सर्वत्र जनता की शक्ति बढ़ी है और साम्राज्यवादी शक्तियाँ हतवीर्य बन गई हैं। इतिहास-विधाता की योजना उन 'बुद्धिमानों' की योजना से बिलकुल भिन्न मालूम पड़ रही है, जो जनशक्ति को दबाकर मनमानी करना चाहते हैं। संपूर्ण जगत की जन-जागृति को देखकर जहाँ अपार आनन्द होता है, वहाँ दुश्चिन्ता अपनी ओर देखकर रो रही है। क्या हम जन-जागृति को सहन करने योग्य शक्ति को पा सके हैं? क्या भारतवर्ष का यह समुदाय, जिसे आज थोड़ा-बहुत बोलना आता है, इस देश की मूक और दलित जनता की जागृति को सहन करने लायक मानसिक बल और बौद्धिक साहस रखता है? युग-युगांतर के संचित पाप का प्रायश्चित्त करने लायक अनुताप हमारे चित्त में अब भी नहीं आ सका है। हम आज भी काल्पनिक भारतमाता का जय-निनाद करते जा रहे हैं। भारतमाता वस्तुतः क्या है, यह समझने की चेष्टा बहुत कम हो रही है। पूर्व और पश्चिम में जिस प्रकार की जन-जागृति हो रही है, उसे देखकर निश्चित रूप से कहा जा सकता है कि भारतमाता जिस दिन अपने कोटि-कोटि दलित, हीन, निरन्न, निर्वस्त्र बालकों को लेकर जाग पड़ेगी, उस दिन की हालत कल्पना के बाहर होगी। उस दिन के लिए हमें अभी से तैयार रहना चाहिए।

भारतवर्ष क्या है? हमें इस बात को अच्छी तरह जान लेना चाहिए कि भारतवर्ष उन करोड़ों दलित और मूक जनता से अभिन्न है, जिन्हें छूने से भी पाप अनुभव किया जाता है। इनकी संख्या कम नहीं है। समूचे भारतीय जनसमूह के इतने स्तर-भेद हैं कि उन सबका हिसाब रखना बड़े-से-बड़े धैर्यशाली के लिए भी कठिन कार्य है। एक विदेशी नृतत्ववेत्ता ने हैरान होकर कहा कि भारतवर्ष में एक भी ऐसी जाति नहीं मिली, जो किसी-न-किसी दूसरी जाति की अपेक्षा अपने को बड़ी न मानती हो। फलतः यह समझना बड़ा कठिन है कि सबसे नीच समझी जानेवाली जाति कौन है! जन-जागृति यदि सचमुच हुई तो उसका सीधा अर्थ होगा इस स्तर-भेद पर सीधी चोट। मनुष्य जब मनुष्य समझा जाएगा, उस दिन युग-युग के संचित संस्कारों को बड़ी ठेस लगेगी, भयंकर प्रतिक्रिया होगी और यदि उस महाआघात को सहने योग्य तप और स्वाध्याय हमने अभी तक संचय कर लिया तो इस गरीब देश का क्या होगा, सो नहीं कहा जा सकता।

इस देश में हिन्दू हैं, मुसलमान हैं, ईसाई हैं और अन्य अनेक धर्मों के माननेवाले हैं, परन्तु मुख्य रूप से हिन्दू हैं और हिन्दुओं में उनकी संख्या अधिक है, जो समाज में कुछ खास जातियों की अपेक्षा कम सम्मान पाते हैं। जातियों के सम्मान का प्रश्न विचित्र रूप से जल और अन्न आदि के स्पर्श के साथ जड़ित है। साधारणत: इस संबंध की चार मोटी तहें हैं। इन तहों के भी अनेक परत हैं। पर मुख्य तह ये हैं : (1) वे जातियाँ जिनके देखने मात्र से ही ब्राह्मण तथा अन्य ऊँची समझी जानेवाली जातियों के अन्न अग्राह्य हो जाते हैं और शरीर अपवित्र हो जाते हैं; (2) वे जातियाँ जिनके शारीरिक स्पर्श से ऊँची जाति के आदमी का शरीर और अन्न दोनों अपवित्र हो जाते हैं; (3) वे जातियाँ जिनके स्पर्श से शरीर तो नहीं, पर पानी या घृतपक्व अन्न अपवित्र हो जाते हैं, और (4) वे जातियाँ जिनके स्पर्श से पानी या घृतपक्व अन्न तो नहीं, पर कच्ची रसोई अपवित्र हो जाती है। ये उत्तरोत्तर श्रेष्ठ होती हैं। चौथी श्रेणी की अनेक जातियों की गणना ऊँची जातियों में होती है। इस प्रकार की जातियों से ही भारतीय जनसमूह का संगठन हुआ है। ये ही लोग 'भारतवर्ष' हैं। इन्हीं की प्रतीकात्मक संघमूर्ति का नाम 'भारतमाता' है। भारतमाता का जय-जयकार वस्तुतः इन तहों को नष्ट कर देने का संकल्प है। संभवतः थोड़े लोग ही यह बात महसूस करते हैं।

परन्तु इन कृत्रिम तहों को नष्ट कर देना आसान काम नहीं। इनके निर्माण में शताब्दियों का समय लगा। इसका इतिहास बड़ा जटिल है। हमें इनको यथार्थ में अध्ययन करना चाहिए। वस्तुस्थिति को समझे बिना

प्रतिकार का विधान संभव नहीं है।

यह अत्यन्त खेद का विषय है कि भारतीय जनसमूह और उसकी सामाजिक परिस्थिति का वैज्ञानिक अध्ययन अभी तक ढंग से नहीं हुआ है। कुछ विदेशी विद्वानों ने इस प्रकार के अध्ययन का प्रयत्न किया है; पर उनकी अपनी त्रुटियों के कारण यह अध्ययन सब समय ऐसा नहीं हुआ है जिसका हम भावी भारतवर्ष के निर्माण में यथेष्ट उपयोग कर सकें। ये अध्ययन कभी-कभी विशुद्ध उत्सुकतावश और कभी शासन-कार्य के सुभीते के लिए क़िये गए हैं। फिर भी इनसे बहुत से तथ्यों का उद्घाटन हुआ है और हम अपने प्रिय भारतवर्ष की अवस्था को ठीक-ठीक अनुभव करने में कुछ सहायता पा सकते हैं। इन महान् जनसमूह के वैज्ञानिक अध्ययन के कई प्रकार के वर्गीकरण समझे गए हैं। सभी 'जातियों' का संगठन या उद्भव एक ही मूल से नहीं हुआ है। यद्यपि भारतीय विषयों के अध्ययन के लिए यह प्रथा चल पड़ी है कि अध्येतव्य विषय का संबंध वेदों से स्थापित किया जाए, अर्थात् प्रत्येक का मूल पुरानी संहिताओं में खोजा जाए और इसीलिए एक श्रेणी के पंडित जातियों के इस असंख्य स्तर-भेद का मूल भी उसमें खोज निकालते हैं, परन्तु सही बात तो यह है कि वर्तमान जटिल अवस्था का मूल केवल वैदिक पूर्ण-व्यवस्था नहीं है। और भी कारण हैं और इन कारणों की जानकारी केवल समझने के लिए ही आवश्यक नहीं, उनके समय अत्यन्त विचित्र और विस्मयकर रहस्यों को खोल देते हैं। पंडितों ने विश्लेषण करके देखा है कि ऐसी अनेक जातियाँ हैं, जो किसी घुमक्कड़ कबीले की परिवर्तित रूप हैं। उदाहरणार्थ आभीर (या अहीर) एक ऐसी विशेष मानव-श्रेणी थी, जो इस देश की वर्तमान सीमाओं के बाहर के प्रदेश में घूमती-घामती इस देश में आई और अपने अनेक आचार-विचारों के साथ आज भी अपनी अलग सत्ता बनाए हुए है। यह जाति शुरू में लुटेरी समझी गई थी, पर शीघ्र ही यह भाव दूर हो गया और बाद में चलकर इसकी मर्याद्दा क्षत्रियों की हो गई। इसने बड़े-बड़े राज्य स्थापित किए और अन्त तक भारतीय साहित्य और धर्म-मत को बहुत दूर तक प्रभावित करने में समर्थ हुई। इस श्रेणी की कई जातियाँ भारतवर्ष में हैं। इसकी प्रधान विशेषता यह होती है कि अंदरूनी मामलों में वे अपना विशेष प्रकार का सामाजिक संगठन बनाए रहती हैं और अपनी विशेष रीति-नीति का पालन करती हैं, परन्तु आंशिक रूप में ब्राह्मण-श्रेष्ठता मान लेती हैं। एक बार ब्राह्मण-श्रेष्ठता मान लेने के बाद वे छुआछूतवाले स्तर-भेद को भी स्वीकार कर लेती हैं। ब्राह्मण-श्रेष्ठता को स्वीकार करने के भी कई स्तर-भेद हैं। कुछ जातियाँ विवाह, श्राद्ध आदि के अवसर पर ब्राह्मण

की सहायता लेती हैं, कुछ इतना भी नहीं करतीं। डोम, दुसाध, भूमिज आदि जातियाँ ऐसी हैं, जिन्होंने ब्राह्मण-श्रेष्ठता तो मान ली है, पर शायद ही उनके किसी अनुष्ठान से ब्राह्मण का संपर्क हो। विचित्र बात यह है कि खास-खास जातियों के अपने 'ब्राह्मण' अलग होते हैं और दूसरे ब्राह्मण उनको बहुत सम्मान नहीं देते।

(2) कुछ ऐसी जातियाँ हैं, जो खास प्रकार के काम करने के कारण अलग श्रेणी की मानी जाती हैं। चमार चाम का काम करनेवाली जाति है, लुहार लोहे का। पेशे के कारण 'ज़ाति' का होना कुछ अद्‌भुत-सी बात है और फिर भी तथ्य यह है कि इस महादेश में पेशों के नाम पर सैकड़ों जातियाँ हैं; परन्तु हर प्रकार के प्रमाणों से सिद्ध हुआ कि 'पेशे' के हिसाब से नामकरण होने पर भी 'पेशा' जाति का कारण नहीं है। इतिहास के नाम पर जो अनुश्रुतियाँ बच रही हैं, उनके साथ विभिन्न युग से प्राप्त साहित्य का मिलान करने पर स्पष्ट ही लगता है कि कुछ खास श्रेणी के लोग कुछ खास पेशों को स्वीकार करने के कारण अपनी मूल जाति से च्युत होकर हीन हो गये हैं। कभी-कभी खास पेशों के कारण जातियाँ ऊँची भी उठी हैं। उत्तर भारत में आर्यों के साथ आर्येतर मानव-मंडलियों का रक्त-संबंध बहुत अधिक हुआ है और बहुत-सी छोटी समझी जानेवाली जातियों का मूल इतिहास एकदम लुप्त हो गया है। जहाँ तक इतिहास हमें ठेलकर पीछे ले जाता है, वहाँ तक यह पता नहीं चलता कि इन जातियों में अधिकांश का मूल रूप क्या था और इसीलिए पेशों को ही 'जाति' का मूल कारण समझ लिया जाता है। पर हाल में नृतत्वशास्त्रीय जो प्रमाण संग्रह किये जा सके हैं, उनसे इन धारणा की सच्चाई पर संदेह होता है। रिज़ली और धुर्ये जैसे निपुण पर्यवेक्षकों का कहना है कि उत्तर भारत के चमारों में बंगाल के ब्राह्मणों की अपेक्षा अधिक आर्य सादृश्य है, फिर भी उत्तर भारत के चमार चमार हैं और बंगाल के ब्राह्मण ब्राह्मण। उसका ऐतिहासिक कारण है उत्तर भारत के चमार किसी आर्येतर मानव-मंडली का वर्तमान रूप हैं। यद्यपि उनमें आर्य-रक्त अधिक आ गया, फिर भी उनकी सामाजिक मर्यादा जैसी-की-तैसी बनी हुई है। यह जाति उस जुलाहे के हुक्के की भाँति है, जिसका नारियल भी सात बार बदला गया था और डंडा भी सात बार; परन्तु हुक्का फिर भी वही था! रसेल और हीरालाल के अनुसधानों से पता लगा है कि मध्यप्रदेश की कंजर, बेरिया आदि जातियाँ बंगाल के डोमों की शाखाएँ हैं। डोम जाति किसी समय बंगाल की बहुत शक्तिशाली जातियों में गिनी जाती थी। कहते हैं कि यूरोप की खानाबदोश (जिप्सी) जातियाँ इन्हीं डोमों की औलाद हैं। ये आज भी भारतीय भाषाएँ बोलती हैं और गियर्सन-

जैसे भाषा-तत्त्वज्ञ ने एक बार कहा था कि यूरोप में इन खानाबदोशों के लिए जो 'रोम' और 'रोमनी' शब्द प्रचलित हैं, वे वस्तुतः डोम और डोमनी (डोमन) के रूपान्तर मात्र हैं। कहते हैं, इन्हीं 'रोम' और 'रोमनी' लोगों की साहसिकता को देखकर साहित्य का बहु-समादृत 'रोमांस' शब्द गढ़ा गया था। सो डोम लोग ही 'रोमांस' के जनक हैं! रसेल का अनुमान है कि अधिक खोज होने पर समूची व्यवसायमूलक जातियों का इस प्रकार का मूल खोजा जा सकता है।

जब हम कहते हैं कि 'पेशे' से जाति का परिचय कुछ अद्‌भुत बात है, तो इसका मतलब यह है कि जाति का संबंध इस देश में तीन बातों से है—जन्म, छुआछूत और विवाह। पेशा केवल सामाजिक मर्यादा को घटाने या बढ़ाने में सहायक होता है। एक ही पेशेवाली जातियाँ आपस में विवाह नहीं करतीं और प्रायः एक-दूसरे का छुआ अन्न-जल नहीं ग्रहण करतीं। केवल 'पेशा' स्वीकार करने से कोई व्यक्ति उस पेशेवाली जाति का सदस्य नहीं हो सकता।

(3) इस देश में सामाजिक रूढ़ियों के प्रति विद्रोह करने के कारण अनेक धार्मिक आन्दोलन हुए हैं, परन्तु उनसे जाति-प्रथा टूटी नहीं है; उलटे कई धार्मिक संप्रदाय अंत तक चलकर अलग 'जाति' ही बन गए हैं। उत्तर-भारत के अतीथ (अतिथि) और गोसाईं, बंगाल के बोस्टम (वैष्णव) और जुगी (योगी) ऐसी ही जातियाँ हैं। धार्मिक आंदोलनों ने इस जटिल व्यवस्था को जटिलतर बना दिया है। धार्मिक संप्रदायों के आधार पर बनी जातियाँ नितांत कम नहीं हैं। आथेल्स्टेन ने 1901 ई० की मनुष्य-गणना के आधार पर ऐसी नौ मुख्य जातियों (जिनमें अनेक उपभेद भी हैं) की चर्चा की थी, जिनकी सम्मिलित संख्या 55 लाख के आसपास थी।

(4) कुछ ऐसी जातियाँ हैं, जो वस्तुतः 'राष्ट्रीय' जातियाँ कही जा सकती हैं। नेपाल के नेवार ऐसे ही हैं। फिर इन जातियों के मिश्रण से, अन्यत्र जाकर बस जाने के कारण, मूल जाति से च्युत हो जाने से तथा अन्य राजनीतिक एवं सामाजिक कारणों से सैकड़ों जातियाँ बन गई हैं। यही नाना जातियों, संप्रदायों और फिरकों में बँटा हुआ शतच्छिद्र भारतवर्ष है। इसी को मनुष्यता के दरबार में ले जाने के लिए हम कृतप्रतिज्ञ हैं।

यह जो नाना जाति-उपजातियों में विभक्त हिन्दू-समाज है, वह प्रधान रूप से धर्म की स्थितिशीलता में विश्वास करता है। उसके मत से समाज की यह शृंखला अनादि काल से चली आ रही है, परन्तु अनेक जातियों की सामाजिक मर्यादाओं के उतार-चढ़ाव के इतने प्रमाण मौजूद हैं कि यह कह सकना साहस-मात्र रह गया है कि दीर्घकाल से यह मर्यादा ज्यों-की-त्यों

चली आ रही है। कितने ही राजाओं ने अपने निजी कारणों से कितनी ही जातियों की मर्यादा स्थिर कर दी है। प्रतापगढ़ के अहीर और कुर्मी राजा माणिकचंद नामक किसी शासक की कृपा से ब्राह्मण हो गए थे, ऐसा केंपबेल और क्रुक ने लिखा है। असोथर के राजा भागवत राय ने असनी से नोतियों को जनेऊ देकर ब्राह्मण बनाया था। कहते हैं, उन्नाव के राजा तिलकचंद ने प्यास की मार से हैरान होकर एक लोध के हाथ का जल पी लिया था और बाद में उसे ब्राह्मण बना लिया था। बंगाल के राजा वल्लालसेन ने शपथपूर्वक प्रतिज्ञा की थी कि सुवर्ण वणिकों को पतित न बनाऊँ तो मुझे गो-ब्राह्मण-हत्या का पातक लगे।[1] आचार्य क्षितिमोहन सेन ने इस प्रकार के परिवर्तनों का एक लम्बा लेख अपनी पुस्तक में संग्रह किया है,[2] और उसे समाज में जीवन और गति का प्रमाण माना है। पंडितों ने वैदिक साहित्य के अध्ययन के बल पर यह प्रमाणित किया है कि मूल आर्य जाति में ब्राह्मण, क्षत्रिय और विश् (वैश्य)—ये तीन ही स्तर थे। विश् या वैश्य साधारण जनता थी, जो कृषि, गो-रक्षा और वाणिज्य से जीविका चलाती थी। लैटिन का vicus शब्द इसी विश्, वेश और वैश्य का समशील है। वैश्यों को पीत वर्ण कहा जाता है। यह वस्तुतः गाय के घी और सोने के रंग का प्रतिपादक है; परंतु आजकल की बनिया जाति वैश्यों के आधुनिक रूप नहीं हैं। वैदिक युग में ही 'वानि' नामक एक श्रेणी थी, जो व्यवसाय करती थी। मनुष्य-गणना में 'बनिया' जाति के अन्दर जितनी उप-जातियों के नाम आए हैं, उनमें सबने अपना संबंध राजपूताना से बताया है। रसेल ने तो जोर देकर कहा है कि बनिया जाति वस्तुतः राजपूतों का रूपांतर है, वैदिक वैश्यों का नहीं। कुछ ऊँची जातियों का पुराना इतिहास तो निश्चयपूर्वक युद्ध-विग्रह और राज्य-शासन का इतिहास है। पंजाब के यौधेय बड़े गर्वीले क्षत्रिय थे। कालांतर में इनकी एक शाखा को तलवार छोड़कर तराजू पकड़नी पड़ी थी और एक दूसरी शाखा को धर्मान्तर ग्रहण करना पड़ा था। कुछ पंडितों का विश्वास है कि तराजू पकड़नेवाली जाति ही प्रसिद्ध अग्रवाल जाति है और धर्मान्तर करनेवाले अब भी सिंधु में 'जोहाआ' के नाम से अपना अलग अस्तित्व बनाए हुए हैं। गुजरात के कुछ ब्राह्मणों और बंगाल के कायस्थों के आसरद और गोत्र एक देखकर कुछ देशी पंडितों ने अनुमान किया था कि कायस्थ जाति वस्तुतः ब्राह्मण है। इधर हाल में कायस्थों में अपने को क्षत्रिय मानने की ओर प्रवृत्ति बढ़ रही है। राजपूती सेना का वह अंग जो कलेवा की रक्षा करता था, आगे

1. वल्लालचरित, 23वाँ अध्याय।
2. भारतवर्ष में जातिभेद, पृ० 135-150।

चलकर कलवार के रूप में बदल गया। राजपूतों के कलेवा में मादक द्रव्य भी होता था और आगे चलकर इसी मादक द्रव्य ने कलवार की सामाजिक मर्यादा घटा दी। इस प्रकार यह हिन्दू-समाज कभी वैसा ही नहीं रहा है, जैसा आज है, और कभी वैसा रहेगा भी नहीं।

इतिहास में इस बात के अनेक सबूत हैं कि आर्थिक स्थिति अच्छी होते ही कई जातियाँ क्षत्रिय, वैश्य और ब्राह्मण बन गई हैं। आर्थिक विषमता के कारण कभी-कभी एक ही जाति दो भागों में बँट गई हैं। सम्पन्न श्रेणी ऊँची जाति में मान ली गई है और असम्पन्न श्रेणी निचली जाति में। बुनना इस देश में बुरा पेशा समझा जाता रहा है। जुलाहों की सामाजिक मर्यादा बराबर नीचे रही है, परन्तु एक ऐसा जमाना भी गया है, जब बुनने की कारीगरी बहुत उन्नत हो गई और सम्राटों के घर बुननेवालों का सम्मान होने लगा। आर्थिक अवस्था सुधरने के कारण अनेक वनजीवी जातियाँ ऊपर उठी हैं। कुछ ताँती तो इतने उत्तम हो गये हैं कि बंगाल में उनकी मर्यादा कायस्थों के समान हो गई है।

हमने ऊपर देखा है कि जाति-प्रथा से विद्रोह करने के लिए अनेक धार्मिक आंदोलन हुए हैं, परन्तु उन्होंने समस्या को दूर करने में सफलता नहीं पाई। जब तक विद्रोही व्यक्ति या दल समाज से बाहर रहकर मठों और विहारों में अविवाहित जीवन व्यतीत करते रहे, तब तक वे सम्मान पाते रहे, पर ज्योंही वे घर-बारी हुए कि उनकी सामाजिक मर्यादा अत्यन्त हीन हो गई—आश्रम-भ्रष्ट संन्यासी हिन्दू-समाज में कोई विशेष सम्मान नहीं पाता। चैतन्य महाप्रभु ने धर्म के क्षेत्र में ब्राह्मण और चांडाल में भेद नहीं रखा, पर यह सम्मिलित जनमंडली जब विवाह करके वंश चलाने लगी तो अलग जाति बन गई। इस प्रकार प्रत्येक झाड़ू देनेवाले ने यहाँ ईंट-ढेलों को नये सिरे से जमा कर दिया है। शंकराचार्य के चेलों की जाति बनी, गोरखनाथ के चेलों की जाति बनी, चैतन्य के चेलों की जाति बनी और अनुमान है कि अंततः राजा राममोहन राय के शिष्य भी इसी ओर बढ़ रहे हैं। इस प्रकार धर्म को केन्द्र करके जो आंदोलन हुए हैं, उनसे समस्या सुलझी नहीं है, अर्थात् छोटी समझी जानेवाली जातियों की मर्यादा ऊँची नहीं उठी है; परन्तु आर्थिक और राजनीतिक कारणों से बहुत-सी हीन समझी जानेवाली जातियों की सामाजिक मर्यादा ऊपर उठी है और समाज के उच्च-स्तर के लोगों ने उनका दावा स्वीकार किया है। इस देश में बहुत-से साधुमना व्यक्ति हैं, जो समझते हैं कि वेद पढ़ा देने या जनेऊ पहना देने से इन जातियों का 'उद्धार' हो जाएगा। बहुत से लोग इनका छुआ अन्न ग्रहण कर लेने के कारण अपने को बड़ा सुधारक समझते हैं, यह मनोवृत्ति उचित नहीं। जन-

जागृति जिस दिन सचमुच होगी, उस दिन ऊँची मर्यादावाले इनका 'उद्धार' नहीं करेंगे, ये स्वयं अपनी मर्यादा उच्च बनाएँगे। वह एक अपूर्व समय होगा जब शताब्दियों से पददलित, निर्वाक, निरन्न जनता समुद्र की लहरियों के फूत्कार के समान गर्जन से अपना अधिकार माँगेगी। उस दिन हमारी सभी कल्पनाएँ न जाने क्या रूप धारण करेंगी, जिन्हें हम 'भारतीय-सभ्यता', 'हिन्दू-संस्कृति' आदि अस्पष्ट भुलानेवाले शब्दों से प्रकट किया करते हैं। मैं हैरानी के साथ सोचता हूँ कि क्या हममें उस महान ऐतिहासिक घटना को सहने का साहस है? निस्संदेह यह जागृति और समाज-सुधार का सहारा नहीं लेगी। वह आर्थिक और राजनीतिक शक्तियों पर कब्जा करेगी।

हम लोग बहुत दिनों से जनता-जनार्दन शब्द का व्यवहार करते आ रहे हैं, दीर्घकाल से बालिग मताधिकार की माँग पेश कर रहे हैं, समय आ रहा है जब हमारी इन रटी बोलियों की परीक्षा होगी। क्या हम सचमुच इन दीन-हीन लोगों के हाथ में शासन-भार देने का साहस रखते हैं? क्या सचमुच इनके हाथ में समूचे राष्ट्र की सम्पत्ति उसी प्रकार छोड़ देने को तैयार हैं, जिस प्रकार भक्त अपना समूचा आपा जनार्दन को सौंप देता है? यदि नहीं तो हमने अज्ञानपूर्वक इन शब्दों का जप किया है। परीक्षा का दिन आ रहा है, पर ऊँची समझी जानेवाली जातियों के लिए वह शायद प्रायश्चित्त का दिन होगा। युग-युगांतर के पाप का प्रायश्चित्त कठोर होगा। इतिहास ने जनता-जनार्दन के अपने रूपों का परिचय दिया है; परन्तु भावी जनार्दन का रूप शायद अपूर्व और अद्‌भुत होगा। संजय ने भगवान के विराट स्वरूप का स्मरण करके कहा था कि भगवान के उस रूप को स्मरण करते ही मेरे रोंगटे खड़े हो रहे हैं और महान विस्मय हो रहा है। भविष्य का इतिहास-लेखक भी जनता-जनार्दन के इस रूप को देखकर संजय की तरह ही विस्मय-विमुग्ध होकर कहेगा :

तच्च संमृत्य संस्मृत्य रूपंमत्यद्‌भुतं हरे,
विस्मयो मे महान राजन् रोमहर्षश्च जायते।

घर जोड़ने की माया

1942-43 में मैंने कबीरदास के संबंध में एक पुस्तक लिखी। पुस्तक लिखने की तैयारी दो-ढाई साल से कर रहा था और नाना प्रकार के प्रश्न मेरे मन में उठते रहे। मुझे सबसे अधिक आश्चर्य कबीरदास के परवर्ती साहित्य को पढ़कर हुआ। जिस धर्मवीर ने पीर, पैगम्बर, औलिया आदि के भजन-पूजन का निषेध किया था, उसी की पूजा चल पड़ी; जिस महापुरुष ने संस्कृत को कूपजल कहकर भाषा के बहते नीर को बहुमान दिया था, उसी की स्तुति में आगे चलकर संस्कृत भाषा में अनेक स्तोत्र लिखे गये और जिसने बाह्याचारों के जंजाल को भस्म कर डालने के लिए अग्नि-तुल्य वाणियाँ कहीं, उसकी उन्हीं वाणियों से नाना बाह्याचारों की क्रियाएँ सम्पन्न की जाने लगीं। इससे बढ़कर आश्चर्य क्या हो सकता है? कबीरोपासना पद्धति में सोने का, उठने का, दिशा जाने का, तूँबा धोने का, हाथ मटियाने का, मुँह धोने का, दातून करने का, जल में बैठने का, स्नान करने का, तर्पण करने का, चरणामृत देने और लेने का, जल पीने का, घर बुहारने का, चूल्हे में आग जलाने का, परसने का, अँचाने का तथा अन्य अनेक छोटे-छोटे कर्मों का मंत्र दिया गया है। टोपी लगाने का, दीपक बारने का, आसन लगाने का, कमर कसने का, रास्ता चलने का सुमिरन दिया हुआ है। ये मंत्र बीजक आदि ग्रंथों की वाणियों से लिए गए हैं। आवश्यकतानुसार उनमें थोड़ा-बहुत घटा-बढ़ा लेने में विशेष संकोच नहीं अनुभव किया गया। वाणियाँ भी जरूरत पड़ने पर बना ली गई हैं। इस प्रकार दातून का मंत्र यह है :

सत्त की दातौन संतोष की झारी।
सत्त नाम ले घसो विचारी॥
किया दातौन भया परकास।

अजर नाम गहा विश्वास॥
अभी नाम ले पहुँचे आय।
कहै कबीर सब लोक सिधाय॥

चूल्हा में आग देने का मंत्र इस प्रकार है :

चूल्हा हमारे चौहटे सब घर तपे रसोई।
सत्त-सुकृत भोजन करें हमको छूत न होई॥

थाली परसने का मंत्र :

चंदन चौका कंचन थारी। हीरालाल पदुम की झारी॥
बहुत भाँति जेवनार बनाये। प्रेम प्रीति सों पारस कराये॥
संत सुहेला भोजन पाई। सत्त सुकृति सत्त नाम गुसाँई॥

मेरे मन में बराबर यह प्रश्न उठता रहा कि ऐसा क्यों हुआ? कबीरपंथ की ही यह हालत हो, ऐसा नहीं है। अनेक महान धर्म-गुरुओं के आन्दोलन अन्त तक जाति-पाँति के ढकोसलों, चूल्हाचाकी के निरर्थक विधानों और मंत्र-यंत्र के क्लांतिकर टोटकों में पर्यवसित हो गये हैं। बुद्धदेव ने ईश्वर के विषय में कोई बात तक कहना पसन्द नहीं किया, परन्तु उनका प्रवर्तित विशाल धर्म-मत मंत्र-यंत्र में समाप्त हो गया। यही नहीं कहा जा सकता कि जनता में धर्म-गुरुओं के प्रति श्रद्धा नहीं है। श्रद्धा का अतिरेक ही तो सर्वत्र पाया जाता है। कबीरदास ने अवतारों और पैगम्बरों की पूजा की कड़े शब्दों में निंदा की। उनके शिष्यों ने श्रद्धा के अतिरेक में उन्हें जिस प्रकार भवफंद को काटनेवाला समझकर स्तुति की, यह शायद किसी भी पीर-पैगम्बर के लिए ईर्ष्या की वस्तु हो सकती है:

नमो आद ब्रह्म अरूपं अनामं।
भइ आप इच्छा रचे सर्व धामं॥
न जानामि कोई करे कौन ख्यालं।
नमोहं नमोहं कबीरं कृपालं॥

*

तुही कोटि कोटान ब्रह्मांड कीन्हों।
तुही सर्व को सर्वदा सुक्ख दीन्हों॥
बसे सर्व में सर्व रूपं दयालं।
नमोहं नमोहं कबीरं कृपालं॥

*

सबै संत कारन्न तोही बतावैं।
यही वेद ब्रह्मादि षट् शास्त्र गावैं॥

जपे नाम तेरो भजे जो त्रिकालं।
नमोहं नमोहं कबीरं कृपालं॥

*

लहै ज्ञान विज्ञान कैवल्य पूरं।
महामोह माया रहे ताहि दूरं॥
लबे ताहि उर में महा चित्तकालं॥
नमोहं नमोहं कबीरं कृपालं॥

फिर वह कौन-सी वस्तु है, जो अनुयायियों को अपने गुरु के उपदेशों के प्रतिकूल चलने को बाध्य करती है? यह कहना अनुचित है कि अनुयायी जान-बूझकर अपने धर्मगुरु के वचनों की अवमानना करते हैं, वस्तुत: अनुयायी धर्मगुरु की प्रतिष्ठा बढ़ाने के लिए ही बहुधा गलत मार्ग ग्रहण करते हैं। वे लक्ष्य की प्राप्ति के लिए ऐसे साधनों का उपयोग निस्संकोच करने लगते हैं, जो लक्ष्य के साथ मेल खाते और बहुधा उसके विरोधी होते हैं। हजरत, ईसा मसीह अहिंसा-मार्ग के प्रवर्तक थे; परन्तु उनकी महिमा संसार में प्रतिष्ठित करने के लिए सौ-सौ वर्षों तक रक्त की नदियाँ बहती रही हैं। हमें इतिहास को ठंडे दिमाग से समझना चाहिए। सचाई का सामना करना चाहिए।

जब किसी महापुरुष के नाम पर कोई संप्रदाय चल पड़ता है तो आगे चलकर उसके सभी अनुयायी कम बुद्धिमान ही होते हैं, ऐसी बात नहीं। कभी-कभी शिष्य-परंपरा में ऐसे भी शिष्य निकल आते हैं, जो मूल संप्रदाय-प्रवर्तक से भी अधिक प्रतिभाशाली होते हैं। फिर भी संप्रदाय-स्थापना का अभिशाप यह है कि उसके भीतर रहनेवाले का स्वाधीन चिंतन कम हो जाता है। संप्रदाय की प्रतिष्ठा ही जब सबसे बड़ा लक्ष्य हो जाता है, तो सत्य पर से दृष्टि हट जाती है। प्रत्येक बड़े 'यथार्थ' को संप्रदाय के अनुकूल संगति लगाने की चिंता ही बड़ी हो जाती है। इसका परिणाम यह होता है कि साधन की शुद्धि की परवाह नहीं की जाती। परन्तु यह भी ऊपरी बात है। साधन की शुद्धि की परवाह न करना भी असली कारण नहीं है, वह भी कार्य है; क्योंकि साधन की अशुचिता को सत्य-भ्रष्ट होने का कारण मान लेने पर भी यह प्रश्न बना ही रह जाता है कि विद्वान और प्रतिभाशाली व्यक्ति भी साधन की अशुचिता के शिकार क्यों बन जाते हैं? कोई ऐसा बड़ा कारण होना चाहिए, जो बुद्धिमानों की अक्ल पर आसानी से परदा डाल देता है। जहाँ तक कबीरदास का संबंध है, उन्होंने अपनी ओर से इस कारण की ओर इशारा कर दिया था। घर जोड़ने की अभिलाषा ही इस प्रवृत्ति का मूल कारण है। लोग केवल सत्य को पाने के

लिए देर तक नहीं टिके रह सकते। उन्हें धन चाहिए, मान चाहिए, यश चाहिए, कीर्ति चाहिए। ये प्रलोभन 'सत्य' कही जानेवाली बड़ी वस्तु से अधिक बलवान साबित हुए हैं। कबीरदास ने स्पष्ट शब्दों में कहा था कि जो उनके मार्ग पर चलना चाहता हो, अपना घर पहले फूँक दे।

कबिरा खड़ा बजार में लिये लुकाठी हाथ।
जो घर फूँके आपना सो चलै हमारे साथ॥

घर फूँकने का अर्थ है—धन और मान का मोह त्याग देना, भूत और भविष्य की चिंता छोड़ देना और सत्य के सामने सीधे खड़े होने में जो कुछ भी बाधा हो, उसे निर्ममतापूर्वक ध्वंस कर देना। पर सत्यों का सत्य यह है कि लोग कबीरदास के साथ चलने की प्रतिज्ञा करने के बाद भी घर नहीं फूँक सके। मठ बने, मंदिर बने, प्रचार के साधन आविष्कार किए गए और उनकी महिमा बताने के लिए अनेक पोथियाँ रची गईं। इस बात का बराबर प्रयत्न होता रहा और अपने इर्द-गिर्द के समाज में कोई यह न कह सके कि इनका अमुक कार्य सामाजिक दृष्टि से अनुचित है; अर्थात विद्रोही बनने की प्रतिज्ञा भूल गई; सुलह और समझौते का रास्ता स्वीकार कर लिया गया। आगे चलकर 'गुरु-पद' पाने के लिए हाईकोर्ट की भी शरण ली गई।

यह कह देना कि सब गलत हुआ, कुछ विशेष काम की बात नहीं हुई। क्यों यह गलती हुई? माया से छूटने के लिए माया के प्रपंच रचे गये, यह सत्य है। कबीरपंथ का नाम तो यहाँ इसलिए आ गया है कि ये बातें कबीरपंथी साहित्य पढ़ते-पढ़ते मेरे मन में आई हैं; नहीं तो सभी महापुरुषों के प्रवर्तित मार्गों की यही कहानी है। माया का जाल छुड़ाए छूटता नहीं, यह इतिहास की चिरोद्घोषित वार्ता सब देशों और सब कालों में समान भाव से सत्य रही है।

स्पष्ट ही मालूम होता है कि घर जोड़ने की माया बड़ी प्रबल है और संसार का विरला ही कोई इसका शिकार होने से बच सकता है। इतनी प्रबल शक्ति के यथार्थ को उलटा नहीं जा सकता। उसको मानकर ही उसके आकर्षण से बचने की बात सोची जा सकती है। स्वयं कबीरदास से न जाने कितनी बार इस प्रबल माया की शक्ति के प्रति लोगों का ध्यान आकृष्ट किया है:

ई माया रघुनाथ की बौरी खेलन चली अहेरा हो।
चतुर चिकनिया चुनि-चुनि मारे काहु न राखे नेरा हो॥
मौनी पीर दिगम्बर मारे ध्यान धरंते जोगी हो।
जंगल में के जंगम मारे माया किनहु न भोगी हो।

वेद पढंते बेदुआ मारे पूजा करते स्वामी हो।
अरथ विचारत पंडित मारे बाँधे सकल लगामी हो।

इत्यादि।

मैं ज्यों-ज्यों कबीरपंथी साहित्य का अध्ययन करता गया, त्यों-त्यों यह बात अधिकाधिक स्पष्ट होती गई कि इर्द-गिर्द की सामाजिक व्यवस्था का प्रभाव बड़ा जबर्दस्त साबित हुआ है। उसने सत्य, ज्ञान, भक्ति और वैराग्य को बुरी तरह दबोच लिया है। केवल कबीरपंथ में ही ऐसा नहीं हुआ है। सब बड़े-बड़े मतों की यही अवस्था है। समाज में मान-प्रतिष्ठा का साधन पैसा है। जब चारों ओर पैसे का राज हो तब उसके आकर्षण को काट सकना कठिन है। पंथ की प्रतिष्ठा के लिए भी पैसा चाहिए। जो लोग इस आकर्षण को न काट सकनेवालों की निंदा करते हैं, वे समस्या को बहुत ऊपर-ऊपर से देखते हैं।

मैं बराबर सोचता रहा कि क्या कोई ऐसा उपाय नहीं हो सकता कि समाज से पैसे का राज खतम हो जाए? हमारे समस्त बड़े प्रयत्न इस एक चट्टान से टकराकर चूर हो जाते हैं। क्या कोई ऐसी व्यवस्था हो सकती है, जिसमें प्रत्येक व्यक्ति अपने मतलब भर का पैसा पा जाए और उससे अधिक पा सकने का कोई उपाय ही न हो? यदि ऐसा हो सकता तो वह समूचा बेहूदा साहित्य लिखा ही न जाता, जो केवल पंथों और उनके प्रवर्तकों की महिमा बढ़ाने के उत्साह में बराबर उन बातों को ढँकने का प्रयत्न करता है, जिन्हें पंथ के प्रवर्तक ने कठिन साधना से प्राप्त किया था। पुराने तांत्रिक आचार्यों ने बताया था कि जो राग बंधन के कारण होते हैं, वे मुक्ति के भी कारण होते हैं। काम-क्रोध आदि मनोवृत्तियाँ, जिन्हें शत्रु कहा जाता है, सुनियन्त्रित होकर परम सहायक मित्र बन जाती हैं। क्या कोई ऐसी सामाजिक व्यवस्था नहीं बन सकती, जिसमें 'घर जोड़ने की माया' जीते भी रहे और सत्य के मार्ग में बाधक भी न हो?

मेरा मन कहता है कि यह संभव है।

मेरी जन्मभूमि

जिस गाँव में साहित्य-चर्चा करने के लिए बैठा हूँ, उसका नाम ओझवलिया है। यह मेरी जन्मभूमि है। इस गाँव के एक हिस्से को 'आरतदुबे का छपरा' कहते हैं। यही वस्तुत: मेरी जन्मभूमि है, परंतु वह हमेशा से इस गाँव का हिस्सा ही रहा है। 'आरतदुबे' मेरे ही पूर्व-पुरुष थे। उन्होंने ही इस छोटे हिस्से को बसाया था, पर बसने के लिए थोड़ी-सी भूमि बलिया गाँव के मालिक ओझा लोगों ने उन्हें माफी में दे दी थी। अब दोनों ही हिस्से एक हो गये हैं। इस तरफ गाँव के नाम के साथ दो शब्द बहुत जुड़े दिखते हैं—'अवली' पल्ली और 'छपरा'। छपरा की परम्परा पूरब में छपरा शहर तक जाकर समाप्त हो जाती है और 'अवली' ग्राम की परम्परा पश्चिम में 'बलिया' तक आती है। मेरा गाँव संयोग से छपरा और अवली का योग है। मुझे इन दोनों शब्दों में इस भूभाग का चिरंतन इतिहास स्पष्ट रूप से समझ में आता है। वस्तुत: बलिया और छपरा नाम के नगरों में मध्यवर्ती भूभाग की गंगा और सरजू जैसी महानदियों का कोप बराबर सहते गंगा की बाढ़ में उनके बह जाने की आशंका बनी रहती है। इस बाढ़ के कारण ही कई-कई गाँव प्राय: एक जगह झुण्ड बाँधकर बसने को बाध्य होते हैं। इन ग्रामों की 'अवली' को कोई भी पर्यवेक्षक आसानी से लक्ष्य कर सकता है तो इस भूभाग का इतिहास ही निरंतर बनते और मिटते रहने का है। इसीलिए यहाँ के निवासियों में एक प्रकार 'कुछ परवा नहीं'—भाव विकसित हो गया है। एक अजीब प्रकार की मस्ती और निर्भीकता इन लोगों के चेहरे पर दीखती है। विपत्ति के थपेड़ों से चेहरे सहज ही नहीं मुरझाते। कठिनाइयों में रास्ता निकाल लेना इसका स्वभाव हो गया है। इतिहास की यही विरासत इन्हें मिली है, नहीं तो गंगाजी के दोनों किनारों से कई मील की दूरी में न तो यहाँ कोई पुरातत्व का अवशेष बच पाया है न साहित्य का इतिहास

लिखनेवालों को प्रलुब्ध करने लायक कोई महत्त्वपूर्ण सामग्री। जब मैं अपनी विद्यार्थी-अवस्था में हिन्दी या संस्कृत का इतिहास पढ़ता था, तो मैं आश्चर्य और लोभ से देखता था कि हमारे इस भूभाग की चर्चा उसमें नहीं है। लेकिन मजेदार बात यह है कि इस भूमि ने संस्कृत के इतने विद्वान पैदा किये हैं कि कई गाँव 'लहुरी काशी' (छोटी काशी) होने का दावा करते हैं। और ठीक करते हैं। मेरे गाँव से थोड़ी ही दूर पर 'छाता' नाम का एक गाँव है, जिसे यहाँ 'लहुरी काशी' कहते हैं। बहुत दिनों से मेरे मन में यह क्षोभ संचित था। मैं सोचता था, क्या साहित्य में इस विद्वत्प्रसू भूमि की कोई देन नहीं है? अचानक आज साहित्य-चर्चा करने का अवसर पाकर मेरे चित्त में वही क्षोभ सावन के मेघ की भाँति घुमड़ पड़ा है। क्या यह सदा का उपेक्षित भूभाग है? बुद्धदेव जहाँ-जहाँ गये थे उन स्थानों का यदि मानचित्र बनाया जाये तो निस्संदेह उनका पदार्पण इधर हुआ होगा, पर प्रमाण कहाँ है? स्कन्दगुप्त की विराट वाहिनी भीतरी गाँव होते हुए गई थी। निस्संदेह उन्होंने इस भूमि पर कोई-न-कोई महत्त्वपूर्ण घोषणा की होगी, पर सबूत कहाँ है? कुमार-जीव के पिता निस्संदेह इसी भूभाग के नर-रत्न थे, पर मैं कैसे बताऊँ कि वे किस गाँव के रहनेवाले थे! गंगा और सरयू के जल सन्निपात से धौत भूमि की शोभा देखने के लिए जब कालिदास निकले होंगे तो क्या उड़कर चले गये होंगे? निस्संदेह इन गाँवों में कहीं-न-कहीं ठहरे होंगे। बहुत संभव है कि रघुवंश के महत्त्वपूर्ण सर्गों का कोई हिस्सा इधर ही लिखा गया होगा; परन्तु मेरी बात का विश्वास कौन करेगा? मैं साहित्य की चर्चा करने का अवसर पाकर असल में उतना प्रसन्न नहीं हूँ जितना होना चाहिए। भारतवर्ष के धारावाहिक साहित्य में हमारे इस भूभाग का क्या महत्त्व होगा भला?

अच्छा समझिए या बुरा, मेरे अन्दर एक गुण है, जिसे आप बालू में से तेल निकालना समझ सकते हैं। मैं बालू में से तेल निकालने का सचमुच ही प्रयत्न करता हूँ, बशर्ते कि वह बालू मुझे अच्छी लग जाए। और यह बात अगर छिपाऊँ भी तो कैसे छिप सकेगी कि मैं अपनी जन्मभूमि को प्यार करता हूँ—*''नेह कि गोइ रहै सखि लाज सो कैसे बँधे जल जाल के बाँधे?''* मेरा विचार यह है कि इतिहास का साहित्य कुछ बड़े-बड़े व्यक्तियों के उद्भव और विलय के लेखे-जोखे का नाम नहीं है। वह जीवन—मनुष्य के धारावाहिक जीवन के सारभूत रस का प्रवाह है। मेरे गाँव में जो जातियाँ बसी हैं, वे किसी उजड़े महल या गाड़ी हुई ईंटों से कम महत्त्वपूर्ण तो हैं ही नहीं, अधिक महत्त्वपूर्ण हैं। मेरे इस छोटे-से गाँव में भारतवर्ष का बहुत बड़ा सांस्कृतिक इतिहास पढ़ा जा सकता है। ब्राह्मणों की बात तो बहुत

कुछ लोग जानते भी हैं, (यद्यपि कम लोग ही यह जानते हैं कि वे कितना कम जानते हैं?) मेरे गाँव में भड़भूजे का पेशा करनेवाली 'कांदू' जाति है, जो संस्कृत 'कांदविक' शब्द से संबद्ध है। गुप्त सम्राटों ने इन्हें वैश्य की मर्यादा दी थी, ऐसा मैंने किसी प्राचीन लेख में पढ़ा है। आपको एक विनोद की बात बताऊँ। एक बड़े अच्छे बंगाली पंडित ने कलाओं के संबंध में एक पुस्तक लिखी है। उस पुस्तक में दस-बारह पन्नों में 'कंदु-पक्व' अन्न की कला की विवेचना है। धर्मशास्त्रों के अनुसार कंदु-पक्व अन्न स्पर्श-दोष से दूषित नहीं होता। उक्त बंगाली पंडित ने अनेक कोशों और स्मृतियों के वचन उद्धृत करके यह साबित करना चाहा कि कंदु-पक्व अन्न पावरोटी-जैसी कोई चीज होती थी। अगर वे हमारे गाँव में आ गए होते तो उन्हें इतने परिश्रम के बाद इतनी गलत-सी चीज सिद्ध करने की कोई जरूरत ही नहीं होती। 'कंदु' इन्हीं काँदुओं के भाड़ का नाम है! कौन नहीं जानता कि भड़भूजे की भुनी हुई सामग्री स्पर्श-दोष से रहित होती है! जिन पंडितजी की बात लिख रहा हूँ, उनकी विद्वत्ता और बहुश्रुतता का मैं कायल हूँ और इसीलिए मुझे थोड़ा-बहुत गर्व होता है कि मेरा गाँव इतने बड़े पंडित के ज्ञान में थोड़ा-सा अंश और जोड़ सकता था! फिर हमारे गाँव से कलवार या प्राचीन 'कल्यपाल' लोगों की बस्ती है, जो एकदम भूल गए हैं कि उनके पूर्वज कभी राजपूत सैनिक थे और सेना के पिछले हिस्से में रहकर 'कल्यवर्त' या 'कलेऊ' की रक्षा करते थे। न जाने किस जमाने में इन लोगों ने तराजू पकड़ी थी और अब पूरे 'बनिया' हो गए हैं। ये क्या पुरातत्व विभाग के किसी ईंट-पत्थर से कम मूल्यवान हैं? मेरे गाँव में और बनिया जाति के लोग हैं। उनकी परम्परा सुनता हूँ तो मुझे रसेल साहब की वह बात याद आए बिना नहीं रहती कि मध्यप्रान्त में एक भी बनिया जाति उन्हें ऐसी नहीं मिली, जिसकी प्राचीन परंपरा किसी-न-किसी राजपूत-कुल से संबद्ध न हो। मेरे गाँव की परंपरा भी उनका समर्थन करती है। एक जाति यहाँ बसती है—तुरहा। जातियों की तालिका में इनका नाम तो मिल जाता है, पर किसी नृतत्वशास्त्रीय विवेचन में मैंने इनकी चर्चा नहीं पढ़ी। मेरा अनुमान है कि यह जाति आर्यों और गौड़ों के मिश्रण की एक कड़ी है। नृतत्वशास्त्र के अध्येता इनको अपनी अधीति का उपयोगी विषय बना सकते हैं। अपने गाँव के धोबियों के नृत्य-गीत में मुझे कोई बड़ी भूल हुई परंपरा का स्मरण हो आता है। मेरे गाँव की सबसे मनोरंजक जाति जुलाहों की है। इनके पुरोहित भी मेरे गाँव में हैं। मैंने 'कबीर' नामक अपनी पुस्तक में जुलाहों के साथ नाथ-परंपरा के योग का उल्लेख किया है। अपने गाँव की ही एक मजेदार बात मैं उस पुस्तक में लिखना भूल गया

था। जुलाहों के पुरोहित यहाँ 'साईं' कहे जाते हैं। साईं अर्थात स्वामी नाथ-परंपरा में गुरु को 'नाथ' या 'स्वामी' कहते थे। 'गोरखबानी' में गोरखनाथ मछंदरनाथ को बराबर साईं कहकर संबोधन करते हैं। अब वे लोग पक्के मुसलमान हो गए हैं। वे केवल नाम में अपनी पुरानी स्मृति ढोते आ रहे हैं। हमारे गाँव के शक-द्वीपीय मग ब्राह्मण भी बहुत महत्त्वपूर्ण ऐतिहासिक जाति के हैं। शक-द्वीप सम्भवतः आधुनिक सगडियाना है, जहाँ के 'मगी' लोग सारे संसार में तंत्र-मंत्र के लिए प्रख्यात थे। सुना है, 'ओल्ड टेस्टामेंट' में भी इनकी चर्चा है। अंग्रेजी में 'मैजिक' शब्द में भी इन मगों की स्मृति रह गई है। भारतवर्ष में यह जाति ब्राह्मण की ऊँची मर्यादा पा सकी है। और सच पूछिए तो ये लोग जहाँ-जहाँ गए थे, वहीं आदर और सम्मान पा सके थे। अब भी ये सुसंस्कृत और चतुर हैं। मेरे गाँव में 'दुसाध' नाम की अन्त्यज जाति है। इनके रंग-रूप को देखकर कोई नहीं कह सकता कि ये लोग अन्त्यज जाति के हैं। अंग्रेज लोग जब देश में राज्य-स्थापना में समर्थ हुए तो उन्हें कुछ अत्यंत दुर्दान्त जातियों का सामना करना पड़ा था। उत्तर भारत में अहीर और दुसाध तथा बंगाल के डोम बड़े लड़ाके थे और कानून मानने से सदा इनकार करते थे। चतुर अंग्रेजों ने इन जातियों से चौकीदार का काम लेकर इन्हें वश में किया! लोहा से लोहा काटने की नीति में अंग्रेज अपना प्रतिद्वन्द्वी नहीं जानता। अहीरों का बहुत-कुछ अध्ययन हो चुका है। जाना गया है कि किसी जमाने में इस दुर्दान्त जाति का राज्य अनेक प्रदेशों में था। बंगाल के डोम सहजिया बौद्ध थे और किसी जमाने में प्रबल पराक्रांत राज्यों के अधीश्वर थे। अधिकार-वंचित होने पर ही ये लोग दुर्दान्त हो गए थे। दुसाधों के पुरातन इतिहास का कोई पता मुझे नहीं है, पर निस्संदेह ये भी किसी अधिकार-च्युत बड़ी जाति के भग्नावशेष होंगे?[1] मेरे गाँव के दुसाध बड़े वीर, विनयी और भद्र हैं। ये अपनों को अब दुःशासन वंशज बताने लगे हैं। इनके देवता राहु बाबा हैं। कभी-कभी मैं सोचता हूँ कि हिन्दुओं की ग्रहमंडली में जो राहु देवता हैं, वे इन्हीं की देन तो नहीं हैं। इतना तो निश्चित है कि राहु वैदिक देवता नहीं है। आजकल राहु के नाम पर चलनेवाले वैदिक मंत्र (काण्डात् काडं प्ररोहन्ती) में 'र', 'और', 'ह' अक्षरों के अतिरिक्त ऐसा कुछ भी नहीं है, जिसे राहु से संबद्ध माना जा सके। जो हो, यह जाति भारतीय इतिहास की निश्चय ही एक महत्त्वपूर्ण देन है। कैसे कहूँ, मेरी जन्मभूमि के इस छोटे गाँव में महाकाल

1. मुझे श्री भगवतशरणजी उपाध्याय ने बताया है कि गुप्त नरपतियों के लेखों में 'दुःसाध्य साधन' करनेवाली जिस जाति का उल्लेख है; उन्हीं का वर्तमान रूप यह दुसाध जाति है। 'दुःसाध्य-साधनिक' गुप्त सम्राटों की पुलिस का कोई विभाग था।

देवता के रथ-चक्र की लीक एकदम नहीं पड़ी है।

यदि मुझे अपने गाँव की सांस्कृतिक पैमाइश करने की सुविधा प्राप्त हो तो मेरा विश्वास है कि कुछ-न-कुछ महत्त्वपूर्ण ऐतिहासिक सामग्री अवश्य मिलेगी। यहाँ गाँव में कई कालीजी के स्थान हैं, जो एक चबूतरे पर नीम के पेड़ के नीचे मिट्टी के गोल-गोल शंकु-आकृति की पिंडियाँ हैं। कहते हैं, यह प्रथा बहुत पुरानी नहीं है। भगवती का शिखरहीन मंदिर मेरे देखने में यहाँ एक ही है, जो मेरे गाँव से सटा हुआ है। सबसे आश्चर्यजनक है महावीरजी का (अर्थात हनुमानजी का) स्थान। इस प्रदेश में ऊपर-ऊपर सजाए हुए क्रम-ह्रस्व तीन चौकोर चबूतरों को ही महावीरजी कहते हैं। इन्हें देखकर बौद्ध-स्तूपों की याद बरबस आ जाती है। मनोरंजक बात यह है कि इन स्थानों पर महावीरजी की जब जय-जयकार की जाती है तो 'महावीर स्वामी' की जय बोली जाती है। मुझे ये 'स्वामी' और स्तूपाकृत स्थान और 'महावीर' शब्द बहुत तरह के अनुमान को प्रेरित करते हैं। क्या किसी प्राचीन बौद्ध या जैन या मिश्र परम्परा से इनका कोई संबंध है? अपने गाँव की ठाकुरबारी में जो हनुमानजी हैं, वे मूर्ति-रूप में हैं, स्तूप-रूप में नहीं। मेरे गाँव की देवतामंडली में इधर हाल ही में एक नई देवी का पदार्पण हुआ है। इनका नाम है 'पिलेक-मैया' अर्थात प्लेग माता। इनका स्थान भी बन गया है, पूजा भी होने लगी है और एक भक्त पर उनका आवेश भी होता है। सौ वर्ष बाद यदि कोई कहे कि प्लेग अंग्रेजी शब्द है और यह देवी अंग्रेजी साहचर्य की देन है तो निष्ठावान हिन्दू शायद कहनेवाले का सिर तोड़ देगा! लेकिन मेरे गाँव की 'पिलेक-मैया' हिन्दुओं के अनेक देवताओं पर जबरदस्त प्रश्न-चिह्न के रूप में तो रह ही जाएगी। जब मैंने एक मित्र को बताया था कि कुरुकुल्ला और उनकी श्रेणी की देवियाँ तिब्बती परम्परा की देन हैं, यहाँ तक कि दश महाविद्याओं की 'तारा' और 'छिन्नमस्ता' का भी सम्बन्ध तिब्बत के प्राचीन 'बोत' धर्म से साबित किया जा सका है तो उन्होंने मुझे 'वज्रनास्तिक' कहकर तिरस्कार किया था। काश, मेरे मित्र जानते कि 'वज्र' भी आर्येत्तर जातियों के संस्रव का फल हो सकता है।

ऐसे ऐतिहासिक अवशेषों के भीतर से यहाँ 'मनुष्य' की दुर्जय विजय-यात्रा चली है। निस्संदेह साहित्य के इतिहास में इन संस्कृति चिह्नों की कोई चर्चा न आना क्षोभ का ही विषय है। हमारी भाषा में इनकी स्मृति है, हमारे जीवन में इनका पद-चिह्न है। हमारी चिंताधारा में इनका कोई स्थान होगा ही नहीं, यह कैसे मान लूँ? परन्तु साहित्य का जो इतिहास हमें पढ़ाया जाता है, वह क्या मनुष्य की अप्रतिहत विजय-यात्रा का कोई आभास देता है? हम क्यों नहीं अपने को ही पढ़ने का प्रयास करते? आप जब मुझसे अनेक

साहित्यिक प्रश्न पूछते हैं तो मेरा चित्त बहुत प्रसन्न नहीं होता। लेकिन आपका एक प्रश्न मुझे थोड़ा उत्फुल्ल कर सका है। आप पूछते हैं कि इस संक्रांतिकाल में साहित्यिकों का क्या कर्तव्य है? यहाँ बैठकर मैं उस कर्तव्य को जितना स्पष्ट और अनाविल रूप में देख रहा हूँ, उतना अन्यत्र से शायद ही देख सकता।

मैं स्पष्ट ही देख रहा हूँ कि नाना जातियों और समूहों में विभाजित मनुष्य सिमटता आ रहा है। उसका कोई भी विश्वास और कोई भी नीति-रीति चिरंतन होकर नहीं रह सकी है। उनके न तो मंदिर ही अविमिश्र हैं, न देवता ही चिरकालिक हैं। मनुष्य किसी दुस्तर तरण के लिए कृत संकल्प है। जातियों और समूहों के भीतर से उसकी विजय-यात्रा अनाहत गति से बढ़ रही है। वह अपनी इष्ट सिद्धि के लिए बहुत भटका है। अब भी भटक रहा है, पर खोजने में वह कभी विचलित नहीं हुआ है। ये अधभूले नृत्य-गीतों की परम्पराएँ उसकी नवग्राहिणी प्रतिभा के चिह्न हैं, ये नवीन देवताओं की कल्पना उसके राह खोजने की निशानी हैं और ये भूली हुई परम्पराएँ इस बात का संकेत करती हैं कि वह परंम्परा और संस्कृति के नाम पर जमे हुए किट्टाभ संस्कारों को फेंक देने की योग्यता रखता है। हमारे गाँव की विविध जातियाँ यह सिद्ध करने को पर्याप्त हैं कि तथाकथित जाति-प्रथा कोई फौलादी ढाँचा नहीं है, उसमें अनेक उतार-चढ़ाव होते रहे हैं और होते रहेंगे। संक्रांतिकाल से आप क्या समझते हैं, यह तो मुझे नहीं मालूम, पर साहित्यिक का कर्तव्य तो स्पष्ट है कि वे कभी किसी प्रथा को चिरंतन न समझें, किसी रूढ़ि को दुर्विजेय न मानें और आज की बननेवाली रूढ़ियों को भी त्रिकालसिद्ध सत्य न मान लें। इतिहास-विधाता का स्पष्ट इंगित इसी ओर है कि मनुष्य में जो 'मनुष्यता' है, जो उसे पशु से अलग कर देती है, वही आराध्य है। क्या साहित्य और क्या राजनीति, सबका एकमात्र लक्ष्य इसी मनुष्यता की सर्वांगीण उन्नति है।[1]

---

1. एक मित्र के नाम लिखा पत्र।

सावधानी की आवश्यकता

साहित्य में नित्य नवीन प्रयोग हो रहे हैं। जिस समय हमारा देश स्वाधीन हो रहा है, उस समय इन नवीन प्रयोगों के विषय में कुछ सावधानी बरतने की आवश्यकता जान पड़ती है। इस समय देश के शिक्षित समझे जानेवाले जन-समुदाय में एक विचित्र प्रकार की संदेहशीलता और अविश्वास का भाव दिखाई दे रहा है। सैकड़ों वर्ष की गुलामी से कुचला हुआ मनोभाव उत्तरदायित्व का भार देखकर ही बिदक गया है। मलेरिया का बुखार आदमी को कमजोर पाकर बीस वर्ष बाद भी चढ़ दौड़ता है। हमारे भीतर संघर्ष-काल में जितना आत्मविश्वास था, उतना भी नहीं दिखाई देता। शत्रुओं की कूट-बुद्धि पर, प्रतिद्वंद्वियों की चालबाजियों पर और मूर्खता पर हमें बहुत ज्यादा विश्वास है और अपनी दृढ़ता पर, अपनी नीति पर, और अपने अधिकार पर बहुत कम। इस अवस्था में साहित्य यदि जनता के भीतर आत्मविश्वास और अधिकार-चेतना की संजीवनी शक्ति नहीं संचारित करता तो परिणाम बड़े भयंकर होंगे। हमें इस समय कठोर आत्मसंयम, अदम्य इच्छा-शक्ति और दुर्जेय आत्मविश्वास की जरूरत है। हमारे साहित्य में आज ऐसे दृढ़चेतन चरित्रों की कमी महसूस हो रही है, जो विपत्तियों की झंझा में पहाड़ के समान अटल बने रहते हैं, जूझने का अवसर पाने पर सौ गुना उत्साहित हो जाते हैं और प्रलोभनों के विशाल व्यूह में भी अपने कर्तव्य-पथ से तिलमात्र विचलित नहीं होते। आज हमें ऐसे साहित्य की आवश्यकता है, जो हमारे युवकों में मनुष्यता के लिए बलि होने की उमंग पैदा करे, अन्याय से जूझने का उन्माद पैदा करे और अपने अधिकारों के लिए मिट जाने के लिए अकुंठ साहस का संचार करे।

क्या साहित्यिक अपना कर्तव्य-पालन कर रहे हैं? कहना व्यर्थ है कि हिन्दी के साहित्यिक चुप नहीं बैठे हैं। कागज की कमी और छपाई की

दिक्कतों के होते हुए भी दर्जनों पत्रिकाएँ और पुस्तकें प्रति मास निकल रही हैं। फिर आज यह शंका क्या उचित है कि साहित्यकार कर्तव्य-पालन में सावधान हैं या नहीं?

हमारे युवा साहित्यकारों में से अधिकांश अपने को 'प्रगतिशील' कहते और समझते हैं। इनकी 'प्रगतिशील' कही जानेवाली रचनाओं में कई श्रेणी की चीजें हैं। यह एक बिलकुल गलत धारणा है कि सभी प्रगतिवादी रचनाएँ मार्क्सवादी विचारधारा का समर्थन या प्रचार करती हैं। वस्तुतः कई प्रकार की आधुनिक मनोभावों के प्रचार के उद्देश्य से लिखी गईं समस्त रचनाएँ 'प्रगतिशील' कही जाने लगी हैं। आज समय आ गया है कि इन रचनाओं का विश्लेषण करके ठीक-ठीक समझ लिया जाए कि 'प्रगतिशील' वस्तुतः कौन-सी है और केवल अधकचरे आधुनिक विचारों को हवा में से पकड़कर उन पर से अपना कारबार करनेवाली रचनाएँ कौन हैं? बिना किसी झिझक के यहाँ कह दूँ कि मैं उन रचनाओं को किसी प्रकार प्रगतिवादी मानने को तैयार नहीं हूँ, जिनमें संसार को नये सिरे से उत्तम रूप में ढालने का दृढ़-संकल्प न हो। जो रचना केवल हमारी मानसिक चिन्ताओं का विश्लेषण करने का दावा करके हमें जहाँ-का-तहाँ छोड़ देती है, उसमें गति ही नहीं है। उसे प्रगतिशील तो कहा ही नहीं जा सकता।

इस युग के युवक-चित्त को जिस नई विद्या ने सबसे अधिक प्रभावित किया है, वह है मनोविज्ञान और मनोविश्लेषण-शास्त्र। निस्संदेह ये शास्त्र पठनीय हैं। इन्होंने हमारे सामने अपने ही भीतर चलनेवाली अनेक अज्ञात धाराओं से हमारा परिचय कराया है, परन्तु यह बात सदा ध्यान में रखनी चाहिए कि 'सब साँच मिलै सौ साँचे हैं, न मिलै सो झूठ'। सत्य सार्वदेशिक होता है। मनोविश्लेषण-शास्त्र मनुष्य की उद्‌भावित विचार-निधियों का एक अकिंचन अंश-मात्र है। जीव-शास्त्र और पदार्थ-विज्ञान के क्षेत्र में हमें जो नए तथ्य मालूम हुए हैं, उनके साथ इस शास्त्र के अनुसंधानों का सामंजस्य नहीं स्थापित किया जा सका है। फिर भी इतना तो निश्चित है कि मानस-विश्लेषण-शास्त्र के आचार्यों के प्रचारित तत्त्ववाद में से कुछ विचार इन दिनों वायुमंडल में व्याप्त हैं। नवीन साहित्यकार उन्हें अनायास पा जाता है, परन्तु उन विचारों को संयमित और नियंत्रित करनेवाले प्रतिकूलगामी शास्त्रीय परिणाम उसे इतनी आसानी से नहीं मिलते। इसका परिणाम यह हुआ कि हमारा नवीन साहित्यकार इन विचारों के माया-जाल को आसानी से काट नहीं पाता। वह कुछ इस प्रकार सोचता है : अवचेतन चित्त की शक्तिशाली सत्ता ही हमारे चेतन चित्त के विचारों और कार्यों को

रूप दे रही है। हम जो कुछ सोच और समझ रहे हैं, वस्तुतः वैसा ही सोचने या समझने का हेतु हमारे अनजान में हमारे ही अवचेतन चित्त में वर्तमान है। और यह जो हम सोच रहे हैं, समझ रहे हैं और सोच-समझकर कर रहे हैं, इन बातों का 'अभिमान' करनेवाला हमारा चेतन चित्त कितना नगण्य है। अदृश्य में वर्तमान हमारी अवदमित वासनाओं और प्रसुप्त कामनाओं के महासमुद्र में यह दृश्य चेतन चित्त बोतल के कार्क के समान उतरा रहा है। अदृश्य महासमुद्र की तरंगें उसे अभिभूत कर जाती हैं। हम जिसे तर्कसंगत विचार समझ रहे हैं, वह वस्तुतः संगति लगाने का ही प्रकारांतर है। मनुष्य में स्वतंत्र इच्छा-शक्ति नाम की कोई चीज नहीं। स्वतन्त्र इच्छा-शक्ति पुराने दकियानूसी विचारकों की अर्द्धविकसित बुद्धि की अधकचरी कल्पनामात्र है। कुछ और विश्लेषकों ने आगे बढ़कर कहा है कि जब कोई व्यक्ति जानबूझकर कोई काम करता है, जिसे वह अपनी इच्छा-शक्ति का कार्य समझता है, तो वस्तुतः वह इसलिए कि शिशुकाल से ही वह नाना भाव से अपने को असहाय मानता रहता है और इस प्रकार उसके मन में हीनता की गाँठ पैदा हो जाती है। उसी हीनता की क्षतिपूर्ति के उद्देश्य से वह आगे चलकर बड़े-बड़े काम करता है। असल में हीनता की भावना जितनी ही तीव्र होती है, भविष्य-जीवन में मनुष्य उतना ही कर्मठ होता है। ये हू-ब-हू वही विचार नहीं हैं, जिनका प्रतिपादन फ्रायड या एडलर जैसे आचार्यों ने किया है। ये उन विचारों का अत्यधिक प्रचलित रूप हैं, जिन्हें आज का नया साहित्यकार आसानी से हवा में से पकड़ लेता है।

इन विचारों का बड़ा घातक असर हमारे साहित्य पर हो रहा है। जिसे देखो, वही कुछ मनोविश्लेषण के प्रयोग कर रहा है। कुछ लिबिडो, कुछ प्रसुप्त वासना, कुछ अवदमित कामना किस रूप में चेतन दिमाग में रूप-परिग्रह कर रही है, यह बताने के उद्देश्य से जो साहित्य लिखा जाएगा, उसमें वह चरित्रगत दृढ़ता आ ही नहीं सकती, जो आज के संकट-काल में हमें धीर और कर्मठ बना सके। यदि मनुष्य कुछ पूर्ववर्ती अज्ञात वासनाओं का ही मूर्त रूप है, यदि अनजाने में बँधी हुई हीनता की गाँठ ही हमारे चरित्र का निर्माण कर रही है, तो फिर दृढ़ चित्तता और आत्म-निर्माण का स्थान कहाँ है?

लेकिन केवल इन्हीं विचारों को लेकर साहित्यिक प्रयोग हो रहे हैं, ऐसा कहना अन्याय होगा। एक प्रकार के हमारे युवक साहित्यकार ऐसे भी हैं, जो बड़ी सावधानी से ऐसे चरित्रों का निर्माण कर रहे हैं जिनमें दुनिया को अपने आदर्श के अनुरूप ढाल लेने का संकल्प है। मार्क्सवादी साहित्य कितने भी दुर्धर्ष जड़-विज्ञान के तत्त्व-वाद पर आधारित क्यों न हों, वह

मनुष्य को केवल नियति का गुलाम नहीं मानता। सिद्धान्त रूप में वह चाहे जो भी स्वीकार क्यों न करता हो, साहित्य में वह मनुष्य को दृढ़चित्त बनाने का कार्य करता है। मुझे इस श्रेणी के साहित्य में यह बात सबसे अच्छी लगती है। खेद है कि सभी मार्क्सवादी इस बात में पूरे नहीं उतरते। कभी-कभी एक ही स्थान पर एक तरफ तो वे ऐसे चरित्र का निर्माण करते हैं, जो कठिनाइयों से जूझता है और दूसरे ही क्षण मानस-विश्लेषण करके उसे प्रसुप्त वासनाओं का प्रतिफलन मात्र बना देते हैं। मुझे ऐसा लगता है कि इस श्रेणी के साहित्यिक अभी भी अपना कर्तव्य साफ-साफ नहीं समझ रहे हैं।

उन्नीसवीं शताब्दी यूरोप में जड़-विज्ञान लेकर आई थी; परन्तु उस युग के साहित्य में संसार को आदर्श रूप में गढ़ने की जैसी उत्कट और शक्तिशाली भावना प्रकट हुई, उसकी तुलना किसी युग से नहीं की जा सकती। बीसवीं शताब्दी प्राणी-विज्ञान और मनोविज्ञान का युग कहा जाता है। पस्तहिम्मती, पलायन और नियतिदासता को क्या इस युग के साहित्य में बड़ा हो जाना चाहिए था? युद्धों और राजनीतिक कचकचाहटों ने इस युग के साहित्यकार को निराशावादी और मनोविश्लेषक बना दिया है। वह देख रहा है कि दुनिया के नख और दंत चाहे जितने तेज हो गए हों, उनका मन परिवर्तित नहीं हुआ है। मनुष्य सब मिलाकर आज भी पशु ही बना हुआ है। डारविन ने उन्नीसवीं शताब्दी में कहा था कि मनुष्य वस्तुतः पशु का ही विकसित रूप है। वर्तमान युग के मनोविज्ञानियों ने आज भुजा उठाकर घोषणा की है कि मनुष्य में पशु का विकसित रूप केवल शरीर में है, मन की ओर से वह आज भी प्रायः पशु ही है। वही आदिम मनोवृत्तियाँ जो चूहे में हैं, बकरी में हैं, वनमानुष में हैं; मनुष्य में भी हैं। उन मनोवृत्तियों में एकदम परिवर्तन नहीं हुआ है, केवल रूप बदल गया है। परिस्थिति के कारण जिस प्रकार ऊँट की गर्दन एक प्रकार की बन गई है, हाथी का सूँड़ दूसरी प्रकार की हो गई है, उसी प्रकार बदली हुई परिस्थितियों ने मानव-चित्त को कुछ नया रूप दिया है, नहीं तो है वही पुरानी चीज।

प्रश्न यह है कि आज का साहिंत्यकार क्या इसी प्रकार के विचारों को चुपचाप स्वीकार कर नया-नया प्रयोग करता जाएगा? समूची जाति का भाग्य अधर में लटका हुआ है, अविश्वास और संशयालुता ने हमारे विचारशील चित्त के लोगों में भय और संदेह को भर दिया है, भीतर और बाहर की विकट समस्याओं के सम्मुखीन होने में देश के समझदार लोग दुविधा का अनुभव कर रहे हैं। हमारे सामने देश को स्वाधीन बनाए रखने की समस्या ही मुख्य नहीं है। स्वाधीनता भी एक साधन है। सारे संसार को अविश्वास और पारस्परिक घृणा और विद्वेष के दल-दल से उबारने का हमें

अवसर मिलने जा रहा है। हम क्या आज निराश और हतोत्साह होकर यह कार्य कर सकते हैं? मनोविज्ञान, प्राणि-विद्या और पदार्थ-विज्ञान का अध्ययन हम अवश्य करें, परन्तु निश्चित समझें कि ये शास्त्र मनुष्य की अद्‌भुत बुद्धि के कण-मात्र हैं। ये ही सबकुछ नहीं हैं। मनुष्य इनसे बड़ा है। ये शास्त्र केवल सामने पड़ी हुई विशाल ज्ञानराशि की ओर संकेत कर रहे हैं। भारतवर्ष के साहित्यकारों को आज सुवर्ण-संयोग प्राप्त है। अगर इस अवसर पर हम चूक गए तो संभवत: दुनिया एक नए दलदल में फँस जाएगी। यह मत समझिए कि भारतवर्ष उपेक्षित अवमानित बना रहेगा। संसार को नई ज्योति देने की जिम्मेदारी आज हमारे तरुण साहित्यकारों के कन्धों पर आ पड़ी है। आज हमें स्मरणीय और अविस्मरणीय आदर्शों का निर्माण करना है। हमारे महान देश का भविष्य हमारे हाथों में है।

निस्संदेह मनुष्य में पशु-सामान्य आदिम मनोवृत्तियाँ जीवित हैं। उनके अस्तित्व को अस्वीकार नहीं किया जा सकता। थोड़ी-सी भी उत्तेजना पाकर वे झनझना उठती हैं। साहित्यकार को इनकी उत्तेजना जगाने में विशेष परिश्रम नहीं करना पड़ता। अगर इन आदिम मनोवृत्तियों को ही उपजीव्य बनाकर मनुष्य अपना कारबार आरम्भ कर दे, तो उसे बहुत आयास नहीं करना पड़ेगा; परन्तु संयम और निष्ठा, धैर्य और दृढ़चित्तता साधन से प्राप्त होती है। उनके लिए श्रम की कम जरूरत नहीं होती है।

साहित्यकार से मेरा निवेदन है कि इन श्रमसाध्य गुणों को पाने के लिए समूची मनुष्य जाति को उद्‌बुद्ध करे। इस युग संधिकाल में साहित्यकार को अविचलित चित्त से उन गुणों की महिमा समाज में प्रतिष्ठित करनी है, जिन्हें मनुष्य ने वर्षों की साधना और तपस्या से पाया है। जिस स्वाधीनता के लिए हम दीर्घकाल से तड़प रहे थे, वह आ गई है। साहित्यकार ने इसके आह्वान में पूरी शक्ति लगा दी थी। आज उसे अपने को महान उत्तरदायित्व के योग्य सिद्ध करना है। कराची-सम्मेलन में कही हुई अपनी बात को मैं फिर दुहराता हूँ, मनुष्य को अज्ञान, मोह, कुसंस्कार और परमुखापेक्षिता से बचाना ही साहित्य का वास्तविक लक्ष्य है। इससे छोटे लक्ष्य की बात मुझे अच्छी नहीं लगती। इस महान उद्देश्य की यदि हिन्दी पूर्ति कर सके, तभी वह उस महान उत्तरदायित्व के योग्य होगी, जो इतिहास-विधाता की ओर से उसे मिला है। मेरे लिए हिन्दी भाषा और हिन्दी-साहित्य कोई देव-प्रतिमा नहीं है, जिसका नाम जपकर और आरती उतारकर हम संतुष्ट हो जाएँगे। हिन्दी भारतवर्ष के हृदय-देश में स्थित करोड़ों नर-नारियों के हृदय और मस्तिष्क को खुराक देनेवाली भाषा है। यदि वह यह काम नहीं कर सकती तो श्रद्धा और भक्ति का विषय भी नहीं बनी रह सकती। हिन्दी के ऊपर

महान उत्तरदायित्व की बात जब मैं कहता हूँ तो मेरा मतलब यही होता है। भारतवर्ष की राजभाषा चाहे जो हो और जैसे भी हो; पर इतना निश्चित है कि भारतवर्ष की केन्द्रीय भाषा हिन्दी है। लगभग आधा भारतवर्ष उसे अपनी साहित्यिक भाषा मानता है, साहित्यिक भाषा अर्थात उसके हृदय और मस्तिष्क की भूख मिटानेवाली भाषा, करोड़ों की आशा-आकांक्षा, अनुराग-विराग, रुदन-हास्य की भाषा। उसमें साहित्य लिखने का अर्थ है करोड़ों के मानसिक स्तर को ऊँचा करना, करोड़ों मनुष्यों को मनुष्य के सुख-दुख के प्रति संवेदनशील बनाना, करोड़ों को अज्ञान, मोह और कुसंस्कार से मुक्त करना। केवल शिक्षित और पंडित बना देने से ही काम नहीं हो सकता। वह शिक्षा किस काम की जो दूसरों के शोषण में, अपने स्वार्थ-साधन में ही अपनी चरम सार्थकता समझती हो! इसीलिए आज जब हमारे सामने गम्भीर साहित्य लिखने का बहाना आ उपस्थित हुआ है, मैं अपने सहकर्मियों से विनयपूर्वक अनुरोध कर रहा हूँ कि जो कुछ भी लिखो, उसे अपने महान उद्देश्य के अनुकूल बनाकर लिखो। संसार के अन्य राष्ट्रों ने अपने साहित्य को जिस दृष्टि से लिखा है, उसकी प्रतिक्रिया और अनुसरण नहीं होना चाहिए। जिस प्रकार विज्ञान के क्षेत्र में मनुष्य ने संयोग का सहारा लिया है, उसी प्रकार साहित्य और शिक्षण के क्षेत्र में भी अटकल का सहारा लिया है। उसका फल अच्छा नहीं हुआ है। हमें सौभाग्यवश नए सिरे से सबकुछ करना है। इसीलिए हमारे पाठ्यग्रन्थों तथा रसात्मक साहित्य की रचना भी किसी खण्ड सत्य के लिए नहीं होनी चाहिए। समूची मनुष्यता जिससे लाभान्वित हो, एक जाति दूसरी जाति से घृणा न करके प्रेम करे, एक समूह दूसरे समूह को दूर रखने की इच्छा न करके पास लाने का प्रयत्न करे, कोई किसी का आश्रित न हो, कोई किसी वे वंचित न हो, इस महान उद्देश्य से ही हमारा साहित्य प्रणोदित होना चाहिए। संसार के कई देशों में अपनी जातीय श्रेष्ठता प्रतिपादित करने के उद्देश्य से साहित्य लिखा है और कोमल मस्तिष्कवाले युवकों की बुद्धि विषाक्त बना दी है। उसका परिणाम संसार को भोगना पड़ता है। घृणा और द्वेष से जो बढ़ता है, वह शीघ्र ही पतन के गह्वर में गिर पड़ता है। यही प्रकृति का विधान है। लोभवश, मोहवश और क्रोधवश जो कर्तव्य निश्चित किया जाएगा, वह हानिकारक होगा। बड़ी साधना और तपस्या के बाद मनुष्य ने इस आदिन मनोवृत्तियों पर विजय पाई है। वे वृतियाँ दबी हैं; किन्तु फिर भी वर्तमान हैं। उन पर आधारित प्रयत्न मनुष्यता के विरोधी हैं। प्रेम बड़ी वस्तु है, त्याग बड़ी वस्तु है, और मनुष्य-मात्र को वास्तविक 'मनुष्य' बनानेवाला ज्ञान भी बड़ी वस्तु है। हमारा साहित्य इन बातों पर आधारित

होगा, तभी वह संसार को नया प्रकाश दे सकेगा।

एक आदरणीय साहित्यिक ने मुझे अपना यह अनुमान बताया कि प्रगतिशील समझे जानेवाले नए लेखकों की रचनाओं में पचास फीसदी से अधिक कहानियों का विषय मानसिक विपथगामिता है। अपने आदरणीय साहित्यिक की बात मैंने ज्यों-की-त्यों स्वीकार नहीं कर ली। मैंने एक प्रगतिशील पत्र में प्रकाशित कुछ कहानियों की छानबीन की। मुझे यह घोषणा करते हुए प्रसन्नता हो रही है कि उसकी अधिकांश प्रकाशित कहानियों से उक्त बात की पुष्टि नहीं होती। परन्तु अपने को 'प्रगतिवादी' कहकर विज्ञापित नहीं करनेवाले पत्रों की कहानियों में यह बात बहुत दूर तक ठीक है। शायद ही ऐसा कोई समझदार आदमी हो, जो यह न स्वीकार करता हो। एक-न-एक प्रकार की मानसिक विपथगामिता हर युग में साहित्य की प्रधान समस्या रही है। परन्तु इन दिनों जो बात चिंत्य हो उठी है, वह उसका यौन-भावनामूलक ग्रन्थगृहीत रूप है। कुछ रचनाओं से यह आसानी से सिद्ध किया जा सकता है कि लेखक सुनी-सुनाई बातों की नींव पर अपना भवन निर्माण कर रहा है; परन्तु मैं यहाँ इस बात को व्यर्थ ही बढ़ाना नहीं चाहता। मेरा वक्तव्य यहाँ सिर्फ इतना ही है कि इन दिनों हमारी प्रधान समस्या व्यक्तिगत यौन-भावनामूलक मानसिक विपथगामिता नहीं है। हमारे देश में कुछ रीति-रस्म ऐसे हैं, जो मनुष्य को सामाजिक रूप में अस्वस्थ-चेता बनाए हुए हैं। इनमें कुछ नितांत सामयिक हैं, कुछ दीर्घकाल की जमी हुई मिट्टी की तरह हमारे मन पर सवार हैं। दोनों का अध्ययन और नियमन होना चाहिए।

हमारे देश में जातिभेद और छुआछूत की विचित्र प्रथाएँ हैं। इसने देश को नाना स्तरों में बाँट दिया है। केवल जातिगत हीनता और कुलीनता ही इस देश के समूहजात चित्त को विचित्र और जटिल बनाने के लिए काफी थीं परन्तु इतना ही भर नहीं है। इन जातियों में पारस्परिक ब्याह-शादी नहीं होती और नाना भाँति की ऐतिहासिक और सामाजिक मर्यादाओं के भीतर से विकसित होने के कारण अधिकांश की रीति-नीति, पूजा-उपासना, आचार-विचार, विश्वास नाना भाव से स्वतन्त्र होने के कारण समाज की जटिलता और भी बढ़ गई है। हमारे पुराने लेखकों ने इस समस्या पर जितना जमकर विचार किया है, उतना नए लेखक नहीं कर रहे हैं। क्रांति कह देने मात्र से नहीं आती। यदि मानसिक गुत्थियों को सुलझाना ही हमारे साहित्यकारों को अभीष्ट है, तो इस देश के जनसमूह से बड़ा और मनोरंजक प्रयोग क्षेत्र दूसरा नहीं मिलेगा। क्यों नहीं हमारे साहित्यिक इस ओर झुकते? पुरातत्त्व और नृतत्त्वशास्त्र के अध्येताओं ने जिन तथ्यों का

उद्‌घाटन किया है, उनके प्रकाश में क्यों नहीं वे अपने देश की मानसिक गाँठों को खोलने का प्रयत्न करते? इस विशाल देश में न तो आदिम मानवीय विश्वासों की ही कमी है, न अत्यन्त आधुनिक जटिलताओं की। साहित्यिक प्रयोग यदि करना ही है तो क्यों नहीं हमारे युवक अपने देश की ओर नजर फिराते? नाना जातियों और उप-जातियों से अध्युषित, सभ्यता की लगभग प्रत्येक सीढ़ी पर अवस्थित और फिर भी सबसे विचित्र और सबसे जटिल इस देश की सामाजिक मनोभावना सचमुच साहित्यिकारों को प्रलुब्ध करनेवाली वस्तु है।

अपने देश के तरुण साहित्यकारों से मेरा अनुरोध है कि वे अपने देश को उसके समस्त गुण-दोषों के साथ देखें और ऐसे साहित्य की सृष्टि करें, जो इस जीर्ण देश में ऐसे नवीन अमृत का संचार करे कि वह एक दृढ़चेता व्यक्ति की भाँति संसार से घृणा और अन्याय को मिटा देने के लिए उठ खड़ा हो। हमारे युवकों और युवतियों में भविष्य को अपने अनुकूल बना लेने का दृढ़ संकल्प होना चाहिए। भय कहीं नहीं है। अपने ऊपर अश्रद्धा ही हमारा सबसे बड़ा भय का हेतु है। आत्मविश्वास से बढ़कर हमारे पास दूसरा अस्त्र नहीं है और भारतवर्ष यदि आत्मविश्वासी बनता है तो यह कोई निरा स्वप्न नहीं है। सचमुच ही भारतवर्ष की परम्परा महान है, इसके निवासियों में शौर्य है, यहाँ की भूमि रत्नप्रसू है, यहाँ का ज्ञान-विज्ञान अतुलनीय है। केवल इस देश को अपने प्रति आस्थावान बनाना है। तरुण साहित्यकार के लिए आज स्वर्ण संयोग प्राप्त है। ऐसे ही स्वर्ण अवसर पर रूस के लेखकों ने ऐसा साहित्य पैदा किया था, जो संसार में श्रेष्ठ साहित्य के रूप में अनायास ही स्वीकार कर लिया गया। हमारा देश महान है और हमें महान संयोग मिल गया है। इस समय दुविधा और झिझक की जरूरत नहीं है। दूसरों के दिखाए रास्ते पर चलकर प्रयोग करने की जरूरत नहीं है। अपनी आँखों से अपने वृद्ध और जर्जर देश को देखना है और दृढ़-चरित्रता के अमृत से सींचकर इसे वृहत्तर बनाना है। साहित्यिक प्रयोग करते समय हमें बार-बार यह बात सोच लेनी चाहिए।

मुझे रंच-मात्र भी संदेह नहीं है कि हमारे तरुण साहित्यकारों में यह शक्ति है। केवल उन्हें अपने उत्तरदायित्व को समझना है। उन्हें बराबर याद रखना चाहिए कि उनके लिए प्रत्येक शब्द का मूल्य है। वह शब्द लाख-लाख को प्रभावित करने के उद्देश्य से लिखा गया है। प्रभाव शुभ भी हो सकता है, अशुभ भी हो सकता है। शुभ प्रभाव का होना ही वांछनीय है।

आपने मेरी रचना पढ़ी

हमारे साहित्यिकों की भारी विशेषता यह है कि जिसे देखो, वही गम्भीर बना है, गम्भीर तत्त्ववाद पर बहस कर रहा है और जो कुछ भी वह लिखता है, उसके विषय में निश्चित धारणा बनाए बैठा है कि वह एक क्रांतिकारी लेख है। जब आए दिन ऐसे ख्यात-अख्यात साहित्यिक मिल जाते हैं, जो छूटते ही पूछ बैठते हैं, 'आपने मेरी अमुक रचना तो पढ़ी होगी?' तो उनकी नीरस प्रवृत्ति या विनोद-प्रियता का अभाव बुरी तरह प्रकट हो जाता है। एक फिलॉसफर ने कहा है कि विनोद का प्रभाव कुछ रासायनिक-सा होता है। आप दुदान्त डाकू के दिल में विनोदप्रियता भर दीजिए, वह लोकतंत्र का लीडर हो जाएगा; आप समाज-सुधार के उत्साही कार्यकर्त्ता के हृदय में किसी प्रकार विनोद का इंजेक्शन दे दीजिए, वह अखबारनवीस हो जाएगा। और यद्यपि कठिन है, फिर भी किसी युक्ति से उदीयमान छायावादी कवि की नाड़ी में थोड़ा विनोद भर दीजिए; वह किसी फिल्म कम्पनी का नामी अभिनेता हो जाएगा।

एक आधुनिक चीनी फिलॉसफर को दिन-रात यह चिन्ता परेशान करती रहती है कि आखिर लोकतंत्र के नेताओं और डिक्टेटरों में अंतर क्या है? यदि आप सचमुच गंभीरतापूर्वक छानबीन करें तो रूज़वेल्ट और स्तालिन में कोई मौलिक अंतर नहीं मिलेगा। या दूर की बात छोड़िए। गाँधी और जिन्ना में कोई अंतर नहीं है—जहाँ तक शक्ति-प्रयोग का प्रश्न है। गाँधी की बात भी कांग्रेस के लिए कानून है और जिन्ना की बात भी मुस्लिम लीग के लिए वेद-वाक्य है। फिर भी एक डेमोक्रेट है और दूसरा डिक्टेटर। क्यों? चीनी फिलासफर ने चार वर्ष की निरंतर साधना के बाद आविष्कार किया कि डेमोक्रेट हँसना और मुस्कुराना जानता है, पर डिक्टेटर हँसने की बात सोचते भी नहीं। उनको आप जहाँ भी देखें और

जब भी देखें, उनकी भृकुटियाँ तनी हुई हैं, मुट्ठियाँ बँधी हुई हैं, ललाट कुंचित है, अधरोष्ठ दाँतों की उपांत रेखा के समानांतर जमा हुआ है—मानो ये अभी दुनिया को भस्म कर देना चाहते हैं। अगर इन शक्तिशाली डिक्टेटरों में हँसने का थोड़ा-सा माद्दा होता तो दुनिया आज कुछ और हो गई होती।

जब-जब मैं कलकत्ते के चिड़ियाघर में गया हूँ, तब-तब मुझे ऐसा लगा है कि संसार के जीवों में सबसे अधिक गंभीर और चिन्तामग्न चेहरा उस चिड़ियाघर में रखे हुए एक वनमानुष का है। उसको देखते ही जान पड़ता है कि संसार की समस्त वेदना को वह हस्तामलक की भाँति देख रहा है और अपनी सुदूरपातिनी दृष्टि से इन आने-जानेवाले दर्शकों के करुण भविष्य को वह प्रत्यक्ष देख रहा है। मैंने बाद में पढ़ा है कि अफ्रीका के हब्शियों में यह विश्वास है कि वनमानुष मनुष्य की बोली बोल भी सकते हैं और संसार के रहस्य को भलीभाँति समझ भी सकते हैं; परन्तु इस डर से बोलते नहीं कि कहीं लोग पकड़कर उन्हें गुलाम न बना लें। यह बात जब तक मुझे नहीं मालूम थी, तब तक मैं समझता था कि यह कलकत्तेवाला वनमानुष ही बहुत गम्भीर और तत्त्वचिंतक लगता है। अब मैंने अपनी राय में संशोधन कर लिया है। वस्तुतः संसार के सभी वनमानुष गंभीर तत्त्वदर्शी दिखाई देते हैं।

मैं कभी-कभी सोचता हूँ कि आदिम युग का मनुष्य—जबकि वह वानरी योनि से मानवी योनि में नया-नया आया था—कुछ इस कलकतिये वनमानुष की ही भाँति गंभीर रहा होगा। मगर यह भी कैसे कहूँ? जेब्रा और गेंडा भी मुझे कम गंभीर नहीं लगते तथा गधे और ऊँट भी इस सूची से अलग नहीं किए जा सकते। फिर भी इनकी तुलना वनमानुष से नहीं की जा सकती। अंततः गधे और वनमानुष की गम्भीरता में मौलिक भेद है। गधा उदास होता है और इसलिए नकारात्मक है; पर वनमानुष सोचता हुआ-सा रहता है और इसीलिए उसकी गम्भीरता में कुछ तत्त्व है, कुछ सार है। गधे की गम्भीरता प्रोलितारियत की उदासी है और वनमानुष की गम्भीरता वर्गवादी मनीषी की। दोनों को एक श्रेणी में नहीं कहा जा सकता।

परन्तु इसे अस्वीकार नहीं किया जा सकता कि आदिमानव कुछ गम्भीर, कुछ तत्त्वचिंतक और कुछ उदार जरूर था और उसकी उदासी वर्गवादी विचारक की उदासी की जाति की ही रही हो, ऐसा भी हो सकता है। सच पूछिए तो शुरू-शुरू में मनुष्य कुछ साम्यवादी ही था। हँसना-हँसाना तब शुरू होगा जब उसने कुछ पूँजी इकट्ठी कर ली होगी और संचय

के साधन जुटा लिए होंगे। मेरा निश्चित मत है कि हँसना-हँसाना पूँजीवादी मनोवृत्ति की उपज है। इस युग के हिन्दी साहित्यिक जो हँसना नापसंद करते हैं, उसका कारण शायद यह है कि वे पूँजीवादी बुर्जुआ मनोवृत्ति को मन-ही-मन घृणा करने लगे हैं। उनकी युक्ति शायद इस प्रकार है—चूँकि संसार के सभी लोग हँस नहीं सकते, इसलिए हँसी एक गुनाह है और चूँकि संसार के सभी लोग थोड़ा-बहुत रो सकते हैं, इसलिए रोना ही वास्तविक धर्म है। फिर भी अधिकांश साहित्यिक रोते नहीं, केवल रोनी सूरत बनाए रहते हैं। जिसे थोड़ा-सा भी गणित सिखाया गया हो, वह बहुत आसानी से इस आचरण की युक्ति-युक्तता समझ सकता है। मैं समझा रहा हूँ।

यह तो स्वयंसिद्ध बात है कि दुनिया में दुःख सुख की अपेक्षा अधिक है, अर्थात् रोदन हास्य से अधिक है। अब सारी दुनिया के रोदन को बराबर-बराबर बाँट दीजिए और हँसी को भी बराबर-बराबर बाँट दीजिए। स्पष्ट है कि सबको रोदन हास्य से ज्यादा मिलेगा। अब रोदन में से हास्य घटा दीजिए। कुछ रोदन ही बच रहेगा। इसका मतलब यह हुआ कि जो कुछ मिलेगा, उससे फूट-फूटकर तो नहीं रोया जा सकता पर चेहरा जरूर रुआँसा बना रहेगा। यह युक्ति मुझे तो ठीक जँचती है।

लेकिन युक्ति का ठीक जँचना साहित्य की आलोचना के क्षेत्र में सब समय प्रमाणस्वरूप ग्रहण नहीं किया जाता। रहस्यवादी आलोचक यह नहीं मानते कि युक्ति और तर्क में ही सबकुछ है। मैंने आलोचक शब्द के विशेषण के लिए रहस्यवादी शब्द किसी को चौंका देने की मंशा से व्यवहार नहीं किया है। बहुत परिश्रम के बाद मैंने यह निष्कर्ष निकाला है कि हिन्दी में वस्तुतः रहस्यवादी कवि हैं ही नहीं। यदि कोई रहस्यवादी कहा जा सकता है तो वह निश्चय ही एक श्रेणी का आलोचक है। जहाँ तक हिन्दी बोलनेवालों का सम्बन्ध है, रहस्यवादी साधु और फकीर तो बहुत हैं, पर वे सब साधना की दुनिया के जीव हैं, साहित्य की दुनिया में रहस्यवादी जीव यदि कोई हैं तो वे निश्चय ही एक तरह के आलोचक हैं। और जब कभी मैं रहस्यवादी शब्द की बात सोचता हूँ तो काशी के भदैनी मुहल्ले की सड़क पर साधना करनेवाला रहमतअली फकीर मेरे सामने जरूर आ जाता है। यह फकीर मन, वचन और कर्म तीनों से विशुद्ध रहस्यवादी था। 'अनिकेत' यह जरूर था; पर उसके बड़े-से-बड़े निंदक को भी यह कहने में जरूर संकोच होगा कि वह 'स्थिरमति' भी था।

सो, मैंने एक दिन देखा कि यह रहमतअली शून्य की ओर आँखें उठाए हुए किसी अदृश्य वस्तु पर निरंतर प्रहार कर रहा। लात, मुक्के,

घूँसे--एक दो, तीन.....लगातार। दर्शक तो वहाँ बहुत थे, कुछ सहमे हुए, कुछ भक्तियुक्त, कुछ 'यों ही से' और कुछ गंभीर। एकाध मुस्कुरा भी रहे थे। इन्हें देखकर ही मुझे रहस्यवादी आलोचकों की याद आई। सारा कांड कुछ ऐसा अजीब था कि विनोद की एक हलकी रेखा के सिवा तत्त्वज्ञान तक पहुँचा देने का और साधन ही नहीं था। तब से जब देखता हूँ कि कोई शून्य की ओर आँखें उठाए हैं और किसी अदृश्य वस्तु पर निरंतर प्रहार कर रहा है, तब मुझे रहस्यवाद की याद आए बिना नहीं रहती। सो यह रहस्यवादी दल युक्ति नहीं माना करता। 'युक्ति' शब्द में ही (युज् + ति) किसी वस्तु से योग का सम्बन्ध है। और यह मान लिया गया है कि योग दृश्य-वस्तु से ही स्थापित किया जा सकता है। अदृश्य के साथ योग कैसा?

आसमान में निरन्तर मुक्का मारने में कम परिश्रम नहीं है और मैं निश्चित जानता हूँ कि रहस्यवादी आलोचना लिखना कुछ हँसी-खेल नहीं है। पुस्तक को छुआ तक नहीं, और आलोचना ऐसी लिखी कि त्रैलोक्य विकंपित! यह क्या कम साधना है? आए दिन साहित्यिकों के विषय में विचार होता ही रहता है और इन विचारों पर विचार लिखनेवाले बुद्धिमान लोग गम्भीर भाव से सिर हिलाकर कहते हैं--आखिर साहित्यिक कहें किसे? बहसें होती हैं, अखबार रँगे जाते हैं, मेरे जैसे आलसी आदमी भी चिंतित हो जाते हैं, और अन्त में सोचता हूँ कि 'साहित्यिक' तो साहित्य के सम्बन्धी को ही कहते हैं न ? सो सम्बन्ध तो कई तरह के हैं! बादरायण एक है। आपके घर अगर बेर के फल हैं, मेरे घर बेर के पेड़ तो इस संबंध को पुराने पंडित 'बादरायण' संबंध कहेंगे। साहित्य से संबंध रखनेवाले जीव पाँच प्रकार के हैं—लेखक, पाठक, संपादक, प्रकाशक और आलोचक। सबके क्षेत्र अलग-अलग हैं। पढ़नेवाला आलोचना नहीं करता, आलोचना करनेवाला पढ़ता नहीं—यही तो उचित नाता है। एक ही आदमी पढ़े भी और लिखे भी, या पढ़े भी और आलोचना भी करे या लिखे भी इत्यादि-इत्यादि, तो सहित्य में अराजकता फैल जाए। इसीलिए जब एक लेखक दूसरे लेखक से पूछता है, कि आपने मेरी अमुक रचना पढ़ी, तब जी में आता है कि कह दूँ, 'डॉक्टर के पास जाओ। तुम्हारे दिमाग में कुछ दोष है।' पर डॉक्टर क्या करेगा? विनोद का इंजेक्शन किसी फैक्टरी ने अभी तक तैयार नहीं किया। इसलिए मुस्कुराकर चुप लगा जाता हूँ। मेरे एक होमियोपैथ मित्र का दृढ़ मत है कि विनोद की कमी दूर करने के लिए कोई इंजेक्शन तैयार किया जा सकता है। वे इस बात का प्रयत्न भी कर रहे हैं कि किसी हँसोड़ की छाया किसी तरह अलकोहल में घुलाकर उस पर से विनोद की दवा तैयार करें और चिकित्सा और साहित्य की दुनिया में एक ही साथ क्रांति कर दें। पर वह अभी प्रयोगावस्था में ही हैं। तब तक मुझे भी सब सहना पड़ेगा और सहे भी जा रहा हूँ।

हमारी राष्ट्रीय शिक्षा-प्रणाली

साधारणतः भारतवर्ष की पुरानी शिक्षा-प्रणाली की बात उठते ही गुरुकुल-प्रणाली याद आ जाती है। कभी यह भी प्रश्न उठता है कि यह गुरुकुल-प्रणाली केवल आदर्श के रूप में ही स्वीकृत थी या व्यवहार में भी ऐसी ही थी? वस्तुतः हमारे देश का इतिहास बहुत विशाल है और उसमें जीवन के इतने क्षेत्र और इतनी परिस्थितियों का वैचित्र्य भरा पड़ा है कि किसी एक प्रणाली को भारतीय प्रणाली कहना उचित नहीं है। भारतीय मनीषियों ने जीवन की अनेक समस्याओं को अनेक प्रकार की परिस्थितियों में देखा था और यथाअवसर उनके समाधान का नया रास्ता सोचा था। सब समय ये रास्ते एक ही समान नहीं थे और न सब परिस्थितियों में सोचे हुए समाधान अच्छे ही थे। आज परिस्थिति बहुत बदल गई है। हमारे सामने शिक्षा और ज्ञान के प्रसार के लिए नए और शक्तिशाली साधन भी हैं और हमारे मार्ग में अननुभूत नई बाधाएँ भी हैं। हमारे पूर्वजों ने भी अननुभूत परिस्थितियों का सामना किया है और हमें भी करना है। हमारे दीर्घ इतिहास के सबसे कठिन समय में भी हमने धैर्य नहीं खोया है। आज भी नहीं खोना चाहिए।

भारतवर्ष के सबसे प्राचीन उपलब्ध साहित्य में भी ब्राह्मण और विद्या का संबंध बहुत घनिष्ठ पाया जाता है। जाति-व्यवस्था जैसी इस समय है, वैसी ही बहुत प्राचीन काल में नहीं रही होगी; परन्तु ब्राह्मण बहुत-कुछ एक जाति के रूप में ही रहा होगा, इसका प्रमाण पुराने साहित्य से ही मिल जाता है। ऐसा जान पड़ता है कि पुराने जमाने से ही भारतवर्ष में विद्या और कला के दो अलग-अलग क्षेत्र, स्वीकार कर लिए गए थे। वेदों और ब्रह्म-विद्या का अध्ययन-अध्यापन 'विद्या' या ज्ञान के रूप में था और लिखना-पढ़ना, हिसाब लगाना तथा जीवन-यात्रा में उपयोगी अन्यान्य बातें 'कला' का विषय समझी जाती रहीं। बहुत पहले से ही 'शिक्षा' एक विशेष वेदांग का

नाम हो गया था और इसीलिए लिखना-पढ़ना, हिसाब-किताब रखना, विविध भाषाओं और कौशलों की जानकारी 'कला' नाम से चलने लगी थी। विद्या का क्षेत्र बहुत पहले से ब्राह्मण के हाथ में रहा और 'कला' का क्षेत्र क्षत्रियों, राजकुमारों और राजकुमारियों तथा वैश्यों के लिए नियत था। भारतवर्ष के दीर्घ इतिहास में यह नियम हमेशा बना रहा होगा, ऐसा सोचना ठीक नहीं है। वस्तुतः इस प्रकार की स्थिति एक खास अवस्था में ही रही होगी। पुराने साहित्य में अनेक उदाहरण हैं, जहाँ ब्राह्मण क्षत्रिय से ब्रह्मविद्या पढ़ते थे। शतपथ ब्राह्मण (11-6-21-5) से पता चलता है कि याज्ञवल्क्य ने जनक से विद्या सीखी थी। काशी के राजा अजातशत्रु से बालाकि गार्ग्य ने विद्या सीखी थी। यह बात वृहदारण्यक और कौशीतकी उपनिषदों से मालूम होती है। छांदोग्य से जान पड़ता है कि श्वेतकेतु आरुणेय ने प्रवाहण जैवल से ब्रह्मविद्या सीखी थी। इस प्रकार के और भी बहुत-से उदाहरण दिए जा सकते हैं। डायसन जैसे कुछ चोटी के यूरोपियन विचारक तो इन प्रसंगों से यहाँ तक अनुमान करते हैं कि ब्रह्मविद्या के मूल प्रचारक वस्तुतः क्षत्रिय ही थे। यह अनुमान कुछ अधिक व्याप्तिमय जान पड़ता है, परन्तु यह सत्य है कि कर्मकांड के उग्र और मृदु विरोधियों में क्षत्रियों की संख्या बहुत अधिक थी और जिन महान ज्ञानी नेताओं को भारतवर्ष आज भी याद किया करता है, उनमें क्षत्रियों की संख्या बहुत बड़ी है। जनक, श्रीकृष्ण, भीष्म, बुद्ध, महावीर—सभी क्षत्रिय थे। महाभारत से तो अनेक शूद्र-कुलोत्पन्न ज्ञानी गुरुओं का पता चलता है। मिथिला में एक धर्मनिष्ठ व्याध परमज्ञानी थे। तपस्वी ब्राह्मण कौशिक ने उनसे ज्ञान पाया था (वन० 206 अ०) शुद्रागर्भजात विदुर बड़े ज्ञानी थे। सूत जाति के लोमहर्षण संजय और सौति धर्म-प्रचारक थे। सौति ने तो महाभारत का ही प्रचार किया था। परन्तु संपूर्ण हिन्दू शास्त्रों में प्रधानतः ब्राह्मण ही गुरु-रूप में स्वीकृत पाए जाते हैं।

यद्यपि जाति-व्यवस्था भारतीय समाज की अपनी विशेषता है, तथापि संसार-भर में आदिम युग में खास-खास कौशल वर्ग-विशेष में ही प्रचलित पाए जाते हैं। इसका कारण यह होता है कि साधारणतः पिता से विद्या सीखने की प्रथा हुआ करती थी। इसीलिए विशेष विद्याएँ विशेष-विशेष कुलों में ही सीमाबद्ध रह जाती थीं। वेदों से ही पता चलता है कि ब्रह्मविद्या और कर्मकांड आदि विद्याएँ वंश-परम्परा से सीखी जाती थीं। बाद में तो इस प्रकार की भी व्यवस्था मिलती है कि जिसके घर में वेद और वेदों की परम्परा तीन पुश्त तक छिन्न हो, उसे दुर्ब्राह्मण समझना चाहिए (बोधायन गृह्यपरिभाषा 1-10-5 6)। परंतु नाना कारणों से पितृ-परंपरा से शिक्षा-प्राप्ति का क्रम चल नहीं पाया। समाज में जैसे-जैसे धन की प्रतिष्ठा बढ़ती

गई और राजा और सेठ प्रमुख होते गए, वैसे-वैसे जानकारियों से द्रव्य-उपार्जन की आवश्यकता और प्रवृत्ति भी बढ़ती गई। विद्या सीखने के लिए भी धन मिलने लगा और धन की इस वितरण-व्यवस्था के कारण ही विद्या वंश के बाहर जाने लगी। ब्रह्मविद्या भी वंश-परम्परा तक सीमित नहीं रह सकी। महाभारत में दो प्रकार के अध्यापकों का उल्लेख है। एक प्रकार के अध्यापक तो अपरिग्रही होते थे। उनके पास विद्यार्थी जाते थे। भिक्षा माँगकर गुरु के परिवार का और अपना खर्च चलाते थे और गुरु के घर का सब कामकाज करते थे। कभी-कभी तो गुरु लोग विद्यार्थियों से बहुत काम लेते थे। इसकी प्रतिक्रिया के भी उदाहरण महाभारत में मिल जाते हैं। अपने गुरु वेदाचार्य के पास रहते समय उत्तंक को अनेक दुःखपूर्ण कार्य करने पड़े थे। जब स्वयं उत्तंक आचार्य हुए, तो उन्हें पुरानी बातें याद थीं और उन्होंने अपने विद्यार्थियों से काम लेना बन्द कर दिया (आदि० 3। 81), परन्तु सब मिलाकर गुरु का अपार प्रेम ही अपने शिष्यों पर प्रकट होता है। दूसरे प्रकार के ऐसे अध्यापक थे, जिन्हें राजा लोग अपने घर पर वृत्ति देकर नियुक्त कर लेते थे। द्रोणाचार्य और कृपाचार्य ऐसे ही अध्यापक थे। द्रौपदी और उत्तरा की कथाओं से पता चलता है कि राजकुमारियों के लिए इसी प्रकार के वृत्तिभोगी अध्यापक रखे जाते होंगे। बौद्धयुग में भी यह प्रथा पाई जाती है। यह नहीं समझना चाहिए कि केवल 'कला' सिखाने के लिए ही घर पर अध्यापक नियुक्त किए जाते थे। ब्रह्मविद्या सिखाने के लिए भी अध्यापक बुलाकर पास रखने के उदाहरण मिलते हैं। राजर्षि जनक ने आचार्य पंचशिख को चार वर्ष तक घर रखा था। संभवतः उन्होंने कोई वृत्ति नहीं ली थी।

ब्राह्मण के लिए आदर्श यह था कि वह अत्यन्त निरीह भाव से गरीबी की जिन्दगी में रहे, परन्तु ऊँचे से ऊँचा ज्ञान और चरित्र-बल रखे। फिर भी उसकी वृत्ति की कोई न कोई व्यवस्था रहती ही होगी। प्रतिग्रह, याजन और अध्यापन--ये तीन मार्ग थे, जिनसे ब्राह्मण जीविका-अर्जन कर सकता था। एक बार ऐसी भी अवस्था अवश्य आई थी जब याजन (यज्ञ करना) और अध्यापन (पढ़ाना) बहुत अधिक अर्थकर मार्ग नहीं रह गए थे। संभवतः उसी समय दान लेने को (प्रतिग्रह को) सर्वोत्तम ब्राह्मण-वृत्ति मान लिया गया था। स्मृतिचंद्रिका में यम का एक वचन है, जिसमें कहा गया है-- **'प्रतिग्रहाध्यापनयाजनानां प्रतिग्रहं श्रेष्ठतमं वदति'**, अर्थात् प्रतिग्रह, याजन और अध्यापन--इन तीनों में प्रतिग्रह ही सर्वोत्तम वृत्ति है। अनुमान किया जा सकता है जिन दिनों आर्यावर्त पर यवनों, ऋचिकों, तुषारों, हूणों और शकों के बार-बार आक्रमण हो रहे थे, उन दिनों याजन और अध्यापन कार्य बन्द

हो गए होंगे। उस समय प्रतिग्रह को श्रेष्ठ कहकर पंडितों की परम्परा बचा रखने की व्यवस्था की गई होगी।

बौद्धयुग में राजकुमारों और राजकुमारियों के लिए वृत्तिभोगी शिक्षकों के रखने की प्रथा प्रचलित थी। ललितविस्तर के अनुसार कुमार सिद्धार्थ को 86 कलाएँ सिखाई गई थीं। इनमें लिखना, पढ़ना, हिसाब-किताब भी हैं; उचकना, कूदना, तलवार चलना, घोड़े पर सवारी करना आदि भी हैं; पोथी लिखना, चित्रकारी करना, गाना-नाचना आदि भी हैं; वस्त्रों और मणियों का रँगना, दवा-दारू, तीतर-बटेर, हाथी-घोड़े सबकी जानकारी भी है और वेद, शास्त्र, ज्योतिष, राजनीति, पक्षि-विद्या आदि भी हैं। इन 86 कलाओं के अतिरिक्त 64 काम-कलाएँ भी सिद्धार्थ को सिखाई गई थीं। राजकुमारों ने इन विद्याओं में से अधिकांश को घर पर ही सीखा था। गणिकाओं को भी नाना प्रकार की कलाएँ सीखनी पड़ती थीं। यशोधरा को **'शास्त्रे विधिज्ञकुशला गणिक यथैव'** कहा गया है। वस्तुतः जिन विद्याओं को 'काम-कला' कहा जाता था, उनमें भी अनेक उपयोगी विद्याएँ थीं। यह भी मालूम होता है कि स्त्रियों के सीखने के लिए कलाएँ और थीं और पुरुषों के लिए और तरह की। वात्स्यायन की बताई हुई कलाओं में एक-तिहाई के करीब तो विशुद्ध साहित्यिक हैं। कुछ ऐसी हैं जो प्रेमियों के मन-बहलाव के साधन हैं; कुछ ऐसी भी हैं जो प्रात्यहिक जीवन में काम आ सकती हैं। रूप्य-रत्न परीक्षा, वास्तु-विद्या या गृह-निर्माण-कला, कीमती पत्थरों का रँगना, वृक्षायुर्वेद या पेड़-पौधों की जानकारी आदि कलाएँ उपयोगी भी थीं और उस युग की समृद्धि के अनुकूल भी। उस युग में बड़े-बड़े नगर रहे होंगे और नगर के लोग गाँव के लोगों से बहुत भिन्न तरह का जीवन बिताते होंगे। उनके लिए शिक्षा की विधियाँ भी अलग तरह की होंगी; कामसूत्र और उसी प्रकार की अन्य पुस्तकों से इसका यथेष्ट आभास मिलता है। ऐसा जान पड़ता है कि इस समय केवल गुरु से ही विद्या सीखना आवश्यक नहीं रह गया था। सरस्वती-मन्दिरों, समाजों, कवि-सम्मेलनों, नागरिक गोष्ठियों आदि में नाना प्रकार से शास्त्र-चर्चा होती थी और बहुत-सी बातें अनायास सीख ली जा सकती थीं। पुस्तकों से भी विद्या प्रचार होता होगा, नहीं तो पुस्तक लिखना परिश्रम साध्य कला नहीं मानी जाती। दूसरी तरफ महाभारत और पुराणों से स्पष्ट मालूम होता है कि यज्ञों, मेलों, तीर्थों पर राजसभा द्वारा आयोजित शास्त्रार्थों से भी जनता को ज्ञान-विज्ञान का परिचय मिलता रहता था।

यद्यपि नाना भाव से समाज और राज्य की ओर से इन ज्ञान-प्रचारकों की सहायता की जाती थी, तथापि कला से या विद्या से वृत्ति चलाना

अच्छा नहीं समझा जाता था। गरीब नागरिक जब 'कला' से वृत्ति पैदा करने लगते थे, तो ऊँची मर्यादा से भ्रष्ट मान लिए जाते थे। शूद्रक के 'मृच्छकटिक' नाटक में बसंत सेना नामक गणिका ने एक संवाहक का परिचय पाकर बड़ी प्रसन्नता प्रकट की कि तुमने तो अच्छी कला सीखी है। संवाहक ने लजाकर उत्तर दिया कि क्या बताऊँ, आर्ये, 'कला' जानकर ही सीखी थी, पर अब तो यह 'जीविका' बन गई है। निश्चय ही राजकुमारों, राजकुमारियों तथा अन्य समृद्ध लोगों के घर कलाओं के जो शिक्षक नियुक्त होते होंगे, वे ब्राह्मण ही नहीं होते होंगे। उन दिनों कला के नाम पर ऐसी अनेक उपयोगी विद्याएँ प्रचलित थीं, जिन्हें ब्राह्मण लोग अच्छी वृत्ति नहीं मानते थे।

इस प्रकार हमारे सुदीर्घ इतिहास में नाना भाव से शिक्षण देने के उदाहरण पाए जा सकते हैं। ये सब भारतीय प्रथाएँ हैं। यद्यपि इनमें देश-काल-पात्र के अनुसार किसी काम को कम, किसी को ज्यादा महत्त्व प्राप्त होता रहा है। इन सारी प्रथाओं के भीतर एक बात सर्वत्र सामान्य रूप से पाई जाती है। वह है गुरु का प्राधान्य। भारतीय मनीषा के अनेक प्रयोगों के भीतर एक बात को सदा मुख्य स्थान दिया है। शिक्षा का मुख्य साधन उत्तम गुरु है। कोई निश्चित प्रणाली या योजना उतने महत्त्व की वस्तु नहीं है; जितना उदार, निस्पृह और प्रेमी गुरु। दूसरी बात जो अत्यन्त स्पष्ट है, वह यह है कि बदली हुई अवस्था के साथ सदा सामंजस्य स्थापित करने का प्रयास किया गया है। उपलब्ध साधनों का, यज्ञों का, तीर्थों का, गोष्ठियों का, समाजों का यथेच्छ उपयोग किया गया। विद्या जीवन से विच्छिन्न कभी नहीं की गई। पुस्तकों का सहारा लेने में भी नहीं हिचका गया है; किन्तु सर्वत्र और सर्वदा 'गुरु' का आदर्श वही रहा है— निःस्पृह, उदार, प्रेमी और चरित्रवान।

मध्य युग में भी बदली हुई परिस्थितियों के साथ सामंजस्य स्थापित किया गया था। पिछले सौ-डेढ़ सौ वर्षो से मार्ग में बाधा पड़ी है। परिस्थिति के साथ भारतीय मनीषा को निबटने का मौका नहीं दिया गया। विदेशी विद्वानों ने अपने लाभालाभ को सामने रखकर इस देश के लिए एक योजना बनाई और उस योजना के साँचे में आदमी ढाले जाने लगे। यही काल क्षेपक का काल है। इसके पहले यद्यपि भारतीय विद्या नाना कारणों से म्लान हो गई थी, फिर भी उसे अपनी शिक्षा-प्रणाली को एक ढंग पर लाने का प्रयत्न किया था। सन् 1815 के आस-पास वार्ड नामक अंग्रेज ने भारतवर्ष के नाना स्थानों की अवस्था देखकर 'हिन्दूज' नामक एक पुस्तक लिखी थी। काशी में उसने अनेक पाठशालाएँ देखी थीं। इनमें

विद्यार्थियों की अधिक-से-अधिक संख्या 25 और कम-से-कम 10 थी। प्रत्येक पाठशाला में पाठगुरु होते थे। उनकी वृत्ति साधारणतः मठों और मंदिरों से बँधी होती थी। वार्ड ने इन पंडितों के अध्याप्य विषयों की भी सूची दी है। ऐसा जान पड़ता है कि उन दिनों शिक्षण-व्यवस्था का भार मठों और मंदिरों ने सँभाल लिया था। लेकिन सरकारी व्यवस्था ने इस व्यवस्था के अधिक स्वस्थ और सबल होने में बाधा पहुँचाई और मन्दिरों और मठों से शिक्षा का जो योग था, वह कट गया। अब समय आया है कि बाहरी हस्तक्षेप की उपेक्षा करके हम संपूर्ण उपलब्ध साधनों का उपयोग करके बदली हुई अवस्था के साथ अपनी शिक्षा-प्रणाली का सामंजस्य स्थापित करें। हमें पुराने साहित्य में इतने प्रकार के प्रयोग मिलते हैं कि किसी विशेष प्रथा को अपनी राष्ट्रीय प्रथा मानने का बंधन स्वीकार करने की जरूरत नहीं है। केवल एक ही बात हमारी राष्ट्रीय परंपरा की देन है और हमारे स्वभाव-संस्कारों से अविच्छेद्य रूप में सम्बद्ध है—'गुरु का प्राधान्य'। हमें बँधी योजनाओं और प्रणालियों पर उतना जोर नहीं देना चाहिए जितना आदर्श गुरु की खोज पर। योजनाओं के साँचे में मनुष्य को नहीं ढालना है। मनुष्य के आदर्श पर योजनाओं को मोड़ना है। इसी एक अर्थ में भारतीय शिक्षा-प्रणाली को 'गुरुकुल' प्रणाली कहा जा सकता है, क्योंकि इस व्यवस्था के केन्द्र में 'गुरु' का रहना आवश्यक है।

भारतवर्ष की सांस्कृतिक समस्या

संस्कृति मनुष्य की विविध साधनाओं की सर्वोत्तम परिणति है। 'धर्म' के समान वह भी अविरोधी वस्तु है। वह समस्त दृश्यमान विरोधों में सामंजस्य स्थापित करती है। भारतीय जनता की विविध साधनाओं की सबसे सुन्दर परिणति को ही भारतीय संस्कृति कहा जा सकता है। सच पूछा जाए तो यह समस्याओं का समाधान है। उसकी अपनी समस्या कुछ भी नहीं है; परन्तु नाना कारणों से सारा भारतीय जनसमूह उस बड़े उपलब्ध सत्य को आत्मसात नहीं कर सका है। क्यों ऐसा नहीं हो सका और क्या करने से भारतीय संस्कृति--अर्थात् भारतीय श्रेष्ठ व्यक्तियों का सर्वोत्तम--सारी जनता की अपनी चीज बन सकती है, यही समस्या है।

भारतवर्ष बहुत बड़ा देश है। इसका इतिहास बहुत पुराना है। इस इतिहास का जितना अंश जाना जा सकता है, उसकी अपेक्षा जितना नहीं जाना जा सकता, वह और भी पुराना और महत्त्वपूर्ण है। न जाने किस अज्ञात काल से नाना जातियाँ आ-आकर इस देश में बसती रही हैं और इसकी साधना को नाना भाव से मोड़ती रही हैं, नया रूप देती रही हैं और समृद्ध करती रही हैं। इस देश का सबसे पुराना उपलब्ध साहित्य आर्यों का है। इन्हीं आर्यों के धर्म और विश्वास नाना अनुकूल-प्रतिकूल परिस्थितियों में बनते-बदलते अब तक इस देश की अधिकांश जनता के निजी धर्म और विश्वास बने हुए हैं। परन्तु आर्यों का साहित्य कितना भी पुराना और विशाल क्यों न हो, भारतवर्ष के समूचे जनसमूह के विकास के अध्ययन के लिए न तो वह पर्याप्त ही है और न अविसंयादी ही। इस देश में बहुत-सी आर्येतर जातियाँ अत्यन्त सभ्य और संस्कृत जीवन व्यतीत करती थीं, बहुत-

सी ऐसी भी थीं जिनके आचार-विचार में जंगलीपन का प्राधान्य था। संघर्ष में पड़कर आर्यों को दोनों प्रकार की जातियों से प्रभावित होना पड़ा। उनके साहित्य, शिल्प और आचार-विचार में ये प्रभाव अत्यन्त स्पष्ट हैं। आर्यों के पश्चात् भी अनेक जातियाँ यहाँ आयी हैं। कुछ ने आर्यों के धर्म-विश्वास को कुछ अंशों में स्वीकार किया है, कुछ ने दूर तक उसे प्रभावित किया और कुछ ऐसी भी आयी हैं, जो आर्यों के साथ एकदम नहीं मिल सकी हैं, फिर भी एक जगह रहने के कारण परस्पर प्रभावित हुई हैं। इन्हीं नाना जातियों का मिलन-क्षेत्र यह भारतवर्ष है। इन मनुष्यों को कल्याण-मार्ग की ओर अग्रसर करना ही हमारी असल समस्या है। नाना आकरों से अलग-अलग समय पर जाते रहने के कारण इस विशाल जनसमूह का ऐतिहासिक विकास एक समान नहीं हुआ है, इनके मिलने की भूमिका भी सर्वत्र प्रशस्त नहीं बन सकी है। इसलिए कोई भी नया कार्यक्रम सबको एक ही तरह से प्रभावित नहीं कर पाता, जिसके परिणामस्वरूप संघर्ष होता है। यह संघर्ष बहुत बार चिन्ता और निराशा का कारण हो जाता है। वस्तुतः यदि हम समूची जनता को ठीक-ठीक समझें तो निराशा या दुश्चिन्ता का कोई कारण नहीं रहेगा। किसी-किसी क्षेत्र में सहानुभूति और धैर्य की आवश्यकता होगी और किसी-किसी में समय की आवश्यकता अनुभूत होगी। इतिहास-विधाता को किसी काम में जल्दी नहीं होती। उनका अपना कार्यक्रम सब समय अल्प शक्तिमान मनुष्य के सोचे कार्यक्रम के अनुकूल ही नहीं पड़ता। भारतवर्ष का इतिहास साक्षी है कि बहुत-सी ऐसी सांस्कृतिक उलझनें केवल समय के मरहम से सुलझ गई हैं, जो किसी समय दुःसमाधेय मानी गई होंगी। आर्यों और द्रविड़ों की सभ्यताओं का संघर्ष और बाद में समन्वय एक चिंतनीय ऐतिहासिक सत्य है। महाभारत और पुराणों के अध्ययन से आर्यों और नागों के क्रांतिकर संघर्ष का पता चलता है; परन्तु महाकाल की छाया ने उस संघर्ष को स्मृतिपट से बहुत दूर हटा दिया है। आगे चलकर इन नागों की अनेक रीति-नीतियाँ आर्य-विश्वास का अंग बन गईं। सिंदूर नाग-चूर्ण है। आर्य स्त्रियों ने इसे नाग जाति की आचार-पद्धति से ग्रहण किया था, परन्तु आज वह हिन्दू-विवाह का अविच्छेद्य अंग हो गया है। केवल आर्यों और द्रविड़ों का संघर्ष ही अंत तक सुखकर फलशाली हुआ ही, ऐसा नहीं है! आर्यों और मंगोलों, शकों और द्रविड़ों के संघर्ष भी समान भाव के सुनहरे फल में परिणत हुए हैं। मनुष्य युक्ति-तर्क मानकर चलनेवाला प्राणी है। छोटी-छोटी बातों को लेकर वह दीर्घकाल तक लड़ता नहीं रह सकता।

मुसलमानों के आने के पहले इस देश में नाना विश्वासों और आचार-

विचारों के भेद से नाना प्रकार के धर्म-मत प्रचलित थे। परन्तु जीवन के प्रति उनकी दृष्टि में एक विशेष प्रकार की एकरूपता थी। इस एकरूपता के कारण ही नाना मतों के माननेवाले, नाना स्तरों पर खड़े हुए, नाना मर्यादाओं में बँधे हुए अनेक जनवर्ग एक सामान्य नाम से पुकारे जाने लगे। यह नाम था 'हिन्दू'। 'हिन्दू' अर्थात् भारतीय। मध्य-युग में भारतीय जनसमूह दो मोटे विभागों में बँट गया— हिन्दू और मुसलमान। इस विभाग का कारण जीवन के प्रति दृष्टिकोण की विभिन्नता थी। हिन्दू कहे जानेवाले जनसमूह में अनेक स्तर-भेद थे। इस समूचे जनसमूह का अध्ययन करने के लिए पंडितों ने नाना-भाव से इसका वर्गीकरण किया है। अत्यन्त सहज और लोकप्रिय वर्गीकरण रिजली का है। उन्होंने इस समूचे जनसमूह को सात भागों में इस प्रकार बाँटा था :

(1) कुछ जातियाँ ऐसी हैं, जो किसी कबीले का परिवर्तित रूप हैं— आभीर (परवर्ती काल के 'अहीर') एक विशेष मानव-श्रेणी (कबीला) थी, जो घूमती-घामती इस देश में पहुँची और यहाँ आकर विशाल हिन्दू-समाज की एक जाति बन गई। इस प्रकार की जातियों की विशेषता यह है कि वे अपने अंदरूनी मामलों में विशेष प्रकार के सामाजिक नियम और रीति-नीति का पालन करती हैं। केवल आंशिक रूप में ब्राह्मण-श्रेष्ठता स्वीकार कर लेती हैं। विवाह, श्राद्ध आदि के मौकों पर ये ब्राह्मणों को बुलाती हैं, परन्तु कभी-कभी इतना भी नहीं होता। डोम, दुसाध आदि जातियों ने ब्राह्मण-श्रेष्ठता स्वीकार कर ली है, पर शायद ही उनके किसी अनुष्ठान में ब्राह्मण बुलाए जाते हों।

(2) कुछ जातियाँ ऐसी हैं जो खास प्रकार के पेशे के कारण एक विशेष श्रेणी की मान ली गई हैं। चमार, लुहार, बढ़ई आदि जातियाँ पेशों के कारण बनी हैं। कभी-कभी इन जातियों के इतिहास से विचित्र सामाजिक उथल-पुथल का पता चलता है। सराक जाति कपड़ा बुनने के पेशे से बनीं, पर वे वस्तुतः जैन श्रावकों के परिवर्तित रूप हैं। पटवेगर जाति अपना ब्राह्मणत्व सिद्ध करती है। मध्यप्रदेश में जो जातियाँ पेशे के कारण बनिया कही जाती हैं, उनका इतिहास खोजने पर रसेल को मालूम हुआ था कि वे सभी मूलतः राजपूत जातियाँ हैं। पेशे के हिसाब से वस्तुतः सारी हिन्दू जाति बँटी हुई है। कितनी ही ब्राह्मण जातियाँ खेती का पेशा स्वीकार करने के कारण मर्यादा-भ्रष्ट मान ली गई हैं।

(3) कुछ ऐसी जातियाँ हैं जो मूलतः कोई धार्मिक सम्प्रदाय थीं। उत्तर भारत के अतीथ, बंगाल के युगी और बोष्टम (वैष्णव) तथा दक्षिण भारत की अनेक जातियाँ ऐसी ही हैं।

(4) दो जातियों के मिश्रण से अनेक जातियाँ बनी हैं।

(5) कुछ ऐसी जातियाँ हैं, जिन्हें रिजली ने राष्ट्रीय जातियाँ (नेशनल कास्ट्स) बताया है। नेवार ऐसी ही जाति है।

(6) अपने मूल स्थान से दूर जा पड़ने के कारण कितनी जातियाँ नवीन जाति बन गई हैं। खोज से अनुमान किया गया है कि गुजरात के नागर ब्राह्मण और बंगाल के कायस्थों का मूल शायद एक ही है।

(7) फिर ऐसी भी जातियाँ हैं, जो रीति-नीति का ठीक पालन न करने के कारण एक विशेष जाति से अलग कर दी गई हैं और अपने को नई जाति ही बताने लगी हैं। कभी-कभी विधवा-विवाह के प्रश्न पर एक जाति की दो शाखाएँ बन गई हैं। विधवा-विवाह करनेवाली जाति हीन मान ली जाती है। इस प्रकार इस देश का हिन्दू जनसमूह नाना स्तरों में विभाजित है। इन विभागों को दृढ़ करने के लिए ऐसे अनेक कठोर नियम बनाए गए हैं, जो दुर्विलंघ्य हैं। छुआछूत, अंतर्विवाह, हुक्का-पानी आदि बातें इन जातियों के परस्पर सांकर्य में बाधा भी देती हैं और इनकी सामाजिक मर्यादा भी बताती हैं। पुराना साहित्य और इतिहास साक्षी है कि मुसलमानों के आने के पहले यह मर्यादा उतनी दुर्लंघ्य नहीं बनी थी जितनी बाद में हो गई। बाद में भी समाज एकदम जीवनहीन और गतिहीन काठ के खानों में बन्द नहीं था, यद्यपि उत्तरोत्तर बन्द होने की प्रवृत्ति बढ़ती ही गई है।

इस समूचे जनसमूह को एकरूपता देनेवाला एक दृष्टिकोण है। वैदिक काल से मुस्लिम काल तक अनेक संघटनों और आघात-प्रत्याघातों के बाद समूचे भारतीय जनसमूह में यह दृष्टि प्रतिष्ठित हुई थी। इसे कर्मफल का सिद्धान्त कहते हैं।

कर्मफल का सिद्धांत भारतवर्ष की अपनी विशेषता है। पुनर्जन्म का सिद्धान्त खोजने पर अन्यान्य देशों के मनीषियों में भी पाया जा सकता है, परन्तु इस कर्मफल का सिद्धान्त और कहीं भी नहीं मिलता। सुप्रसिद्ध ग्रीक दार्शनिक पाइथागोरस (ईसवी पूर्व 5वीं शताब्दी) ने पुनर्जन्म के सिद्धान्त को माना है, परन्तु विलियम जेम्स, कोलब्रुक, गार्वे, हॉपकिन्स प्रभृति विदेशी विद्वानों ने स्वीकार किया है कि यह सिद्धान्त उक्त दार्शनिक ने भारतवर्ष से ही सीखा था। कुछ यूरोपियन पण्डितों को यह बात मान्य नहीं। किसी-किसी ने तो उलटे यही सिद्ध करने का प्रयत्न किया है कि हिन्दुओं ने ही यह बात पाइथागोरस से सीखी थी। सुप्रसिद्ध प्राच्य विद्याविशारद कीथ ने सन् 1909 की रॉयल एशियाटिक सोसाइटी के जर्नल में इस विषय पर एक बहुत ही विचारपूर्ण लेख लिखा है। कीथ साहब नाना विचारों की अवतारणा के बाद इस नतीजे पर पहुँचे हैं कि पाइथागोरस पर

किसी प्रकार का हिन्दू-प्रभाव तो नहीं जान पड़ता, किन्तु हिन्दुओं का कर्म-बन्धन सिद्धान्त का निश्चय ही अद्वितीय है। संसार की समस्त जातियों से उन्हें यह सिद्धान्त अलग कर देता है। जो कोई भी भारतीय धर्म और साहित्य को जानना चाहता है, यह सिद्धान्त जाने बिना अग्रसर नहीं हो सकता। इसका सुदूर प्रसारी परिणाम समस्त भारतीय समाज को प्रभावित किए हुए है। इसने निश्चित रूप से हिन्दुओं की मनोवृत्ति को इस प्रकार मोड़ दिया है जिसकी तुलना समस्त संसार में नहीं मिल सकती। हजारों वर्ष से भारतीय इतिहास में जो जन्म से ही नीच समझी जानेवाली जातियों में उत्कट विद्रोह का भाव नहीं आया, वह इसी सिद्धान्त को स्वीकार करने के कारण। प्रत्येक व्यक्ति यह जानता है कि उसके लिए कर्म का फल दूर नहीं हो सकता। चांडाल अपनी दुर्गति के लिए कर्म की दुहाई देता है, ब्राह्मण अपने उच्च पद के लिए भी कर्म की दुहाई देता है। प्रत्येक व्यक्ति अपने-अपने कर्मों के लिए जवाबदेह है। कोई न तो किसी दूसरे के बदले उसे भोग ही सकता है और न उद्योग करके संचित और प्रारब्ध कर्मों को बदल ही सकता है। इस सिद्धान्त ने हिन्दुओं को कर्म के उद्योग में अत्यधिक वैयक्तिकता प्रवण बना दिया है, पर साथ ही जागतिक व्यवस्था के प्रति उदासीन कर दिया है। जो कुछ हो रहा है, उसका निश्चित कारण है। उसे बदला नहीं जा सकता। अधिक-से-अधिक आदमी फिर अपना भला कर सकता है।

एक तरफ तो यह कर्मफल का सिद्धान्त और दूसरी तरफ पेशों के आधार पर स्तरभेद को सनातन कर देने की व्यवस्था—इन दोनों ने इस समूचे जनसमूह के आध्यात्मिक विकास में एक अद्भुत जड़ता ला दी है। पेशा धर्म तभी कहा जा सकता है जब उसमें व्यक्तिगत लाभ-हानि की अपेक्षा सामाजिक मंगल का भाव प्रधान हो। इस दृष्टि से कोई भी पेशा खराब नहीं है। धर्म मनुष्य से त्याग की आशा रखता है। निस्संदेह बहुत-से ऐसे पेशे हैं जिनमें व्यक्तिगत लाभ की अपेक्षा सामाजिक मंगल का भाव ही अधिक है। गंदगी साफ करने का पेशा, श्मशान में शव-संस्कार करने का पेशा और हल जोतने का कार्य समाज के मंगल के लिए अत्यंत जरूरी है। निस्संदेह इनके करनेवालों में 'त्याग' भी बहुत है; परन्तु जिस त्याग से गौरव की अनुभूति नहीं होती, वह धर्म नहीं कहा जा सकता। मेहतर अगर अपने पेशे से गौरव अनुभव करता है तो वह धार्मिक है; परन्तु अगर वह लाचारी से या जड़तावश अपनी वंश-वृत्ति को येन-केन-प्रकारेण पालन किया जाता है, अवसर पाने पर उससे भागने का प्रयत्न करता है तो उसमें धर्म-बुद्धि नहीं है। इसीलिए मेहतर के पेशे को जो व्यक्ति बिना किसी गौरवानुभूति के

किए जा रहा है, वह समाज की मंगल-बुद्धि से उसे नहीं कर सकेगा। एक तरफ तो जाति-व्यवस्था ने पेशों को धर्म के साथ संबद्ध किया है और दूसरी तरफ विभिन्न पेशों के सम्मान में भी ऊँच-नीच की व्यवस्था बाँध दी है। दोनों एक साथ नहीं चल सकते; या तो सभी पेशे धर्म हैं और इसीलिए एक समान सम्मान के अधिकारी हैं या फिर वे यदि समान नहीं हैं तो धर्म भी नहीं कहे जा सकते। इससे समाज में जड़ता और धृष्टता का आना अनिवार्य है।

मध्ययुग में अनेक विचारकों ने ऊँच-नीच के भेद पर कसकर आघात किया है। उन्होंने इसे दूर कर देने का प्रयत्न भी किया है। ये प्रयत्न अधिकांशत: धार्मिक भाव से प्रेरित रहे हैं। इन आंदोलनों के मूल में प्राय: सर्वत्र कुछ इस प्रकार का तर्क रहा है कि सभी मनुष्य भगवान के बनाए हैं, सभी परम पिता की संतान हैं, अतएव सभी समान हैं।

ये आंदोलन सफल नहीं हुए हैं। इन धार्मिक संतों के नाम पर पंथ चले हैं और प्राय: ऐसा हुआ है कि पंथ ही या तो उसी कठोर व्यवस्था के अनुयायी बन गए हैं या स्वयं एक अलग जाति बन गए हैं। नाथ लोगों की जाति बन गई है, दक्षिण के लिंगायतों की जाति बन गई है, बंगाल के वैष्णवों की जाति बन गई है। कान्हू के शिष्य सँपेरों की जाति बन गई है। जिन लोगों ने कूड़ा साफ करना चाहा था, उनके नाम के कई घूरे और बढ़ गए हैं। भारतीय इतिहास इस बात का साक्षी है कि ऊँच-नीच के भेद को उठा देने के लिए धार्मिक और आध्यात्मिक प्रयत्न सफल नहीं हुए हैं। जो लोग अब भी आशा लगाए हैं कि धार्मिक आंदोलन करके इस कठोर व्यवस्था को शिथिल कर देंगे, वे इतिहास से बहुत कम सीख सके हैं। आध्यात्मिक ऊँचाई तक समाज के बहुत थोड़े लोग ही पहुँच सकते हैं। बाकी लोग छोटे-मोटे दुनियावी टंटों में उलझे रह जाते हैं। वे आध्यात्मिक आदर्श को विकृत कर देते हैं।

राजनीतिक और आर्थिक कारणों से भी जातियों की मर्यादाएँ घटी-बढ़ी हैं। राजकीय शक्ति पा जाने के बाद छोटी समझी जानेवाली जाति भी उत्तम क्षत्रिय मान ली गई है और आर्थिक उन्नति के साथ शूद्र का दर्जा बढ़कर वैश्य का दर्जा बन गया है। इसके उदाहरण बहुत हैं। वस्तुत: इन कारणों से जातियों की सामाजिक मर्यादा जितनी बढ़ी है, उतनी धार्मिक आंदोलनों के कारण एकदम नहीं है। ऐसा लगता है कि भारतवर्ष की शताधिक जातियों को कल्याण-मार्ग की ओर अग्रसर करने का एकमात्र तरीका यह है कि उनकी राजनीतिक और आर्थिक मर्यादा ऊँची की जाए। जिस दिन इस अकारण दलित जनसमूह में राजनैतिक गरिमा और आर्थिक

स्वाधीनता का संचार होगा, उसी दिन वह वास्तव में मुक्त हो सकेगा। भगवान की संतान होने का उसका दावा पहले स्वीकृत हो चुका है, परंतु उस दावे से कोई विशेष लाभ नहीं हुआ। नए सिरे से उस दावे के बल पर वे जातियाँ अधिक उन्नत और अग्रसर हो जाएँगी, ऐसा विश्वास करने का कोई उचित कारण नहीं है।

लेकिन केवल हिन्दू ही इस देश में नहीं बसते। अन्य धर्मावलंबी भी कम नहीं हैं। सबसे बड़ी संख्या मुसलमानों की है। जीवन के प्रति इनका दृष्टिकोण हिन्दुओं से भिन्न है। मुसलमान लोग एक संघटित धर्म-मत (मजहब) के अनुयायी हैं। मजहब में धर्म-साधना व्यक्तिगत नहीं, समूहगत होती है। यहाँ सामाजिक और धार्मिक विधि-निषेध एक-दूसरे से गुँथे हुए रहते हैं। 'हिन्दू' कहे जानेवाले जनसमूह में एक जाति का व्यक्ति दूसरी जाति में बदल नहीं सकता, परन्तु मुसलमानी जनसमूह का 'मजहब' इसके ठीक विपरीत है। वह व्यक्ति को समूह का अंग बना देता है। हिन्दू-समाज की जातियाँ कई व्यक्तियों का समूह हैं, किंतु मुस्लिम समाज का प्रत्येक व्यक्ति एक वृहत् समूह का अंग है। इसका सीधा मतलब यह है कि हिन्दू समाज का व्यक्ति अपनी अलग सत्ता रखता है, किन्तु कोई बाहर का आदमी उस जाति का अंग नहीं बन सकता। मुसलमान-समाज का व्यक्ति अपनी अलग सत्ता नहीं रखता और कोई भी बाहरी आदमी उस समाज का अंग बन सकता है। इन दोनों दृष्टियों में बड़ा अन्तर है। इस प्रकार के अंतर से यह सिद्ध नहीं होता है कि ये दोनों कभी मिल ही नहीं सकते। वस्तुतः इससे कहीं अधिक अंतर आर्यों और द्रविड़ों के दृष्टिकोण में था, पर वे दोनों खूब अच्छी तरह मिल गए हैं। इसलिए हिन्दू और मुसलमान मिल ही नहीं सकते, यह गलत मंतव्य है बल्कि किस रास्ते मिल सकते हैं, यह विचारणीय प्रश्न है।

अब हम मिलन के प्रश्न पर विचार करते हैं तो हमारा उद्देश्य ऐसे मिलन से है, जिससे समूची मनुष्यता कल्याण की ओर अग्रसर हो सके। ठगों में हिन्दू-मुस्लिम एकता बहुत दूर तक सफल हुई थी, पर वह एकता वांछनीय नहीं है। इतिहास से हम इस विषय में शायद कुछ सीख सकते हैं। मध्ययुग में हिन्दू और मुसलमानों को मिलाने के लिए भी धार्मिक और आध्यात्मिक प्रयास हुए हैं। उन्हें भगवान की दो प्यारी आँखों के समान बताया गया है। अब इस युक्ति से हिन्दू-मुस्लिम-मिलन की भूमिका प्रस्तुत करने का प्रयत्न हो रहा है। निस्संदेह उन प्रयत्नों के पीछे जो शुभ-बुद्धि है, उसे अस्वीकार नहीं किया जा सकता। शुभ-बुद्धि का सर्वत्र स्वागत भी होना ही चाहिए, क्योंकि उससे किसी-न-किसी प्रकार मंगल ही साधित

होता है; परन्तु इतिहास की शिक्षा यह है कि यह मंगल-साधन बहुत अप्रत्यक्ष होता है। मुझे मुस्लिम-साहित्य के विशेष अध्ययन का कोई सुयोग नहीं मिला, हिन्दू साहित्य का भी बहुत उथला ज्ञान ही पा सका हूँ! इसलिए जोर देकर कुछ कहने में संकोच होता है; परन्तु जितना कुछ साहित्य अन्य मूलों से पा सका हूँ, उस पर से कुछ नतीजे मेरे मन में ऐसे निकले हैं, जिन्हें कह देने से, आशा है कि कल्याण ही होगा। अपनी अल्पज्ञता के भय से उन्हें दबा रखना श्रेयस्कर नहीं है।

मैंने तीन तरफ से हिन्दू-मुस्लिम-मिलन का संधान पाया है। एक मार्ग संत और विद्वज्जनों का रहा है। हिन्दू और मुस्लिम जनता—जो वस्तुतः उच्चतर अर्थ में एक ही धर्म का पालन करती है—इस विषय पर फारसी में कुछ पुस्तकें लिखी गई थीं। एक जन्म अ-उल-बहरन दाराशिकोह की लिखी है। इसका अंग्रेजी में भाषान्तर मैंने देखा है। पुस्तक में हिन्दू-मुस्लिम धर्मों का सम्मिलन कराने का प्रयास है। हिन्दी में भी ऐसी पुस्तकें लिखी गई हैं। ऐसी पुस्तकें भी बहुत हैं जिनमें कुरान और गीता तथा वेद और कुरान के भक्तिमय आवेगवाले पद्यों में भी समानता खोजी गई है और उच्चतर नीति के क्षेत्र में दोनों के उपदेशों की अभिन्नता प्रतिपादित हुई है। यह एक तरह का प्रयास है, परन्तु मुझे इसमें सफलता मिलती नहीं दिखाई दी। वस्तुतः प्रत्येक हिन्दू और प्रत्येक मुसलमान जानता है कि उच्चतर आध्यात्मिक क्षेत्र में कहीं मतद्वैत नहीं है। एक ही परम शक्ति को दोनों अलग-अलग नामों से पुकारते हैं, एक ही परमपिता के सभी पुत्र हैं; एक ही त्यागमय जीवन को सभी महापुरुष आदरणीय कह गए हैं। फिर भी इससे काम सिद्ध नहीं हुआ, क्योंकि साधारण जनता उच्चतर आध्यात्मिक अनुभूतियों की अपेक्षा धर्म की रूढ़ियों को अधिक मानती हैं। ये रूढ़ियाँ ही उसके लिए धर्म हैं। शंख बजाना या बाँग देना ज्यादा इंद्रियग्राह्य आचार हैं और इसलिए इन्हें मानकर कलह का सूत्रपात होता है।

एक दूसरा रास्ता नितांत लौकिक है। नाच-गान, खेल-तमाशे, कपड़े-गहने, खरीद-बिक्री आदि बातों में हिन्दू-मुस्लिम-मिलन बहुत दूरप्रसारी है। परन्तु कठिनाई यह है कि जब तक इनके साथ उच्चतर मनोवृत्ति का योग नहीं स्थापित होता, तब तक ये चीजें हवा के साथ उड़ जाती हैं। मामूली उकसावे से यह भीत भहरा जाती है।

एक तीसरा क्षेत्र भी है जहाँ हिन्दू और मुसलमान संकोच और झिझक छोड़कर मिले हैं। इस क्षेत्र का मिलन इतना पक्का और अकृत्रिम हुआ है कि एकता के नाम पर अपील करनेवाले शुभ-बुद्धि व्यक्ति तक इसकी खबर नहीं करते। कारण कि इस क्षेत्र में अलगाव का भाव एकदम लुप्त हो

गया है। यह क्षेत्र है विज्ञान का। अरबी में बहुत पहले आर्यभट्ट और ब्रह्मगुप्त आदि के ज्योतिष-ग्रन्थों का अनुवाद हुआ था। इन ग्रन्थों के आधार और अनुकरण पर मुसलमान ज्योतिषियों ने अनेक ग्रन्थ लिखे। दशगुणोत्तर अंक-क्रम को अलखारिजमी ने सारे यूरोप में फैलाया था। मुसलमान धर्म में मक्का की दिशा और प्रातः और सायं गोधूलि का महत्त्व है; क्योंकि नमाज पढ़ने के लिए दोनों की विशेष जरूरत है! इन दोनों बातों का सूक्ष्म विवेचन करने के लिए मुसलमान ज्योतिषियों ने अक्षांश, देशांतर-संस्कार तथा चर और उदयास्त का बड़ा सूक्ष्म और व्यापक अध्ययन किया। हिन्दुओं का मुहूर्त-शास्त्र मुस्लिम ज्योतिष में गृहीत हुआ है और अरबों का ताजक-शास्त्र और रमल-विद्या संस्कृत में सम्मानपूर्ण स्थान पा सकी है! इन शास्त्रों के पारिभाषिक शब्द अरबी भाषा के हैं। ताजक नीलकंठी के प्रसिद्ध सोलह योगों के नाम सीधे अरबी से लिए गए हैं। इसराफ, इकबाल, मणाऊँ (मनअ) आदि शब्द संस्कृत के नहीं, अरबी के हैं। चिकित्सा के ग्रंथों का भी अरबी में अनुवाद हुआ था। यूनानी चिकित्सा-पद्धति के साथ भारतीय पद्धति के मिश्रण से एक चिकित्सा-पद्धति हकीमी का जन्म हुआ, जो हिन्दुओं और मुसलमानों की प्रतिभा के मिलन का बड़ा सुन्दर फल है। इस प्रकार विज्ञान के क्षेत्र में हिन्दू और मुसलमान झिझक और संकोच छोड़कर मिले हैं। मुसलमान बादशाहों ने सौर वर्षों के साथ हिजरी सम्वत् का सामंजस्य स्थापित करके नए सम्वत् चलाए थे, जो हिन्दुओं के राष्ट्रीय सम्वत् बन गए हैं। फसली सन्, विलायती सन्, बंगाब्द आदि ऐसे ही सन् हैं। वस्तुतः इस क्षेत्र का मिलन जितना ठोस हुआ है उतना किसी क्षेत्र का भी नहीं। शायद इतिहास में हमें यह सीखना अभी बाकी है कि साम्प्रदायिक मिलन की भूमि वैज्ञानिक मनोवृत्ति है। उसी को उत्तेजित करना वांछनीय है।

भारतीय मनीषा ने कला, धर्म, दर्शन और साहित्य क्षेत्र में नाना भाव से महत्त्वपूर्ण फल पाए हैं और भविष्य में भी महत्त्वपूर्ण फल पाने की योग्यता का परिचय वह दे चुकी है। परन्तु नाना कारणों से समूची जनता एक ही धरातल पर नहीं है और सबका मुख भी एक ओर नहीं है। जल्दी में कोई फल पा लेने की आशा अटकलपच्चू सिद्धान्त कायम कर लेना और उसके आधार पर कार्यक्रम बनाना अभीष्ट सिद्धि में सब समय सहायक नहीं होगा। विकास की नाना सीढ़ियों पर खड़ी जनता के लिए नाना प्रकार के कार्यक्रम आवश्यक होंगे। उद्देश्य की एकता ही विविध कार्यक्रमों में एकता ला सकती है, परन्तु इतना निश्चित है कि जब तक हमारे सामने उद्देश्य स्पष्ट नहीं हो जाता, तब तक कोई भी कार्य, कितनी ही व्यापक

शुभेच्छा के साथ क्यों न आरम्भ किया जाए, वह फलदायक नहीं होगा। बहुत-से लोग हिन्दू-मुस्लिम-एकता को या हिन्दू-संघटन को ही लक्ष्य मानकर उपाय सोचने लगते हैं। वस्तुतः हिन्दू-मुस्लिम-एकता भी साधन है, साध्य नहीं। साध्य है मनुष्य को पशु-सामान्य स्वार्थी धरातल से ऊपर उठाकर 'मनुष्यता' के आसन पर बैठना। हिन्दू और मुस्लिम अगर मिलकर संसार में लूट-खसोट मचाने के लिए साम्राज्य स्थापित करने निकल पड़ें तो उस हिन्दू-मुस्लिम-मिलन से मनुष्यता काँप उठेगी। परन्तु हिन्दू-मुस्लिम-मिलन का उद्देश्य है मनुष्य की दासता, जड़िमा, मोह, कुसंस्कार और परमुखापेक्षिता से बचाना, मनुष्य को क्षुद्र स्वार्थ और अहमिका की दुनिया से ऊपर उठाकर सत्य, न्याय और औदार्य की दुनिया में ले जाना, मनुष्य द्वारा मनुष्य के शोषण को हटाकर परस्पर सहयोगिता के पवित्र बन्धन में बाँधना। मनुष्य का सामूहिक कल्याण ही हमारा लक्ष्य हो सकता है। वही मनुष्य का सर्वोत्तम प्राप्य है। आर्य, द्रविड़, शक, नाग, आभीर आदि जाति के सैकड़ों वर्ष के संघर्ष के बाद हिन्दू-दृष्टिकोण बना है। नए सिरे से भारतीय दृष्टिकोण बनाने के लिए इतने ही लम्बे अरसे की जरूरत नहीं है। आज हम इतिहास को अधिक यथार्थ ढंग से समझ सकते हैं और तदनुकूल अपने विकास की योजना बना सकते हैं। धैर्य हमें कभी नहीं छोड़ना चाहिए। इतिहास-विधाता के इंगित को समझकर ही हम अपनी योजना बनावें तो सफलता की आशा कर सकते हैं।

भारतीय संस्कृति की देन

भारतीय संस्कृति पर कुछ कहने से पहले मैं एक निवेदन कर देना कर्तव्य समझता हूँ कि संस्कृति को किसी देश-विशेष या जाति-विशेष की अपनी मौलिकता नहीं मानता। मेरे विचार से सारे संसार के मनुष्यों की एक सामान्य मानव-संस्कृति हो सकती है। यह दूसरी बात है कि वह व्यापक संस्कृति अब तक सारे संसार में अनुभूत और अंगीकृत नहीं हो सकी है। नाना ऐतिहासिक परम्पराओं के भीतर से गुजरकर और भौगोलिक परिस्थितियों में रहकर संसार के भिन्न-भिन्न समुदायों ने उस महान मानवी संस्कृति के भिन्न-भिन्न पहलुओं का साक्षात्कार किया है। नाना प्रकार की धार्मिक साधनाओं, कलात्मक प्रयत्नों और सेवा, भक्ति तथा योगमूलक अनुभूतियों के भीतर से मनुष्य उस महान सत्य के व्यापक और परिपूर्ण रूप को क्रमशः प्राप्त करता जा रहा है, जिसे हम 'संस्कृति' शब्द द्वारा व्यक्त करते हैं। यह संस्कृति शब्द बहुत अधिक प्रचलित है तथापि यह अस्पष्ट रूप में ही समझा जाता है। इसकी सर्वसम्मत कोई परिभाषा नहीं बन सकी है। प्रत्येक व्यक्ति अपनी रुचि और संस्कारों के अनुसार इसका अर्थ समझ लेता है। फिर इसको एकदम अस्पष्ट भी नहीं कह सकते, क्योंकि प्रत्येक मनुष्य जानता है कि मनुष्य की श्रेष्ठ साधनाएँ ही संस्कृति है। इसकी अस्पष्टता का कारण यही है कि अब भी मनुष्य इसके सम्पूर्ण और व्यापक रूप को देख नहीं सका है। संसार के सभी महान तत्त्व इसी प्रकार मानव-चित्त में अस्पष्ट रूप से आभासित होते हैं। उनका आभासित होना ही उनकी सत्ता का प्रमाण है। मनुष्य की श्रेष्ठतर मान्यताएँ केवल अनुभूत होकर ही अपनी महिमा सूचित करती हैं। उनको स्पष्ट और सुव्यवस्थित परिभाषा में बाँधना सब समय सम्भव नहीं होता। केवल नेति-नेति कहकर ही मनुष्य ने उस अनुभूति को प्रकाशित किया है। अपनी चरम सत्यानुभूति को प्रकट

करते समय कबीरदास ने इसी प्रकार की विवशता का अनुभव करते हुए कहा था—'ऐसा लो नहिं तैसा लो, मैं केहि विधि कहीं अनूठा लो' मनुष्य की सामान्य संस्कृति भी बहुत-कुछ ऐसी ही अनूठी वस्तु है। मनुष्य ने उसे अभी तक सम्पूर्ण पाया नहीं है; पर उसे पाने के लिए व्यग्र भाव से उद्योग कर रहा है। यह मार-काट, नोंच-खसोट और झगड़ा-टंटा भी उसी प्रयत्न के अंग हैं; आपको यह बात बहुत विरोधाभास-सी लगेगी, पर है सत्य। रास्ता खोजते समय भटक जाना, थक जाना या झुँझला पड़ना इस बात के सबूत नहीं हैं कि रास्ता खोजने की इच्छा ही नहीं है। कविवर रवीन्द्रनाथ ने अपनी कविजनोचित भाषा में इस बात को इस प्रकार कहा है कि यह जो लुहार की दुकान की खटाखट और धूल-धक्कड़ है, इनसे घबराने की जरूरत नहीं है। वहाँ वीणा के तार तैयार हो रहे हैं! जब ये तार बन जाएँगे तो एक दिन इनकी मधुर-संगीत-ध्वनि से निश्चय ही मन और प्राण तृप्त हो जाएँगे। ये युद्ध-विग्रह, ये कूटनीतिक दाँव-पेंच, ये दमन और शोषण के साधन, ये सब एक दिन समाप्त हो जाएँगे। मनुष्य दिन-दिन अपने महान लक्ष्य के नजदीक पहुँचता जाएगा। सामान्य मानव-संस्कृति ऐसा ही दुर्लभ लक्ष्य है। मेरा विश्वास है कि प्रत्येक देश और जाति ने अपनी ऐतिहासिक परम्पराओं और भौगोलिक परिस्थितियों के अनुसार उस महान लक्ष्य के किसी-न-किसी पहलू का अवश्य साक्षात्कार किया है। ज्यों-ज्यों वैज्ञानिक साधनों के परिणामस्वरूप भिन्न-भिन्न देश और भिन्न-भिन्न जातियाँ एक-दूसरे के नजदीक आती जाएँगी, त्यों-त्यों इन अंश-सत्यों की सार्थकता प्रकट होती जाएगी और हम सामान्य व्यापक सत्य को पाते जाएँगे। आज की मारामारी इसमें थोड़ी रुकावट डाल सकती है, पर इस प्रयत्न को नि:शेष भाव से समाप्त नहीं कर सकती। अपने इस विश्वास का कारण मैं आगे बताने का प्रयत्न करूँगा।

जो आदमी ऐसा विश्वास करता है, उससे संस्कृति के साथ 'भारतीय' विशेषण जोड़ने का अर्थ पूछना नितांत संगत है! क्या 'भारतीय' से मतलब भारतवर्ष के समस्त अच्छे-बुरे प्रयत्न और संस्कार हैं? नहीं, समस्त भारतीय संस्कार अच्छे ही हैं या मनुष्य की सर्वोत्तम साधना की ओर अग्रसर करनेवाले ही हैं, ऐसा मैं नहीं मानता। ऐसा देखा गया है कि एक जाति ने जिस बात को अपना अत्यन्त महत्त्वपूर्ण संस्कार माना है, वह दूसरी जाति की सर्वोत्तम साधना के साथ मेल नहीं खाता। ऐसा भी हो सकता है कि एक जाति के संस्कार दूसरी जाति के संस्कार एकदम उलटे पड़ते हों। हो सकता हैं कि एक जाति मंदिरों और मूर्तियों के निर्माण में ही अपनी कृतार्थता मानती हो और यह भी हो सकता है कि दूसरी जाति उनको तोड़

डालने को ही अपनी चरम सार्थकता मानती हो। ये दोनों परस्पर विरुद्ध हैं। ऐसे स्थलों पर विचार करने की आवश्यकता होगी। श्रेष्ठ लक्ष्य परस्पर विरोधी नहीं होता। प्रसिद्ध संत रज्जबदास ने कहा था—'सब साँच मिलै सो साँच है, न मिलै सो झूठ।' सम्पूर्ण सत्य अविरोधी होता है। जहाँ भी विरोध दीखे, वहाँ सोचने की जरूरत होगी। हो सकता है कि दो भिन्न-भिन्न जनसमुदाय मोहवश दो असत्य बातों को ही बड़ा सत्य मान बैठे हों। हो सकता है कि दोनों में एक सही हो और दूसरा गलत। साथ ही यह भी हो सकता है कि दोनों सही रास्ते पर हों; पर उनके दृष्टिकोण गलत हों। यदि हमें अपनी गलती मालूम हो तो उसे निर्मम भाव से छोड़ देना होगा। महाभारत ने बहुत पहले घोषणा की थी कि जो धर्म दूसरे धर्म को बाधित करता है, वह धर्म नहीं है, कुधर्म है। सच्चा धर्म अविरोधी होता है:

धर्मो यो बाधते धर्मं न स धर्मो कुधर्म तत्।
अविरोधी यु तो धर्मः स धर्मो मुनिसत्तम॥

मैं जब 'भारतीय' विशेषण जोड़कर संस्कृति शब्द का प्रयोग करता हूँ, तो मैं भारतवर्ष द्वारा अधिगत और साक्षात्कृत अविरोधी धर्म की ही बात करता हूँ। अपनी विशेष भौगोलिक परिस्थिति में और विशेष ऐतिहासिक परम्परा के भीतर से मनुष्य के सर्वोत्तम को प्रकाशित करने के लिए इस देश के लोगों ने भी कुछ प्रयत्न किए हैं। जितने अंश में वह प्रयत्न संसार के अन्य मनुष्य के प्रयत्नों का अविरोधी है, उतने अंश में वह उनका पूरक भी है। भिन्न-भिन्न देशों और भिन्न-भिन्न जातियों के अनुभूत और साक्षात्कृत अन्य अविरोधी धर्मों की भाँति वह मनुष्य की जययात्रा में सहायक है। वह मनुष्य के सर्वोत्तम को जितने अंश में प्रकाशित और अग्रसर कर सका है, उतने ही अंश में वह सार्थक और महान है। वही भारतीय संस्कृति है, उसको प्रकट करना, उसकी व्याख्या करना या उसके प्रति जिज्ञासा-भाव उचित है। यह प्रयास अपनी बड़ाई का प्रमाणपत्र संग्रह करने के लिए नहीं है, बल्कि मनुष्य की जययात्रा में सहायता पहुँचाने के उद्देश्य से प्ररोचित है। इसी महान उद्देश्य के लिए उसका अध्ययन, मनन और प्रकाशन होना चाहिए।

मनुष्य की जययात्रा! क्या मनुष्य ने किसी अज्ञात शत्रु को परास्त करने के लिए अपना दुर्द्धर रथ जोता है? मनुष्य की जययात्रा! क्या जानबूझकर लोकचित्त को व्यामोहित करने के लिए वह पहले ही जैसा वाक्य बनाया गया है? मनुष्य की जययात्रा का क्या अर्थ हो सकता है? परन्तु मैं पाठकों को किसी प्रकार के शब्द-जाल में उलझाने का संकल्प लेकर नहीं आया हूँ। मुझे यह वाक्य सचमुच बड़ा बल देता है। न जाने किस अनादि काल

के एक अज्ञात मुहूर्त में यह पृथ्वी नामक ग्रहपिंड सूर्यमंडल से टूटकर उसके चारों ओर चक्कर काटने लगा था। मुझे उस समय का चित्र कल्पना के नेत्रों से देखने में बड़ा आनन्द आता है। उस सद्यःप्रस्फुटित धरित्री-पिंड में ज्वलंत गैस भरे हुए थे। कोई नहीं जानता कि इन असंख्य अग्निगर्भकणों में से किसमें या किनमें जीवतत्त्व का अंकुर वर्तमान था। शायद वह सर्वत्र परिव्याप्त था। इसके बाद लाखों वर्ष तक धरती ठंडी होती रही, लाखों वर्ष तक उस पर तरल तप्त धातुओं की लहाछेह वर्षा होती रही, लाखों वर्ष तक उसके भीतर और बाहर प्रलयकांड मचा रहा, पृथ्वी अन्यान्य ग्रहों के साथ सूर्य के चारों ओर उसी प्रकार नाचती रही, जिस प्रकार खिलाड़ी के इशारे पर सरकस के घोड़े नाचते रहते हैं। जीवतत्त्व स्थिर-अविक्षुब्ध भाव से उचित अवसर की प्रतीक्षा में बैठा रहा। अवसर आने पर उसने समस्त जड़शक्ति के विरुद्ध विद्रोह करके सिर उठाया—नगण्य तृणांकुर के रूप में! तब से आज तक संपूर्ण जड़शक्ति अपने आकर्षण का समूचा वेग लगाकर भी उसे नीचे की ओर नहीं खींच सकी। सृष्टि के इतिहास में वह एकदम अघटित घटना थी। अब तक महाकर्ष (ग्रेविटेशन पावर) के विराट वेग को रोकने में कोई समर्थ नहीं हो सकता था। जीवतत्त्व प्रथम बार अपनी ऊर्ध्वगामिनी वृत्ति की अदना के ताकत के बल पर इस महाकर्ष को अस्वीकार कर सका। तब से वह निरंतर अग्रसर होता गया। मनुष्य उसी की अंतिम परिणति है। वह एक कोश से अनेक कोशों के जटिल संघटन में कर्मेन्द्रियों से ज्ञानेन्द्रियों की और ज्ञानेन्द्रियों से मन और बुद्धि की तरफ विकसित होता हुआ मानवात्मा के रूप में प्रकट हुआ। पंडितों ने देखा है कि मनुष्य तक आते-आते प्रकृति ने अपने कारखाने में असंख्य प्रयोग किए हैं। पुराने जंतुओं की विशाल ठठरियाँ आज भी यत्र-तत्र मिल जाती हैं और उन असंख्य प्रयोगों की गवाही दे जाती हैं! प्रकृति अपने प्रयोग में कृपण कभी नहीं रही है। उसने बरबादी की कभी परवाह नहीं की। दस वृक्षों के लिए वह दस लाख बीज बनाने में कभी कोताही नहीं करती। यह सब क्या व्यर्थ ही अंधता है, सुस्पष्ट योजना का अभाव है या हिसाब न जानने का दुष्परिणाम है? कौन बताए कि किस महान उद्देश्य की प्राप्ति के लिए प्रकृति ने इतनी बरबादी सही है? हम केवल इतना ही जानते हैं कि जब जीवतत्त्व, समस्त विघ्न-बाधाओं को अतिक्रम करके मनुष्य-रूप में अभिव्यक्त हुआ, तब इतिहास ही बदल गया। जो कुछ जैसा होना है, वह होकर ही रहेगा—यही प्रकृति का अचल विधान है। कार्य-कारण बनता है और नए कार्य को जन्म देता है। कार्यकारणों की इस नीरंध्र ठोस परम्परा में इच्छा का कोई स्थान नहीं था। जो जैसा होने को है, वह होकर ही रहेगा।

इसी समय मनुष्य आया। उसने इस साधारण नियम को अस्वीकार किया। उसने अपनी इच्छा के लिए न जाने कहाँ से एक फाँक निकाला। जो जैसा है, वैसा ही मान लेने की विवशता को उसने नहीं माना, जैसा होना चाहिए, वही बड़ी बात है। इस जगह से सृष्टि का दूसरा अध्याय शुरू हुआ। एक बार कल्पना कीजिए, तरल-तप्त धातुओं के प्रचण्ड समुद्र की, निरंतर झरनेवाले अग्नि-गर्भ-मेघों की; विपुल जड़-संघात की, और फिर कल्पना कीजिए क्षुद्राकार मनुष्य की! विराट ब्रह्माण्ड-निकाय, कोटि-कोटि नक्षत्रों का अग्निमय आवर्त्त-नृत्य, अनंत शून्य में निरंतर उद्भूयमान और विनाशमान नीहारिका पुंज विस्मयकारी हैं, पर उनसे अधिक विस्मयकारी है मनुष्य, जो नगण्य स्थान-काल में रहकर इनकी नाप-जोख करने निकल पड़ा है! क्या मनुष्य इस सृष्टि की अंतिम परिणति है? क्या विधाता ने केशवदास के बीरबल की भाँति इस कृती बीज की रचना करके हाथ झाड़ लिया है—'कै करतार बली बलबीर दियो करतार दुहूँ करतारी?' कौन कह सकता है? परन्तु क्या यह मनुष्य की अमोघ जययात्रा नहीं है? क्या यह इस बात का प्रमाण नहीं है कि समस्त गलतियों के बावजूद मनुष्य मनुष्यता की उच्चतर अभिव्यक्तियों की ओर ही बढ़ रहा है?

यह जो स्थूल से सूक्ष्म की ओर अग्रसर होना है, जो कुछ जैसा होनेवाला है, उसको वैसा ही न मानकर जैसा होना चाहिए, उसकी ओर जाने का प्रयत्न है, यही मनुष्य की मनुष्यता है! अनेक बातों में मनुष्य और पशु में कोई भेद नहीं है। मनुष्य पशु की अवस्था से ही अग्रसर होकर इस अवस्था में आया है। इसलिए वह स्थूल को छोड़कर रह नहीं सकता। यही कारण है कि मनुष्य को दो प्रकार के कर्तव्य निबाहने पड़ते हैं—एक स्थूल की क्षुधा को निवृत्त करना और दूसरा सूक्ष्म से सूक्ष्मतर तत्त्व की ओर बढ़ानेवाली अपनी ऊर्ध्वगामिनी वृत्ति को संतुष्ट करना। आहार-निद्रा आदि के साधन भी मनुष्य को जुटाने पड़ते हैं। यद्यपि मनुष्य-बुद्धि ने इनमें भी कमाल का उत्कर्ष दिखाया है, पर प्रयोजन प्रयोजन ही है। प्रयोजन के जो अतीत हैं, जहाँ मनुष्य की आनंदिनी वृत्ति ही चरितार्थ होती है, वहाँ मनुष्य की ऊर्ध्वगामिनी वृत्ति को संतोष होता है। ज्यों-ज्यों मनुष्य संघबद्ध होकर रहने का अभ्यस्त होता गया, त्यों-त्यों उसे सामाजिक संघटन के लिए नाना प्रकार के नियम-कानून बनाने पड़े। इस संघटन को दोषहीन और गतिशील बनाने के लिए उसने दंड-पुरस्कार की व्याख्या भी की, इन बातों को एक शब्द में सभ्यता कहते हैं। आर्थिक व्यवस्था राजनीतिक संघटन, नैतिक परम्परा और सौंदर्य-बोध को तीव्रतर करने की योजना, ये सभ्यता के चार स्तंभ हैं। इन सबके सम्मिलित प्रभाव से संस्कृति बनती है। सभ्यता मनुष्य

के बाह्य प्रयोजनों को सहजलभ्य करने का विधान है और संस्कृति प्रयोजनातीत आंतर आनंद की अभिव्यक्ति। परंतु शायद फिर मैं पहेलियों की बोली बोलने लगा हूँ। आप जानना चाहेंगे कि यह बाह्य प्रयोजन और आंतर अभिव्यक्ति क्या बला है? किसको तुम बाह्य कहते हो और किसको आंतर, तुम्हारे कथन में प्रमाण क्या है?

यह जो हमारे बाह्यकरण हैं—कर्मेन्द्रिय और ज्ञानेंद्रिय हैं—हमारे अत्यन्त स्थूल प्रयोजनों के निवर्तक हैं। मन इनसे सूक्ष्म है, बुद्धि और भी सूक्ष्म है। मन में हम हजार गज की लंबाई को भी एकाएक धारण नहीं कर सकते। पर बुद्धि द्वारा ज्योतिषी कोटि-कोटि प्रकाश-वर्षों में फैले हुए ग्रह-नक्षत्रों की नाप-जोख किया करते हैं। परन्तु बुद्धि भी बड़ी चीज नहीं है। बुद्धि से भी बढ़कर कोई वस्तु है। वही अंतरतम है। गीता में कहा है :

इन्द्रियाणि पराण्याहुरिंद्रियेभ्यः परं मनः।
मनसस्तु परा बुद्धिर्योबुद्धेः परतस्तु सः॥

जो वस्तु केवल इंद्रियों को संतुष्ट कर सके, वह बहुत महत्त्वपूर्ण नहीं है। जो वस्तु मन को संतुष्ट कर सके, अर्थात् हमारे भावावेगों को संतोष दे सके, वह पहली से सूक्ष्म होने पर भी बहुत बड़ी नहीं है। जो बात बुद्धि को संतोष दे सके, वह जरूर बड़ी है, पर वह भी बाह्य है। बुद्धि से भी परे कुछ है। वही वास्तव है, उसका संतोष ही काम्य है। परन्तु वह क्या है? मैं भारतीय मनीषा के इस मंतव्य तक आपको ले आकर यह आशा नहीं कर रहा हूँ कि आप शास्त्र-वाक्य पर विश्वास कर लें। मैं इसके निकट आपको ले आकर छोड़ देता हूँ; क्योंकि मैं जानता हूँ कि यहाँ तक आकर आप इसकी गहराई में पैठने का प्रयत्न अवश्य करेंगे। जब तक इसकी गहराई में पैठने का प्रयत्न नहीं किया जाता तब तक मनुष्य के बड़े-बड़े प्रयत्नों का रहस्य समझ में नहीं आएगा।

तैत्तिरीय उपनिषद् की भृगुवल्ली में वरुण के पुत्र भृगु की मनोरंजक कथा दी हुई है। भृगु ने जाकर वरुण से कहा था कि भगवन, मैं ब्रह्म को जानना चाहता हूँ। पिता ने तप करने की आज्ञा दी। कठिन तपस्या के बाद पुत्र ने समझा—अन्न ही ब्रह्म है। पिता ने फिर तप करने को कहा—इस बार पुत्र कुछ और गहराई में गया। उसने प्राण को ही ब्रह्म समझा। पिता को संतोष नहीं हुआ। उन्होंने पुत्र को पुनः तप करने के लिए उत्साहित किया। पुत्र ने फिर तप किया और समझा कि मन ही ब्रह्म है। पिता फिर भी असंतुष्ट ही रहे। फिर तप करने के बाद पुत्र ने अनुभव किया—विज्ञान ही ब्रह्म है। पर पिता को अब भी संतोष नहीं हुआ। पुनर्वार कठिन तप के बाद पुत्र ने समझा—आनंद ही ब्रह्म है। यही चरम सत्य था। इस प्रकार अन्न (भौतिक

पदार्थ)—प्राण—मन—विज्ञान (बुद्धि)—आनंद (अध्यात्म तत्त्व)—ये ही ज्ञान के पाँच स्तर हैं। ये उत्तरोत्तर सूक्ष्म हैं। इन्हीं पाँचों को आश्रय करके संसार के भिन्न-भिन्न दार्शनिक मत बने हैं। साधारणतः इनको आश्रय करके दो-दो प्रकार के मत बन जाते हैं—तर्काश्रित मत और विश्वास समर्पित मत। संदेह को उद्रिक्त करनेवाला तर्काश्रित मत फिलासफी का प्रतिपाद्य मत बन गया है और विश्वास को आश्रय करके श्रद्धा को उद्रिक्त करनेवाला मत धर्म-विज्ञान का। भारतवर्ष का इतिहास अन्य देशों से कुछ विचित्र रहा है। सभ्यता के उषःकाल से लेकर आधुनिक काल के आरंभ तक हमारे इस देश में नाना मानव-समूहों की धारा बराबर आती रही है। इसमें सभ्य, धर्म-सभ्य और बर्बर श्रेणी के मनुष्य रहे हैं। भारतीय मनीषी शुरू से ही मनुष्य के बहुविध विश्वासों और मतों को जानने का अवसर पा सके हैं। इसीलिए यहाँ धर्म-विज्ञान और तत्त्व-जिज्ञासा कभी परस्परविरोधी मत नहीं माने गए। भारतीय ऋषि ने दोनों का उचित सामंजस्य किया है। शायद इस विषय में भारतवर्ष सारे संसार को कुछ दे सकता है। भारतवर्ष के दार्शनिक साहित्य के आलोचकों को आश्चर्य हुआ है कि इस देश में उस चीज का कभी विकास ही नहीं हो पाया जिसे फिलॉसफी कहते हैं; भारतवर्ष के दर्शन धर्म पर आधारित बताए गए हैं। 'दर्शन' शब्द का अर्थ ही देखना है। इसका अंतर्निहित अर्थ यह है कि 'दर्शन' कुछ सिद्ध महात्माओं के देखे हुए (साक्षात्कृत) सत्यों का प्रतिपादन करते हैं। जैसा कि हमने अभी लक्ष्य किया है, यह 'देखना' तब वास्तविक होगा जब वह केवल इंद्रिय द्वारा, प्राण द्वारा, मन द्वारा यहाँ तक कि बुद्धि द्वारा भी दृष्ट स्थूल पथ्यों को पीछे छोड़कर उस वस्तु के द्वारा देखा गया हो, जो आनंदरूप है, जो सबके परे और सबसे सूक्ष्म है। यही स्वसंवेद्य ज्ञान है। परन्तु यह नहीं समझना चाहिए कि प्रत्येक व्यक्ति जो अनुभव करता है, वह सत्य ही है। शरीर और मन की शुद्धि आवश्यक है। जब तक मनुष्य का बाहर और भीतर शुद्ध, निर्मल और पवित्र नहीं होते, तब तक वह गलत वस्तु को सत्य समझ सकता है। चंचल मन से कोई मामूली समस्या भी ठीक-ठीक समाहित नहीं होती। यह जो बाह्य और अंतःकरणों की शुद्धि है, यही भारतीय दर्शनों की विशेषता है। जैसे-तैसे रहकर, जैसा-तैसा सोचकर बड़े सत्य को अनुभव नहीं किया जा सकता। चंचल चित्त केवल विकृत चिंता में ही लगा रहता है। भारतीय मनीषियों ने इस चंचल चित्त को वश में करने के उपाय बताए हैं। इसी उपाय का नाम योग है। भगवान श्रीकृष्ण ने गीता में कहा है कि यद्यपि मन बड़ा चंचल है और उसे वश में करना कठिन है, तथापि अभ्यास और वैराग्य से उसे वश में किया जा सकता है।

अभ्यास और वैराग्य के लिए भारतीय साहित्य में शताधिक ग्रंथ वर्तमान हैं। संभवत: सारे संसार में बुद्धिजीवी इस विषय में यहाँ से कुछ सीख सकते हैं। केवल बौद्धिक विश्लेषण द्वारा सत्य तक नहीं पहुँचा जा सकता। सर्वत्र अभ्यास और वैराग्य आवश्यक है।

हमने अभी जिन पाँच तत्त्वों को लक्ष्य किया, उनमें सबसे स्थूल है यह शरीर, फिर प्राण और फिर मन। शरीर का प्रतीक बिंदु है। भारतीय मनीषियों ने अनुभव किया है कि इनमें से किसी एक को संयत करने का अभ्यास किया जाए तो बाकी संयत हो जाते हैं। भारतवर्ष के नाना आध्यात्मिक पंथ इन तीनों को संयत करने के ऊपर जोर देने के कारण अलग-अलग हो गए हैं। संयमन की विधि भी सर्वत्र एक नहीं है। नाना बौद्ध और शाक्त साधनाओं में बिंदु को वश में करने की विधियाँ बताई गई हैं, हठयोग प्राण को वश करने के पक्ष में है, राजयोग मन को वश में करने की विधि बताता है। ये सब अभ्यास द्वारा सिद्ध होते हैं। ऊपर-ऊपर से देखनेवाले आलोचक भारतीय साधन-मार्गों में इतना अधिक भेद देखते हैं कि उन्हें समझ में नहीं आता कि ये विभिन्न पंथ किस प्रकार अपने को एक ही मूल उद्‌गम से उद्‌भूत बताते हैं। गहराई में जानेवालों के लिए ये विरोध नगण्य हैं। नाना भाँति अभ्यास के द्वारा साधक बिंदु, प्राण और मन को स्थिर करता है तब जाकर अंत:करण निर्मल स्फटिक मणि के समान होता है। परन्तु यहाँ भी भ्रांति का अवकाश रहता है। इसीलिए भारतीय मनीषियों ने केवल अभ्यास को ही एकमात्र साधन नहीं माना। अभ्यास के साथ वैराग्य होना चाहिए। राग-द्वेषवश जो इंद्रिय चांचल्य होता है, उसका रोकना राग और विराग के विषयों को अलग-अलग समझ सकना, मन द्वारा विषयों की चिंता और अंत में मानसिक उत्सुकता को दबा देना—ये सब वैराग्य के भेद हैं, परन्तु असली वैराग्य तो तब होता है जब अंतरात्मा समस्त इंद्रियों से और मन-बुद्धि आदि सब तत्त्वों से अपने को पृथक् समझ लेता है। इस प्रकार अभ्यास और वैराग्य से चित्त स्थिर होता है और बुद्धि निर्मल होती है—केवल उसी समय परम सत्य का साक्षात्कार होता है।

मेरा अनुमान है कि विचार का यह प्रकृष्ट पंथ है, परन्तु यह मेरा दावा नहीं कि मैं इस बात को ठीक-ठीक समझ सकता हूँ। वस्तुत: यह साधना का विषय है, परन्तु यह समझना कठिन नहीं कि किसी बात की सचाई तक पहुँचने के लिए एक प्रकार के बौद्धिक वैराग्य की आवश्यकता है। संसार की समस्त जटिल समस्याएँ नित्य-प्रति और भी जटिलतर इसलिए होती जाती हैं कि इन पर विचार करनेवालों में मानसिक संयम और बौद्धिक वैराग्य का अभाव है। लोग अपने-अपने विशेष स्वार्थों और विचार-

पद्धतियों के भीतर से दूसरों को देखने का प्रयास करते हैं और समस्याएँ और जटिलतर हो जाती हैं। बौद्धिक वैराग्य ही मनुष्य को संस्कृत बनाता है।

भारतवर्ष का साहित्य बड़ा विशाल और विपुल है। उसने ज्ञान और साधना के क्षेत्र में नाना भाव से विचार किया है। मैं सबकी चर्चा करने योग्य अधिकारी भी नहीं हूँ और यहाँ इतना समय भी नहीं है; परन्तु इतना स्मरण कर लेना उचित है कि यह जो आध्यात्मिक परमसत्य की उपलब्धि है और जिसके लिए शारीरिक, मानसिक और बौद्धिक संयम और वैराग्य की बात बताई गई है—सिर्फ यही एकमात्र काम्य नहीं बताया गया। यद्यपि यह परमोत्तम लक्ष्य है, पर इस लक्ष्य की पूर्ति के पहले प्रत्येक व्यक्ति को कुछ ऋण चुका लेने पड़ते हैं। बहुत थोड़े लोगों को इन ऋणों से छुटकारा दिया गया है। अधिकांश लोग इन ऋणों को चुकाए बिना किसी भी बड़ी साधना के अधिकारी नहीं हो सकते।

भारतीय विश्वास के अनुसार मनुष्य तीन प्रकार के ऋणों को लेकर पैदा होता है। वे तीन ऋण हैं—देवऋण, ऋषिऋण और पितृऋण। पैदा होते ही मनुष्य अपने सम्पूर्ण शरीर और इन्द्रियों को पा जाता है। ये इंद्रियाँ उसे न मिलतीं तो न तो वह संसार का कुछ आनन्द ही उपयोग कर सकता, न कुछ नया दे ही सकता। निश्चय ही वह माता-पिता के निकट इसके लिए ऋणी है। परन्तु वस्तुतः वह अनादिकालीन धारा का परिणाम पितृ-पितामह ने उसे जो शरीर दिया है, उसका क्या कोई प्रतिदान दे सकता है? भारतीय मनीषियों ने इसका एकमात्र उपाय यह बताया है कि मनुष्य इसे ऋण के रूप में स्वीकार कर ले और पितृ-पितामहों की इस धारा को आगे बढ़ा दे। धारा रुद्ध न होने पाए। कौन जानता है, भविष्य में उसी धारा में कौन कृति बालक पैदा होकर संसार को नई रोशनी दे? इसीलिए शास्त्रकारों ने पितृऋण से मुक्ति पाने का उपाय संतान उत्पन्न करना और उन्हें शिक्षित बनाकर समाज के हाथों सौंप जाने को बताया है। फिर मनुष्य पैदा होते ही अनेक विद्वानों और विज्ञानियों की आविष्कृत ज्ञानराशि को सहज ही पा जाता है। हर व्यक्ति को नए सिरे से अगर अपना-अपना प्रयोग और आविष्कार चलाना पड़ता तो मनुष्य की यह दुनिया कैसे बन गई होती, यह केवल सोचने की बात है। सो मनुष्य इस प्रकार अतीत के ऋषियों का ऋण लिए हुए पैदा होता है। इसे चुकाने का उपाय ज्ञान की धारा की रक्षा और उसे अग्रसर कर देना है। विद्या पढ़ना और ज्ञानधारा को अग्रसर करना कोई कृतित्व नहीं, सिर्फ कर्जा चुकाने का कर्तव्य-पालन मात्र है। फिर अन्न को पैदा करनेवाली पृथ्वी, जल बरसानेवाले मेघ, प्रकाश देनेवाला सूर्य आदि

प्राकृतिक शक्तियाँ जिन्हें भारतीय मनीषी 'देवता' कहता है—हमें अनायास मिल गई हैं। भारतीय मनीषी ने इनके ऋण के मुक्ति पाने का उपाय बाँटकर भोग करना बताया है। जो तुम्हारे पास है, उसे सबको बाँटकर ग्रहण करो। सो ये तीन ऋण मनुष्य के जन्म से ही लदे आते हैं। इन तीनों ऋणों को चुकाए बिना मोक्ष पाने का प्रयत्न पाप है। भारतवर्ष में प्रत्येक व्यक्ति से यह कम-से-कम आशा की गई है कि वह समाज को स्वस्थ और शिक्षित संतान दे, प्राचीन ज्ञान-परम्परा की रक्षा करे और आगे बढ़ाने का प्रयत्न करे और प्राकृतिक शक्तियों से प्राप्त संपद् को निजी समझकर दबा न रखे। ये ऋण हैं। मनुस्मृति के छठवें अध्याय में कहा गया है कि जो इनको चुकाए बिना ही मोक्ष की कामना करता है, वह अध:पतित होता है:

ऋणानि त्रीण्यपाकृत्य मनो मोक्षे निवेशयेत्।
अनपाकृत्य मोक्षन्तु सेवमानो ब्रजत्यध:।

जब तक ये ऋण चुका नहीं दिए जाते, तब तक मनुष्य को बड़ी बात सोचने का अधिकार नहीं है।

भारतवर्ष ने एशिया और यूरोप के देशों को अपनी धर्म-साधना की उत्तम वस्तुएँ दान दी हैं। उसने अहिंसा और मैत्री का संदेश दिया है, क्षुद्र दुनियावी स्वार्थों की उपेक्षा करके विशाल आध्यात्मिक अनुभूतियों का उपदेश दिया है और उसने जिन बातों को ग्रहण किया है; वे भी उसी प्रकार महान और दीर्घस्थायी रही हैं। उच्चतर क्षेत्र के आदान-प्रदान के ठोस चिह्न अब भी इस भूमि के नीचे से निकलते रहते हैं और विदेशों में मिल जाया करते हैं। हमारा धर्म, विज्ञान, हमारी मूर्ति और मन्दिर-शिल्प, हमारा दर्शन-शास्त्र, हमारे काव्य और नाटक, हमारी चिकित्सा और ज्योतिष संसार में गए हैं; सम्मानित और स्वीकृत हुए हैं और संसार को उच्च चिंतनशील जातियों से थोड़ा-बहुत प्रवाहित भी हुए हैं। मैं आज आपको उस दिव्य लोक की सैर नहीं करा सका, जहाँ भारतीय आचार्य पर्वतों और रेगिस्तानों को लाँघकर अहिंसा और मैत्री का संदेश देते हैं, जहाँ हमारे शिल्पी गांधार और यवन कलाकारों के साथ मिलकर पत्थर में जान डाल रहे हैं, जहाँ अरब और ईरान के मनीषियों के साथ मिलकर वे चिकित्सा और ज्योतिष का प्रचार कर रहे हैं, जहाँ मलय और यवद्वीप में वहाँ के निवासियों से मिलकर शिल्प और कला में नया प्राण-संचार कर रहे हैं। मैं उस परम मोहक लोक में आपको न ले जाकर शास्त्रीय नीरस विचारों में उलझाए रहा; परंतु इसके लिए मुझे क्षमा माँगने की जरूरत नहीं है, क्योंकि मेरा विश्वास है कि भारतीय मनीषियों ने अपने देशवासियों में जीवन के आवश्यक कर्तव्यों और वैराग्य की महिमा और स्थूल की अपेक्षा सूक्ष्म की

ओर झुकने का प्रेम पैदा किया, उसका ही परिणाम है कि भारतवर्ष दीर्घकाल तक पशु-सुलभ क्षुद्र स्वार्थों का गुलाम नहीं बन सका। आज हम सांस्कृतिक दृष्टि से जो बहुत नीचे गिर गए हैं, उसका प्रधान कारण यही है कि हम महान आदर्श को भूल गए हैं। मेरा विश्वास है कि इन आदर्शों को नई परिस्थितियों के अनुकूल बनाकर ग्रहण करने से हम तो ऊपर उठेंगे ही, सारे संसार को भी उसमें कुछ-न-कुछ ऐसा अवश्य मिलेगा जिससे उसे वर्तमान प्रलयंकर अवस्था से उबरने का मौका मिले।

भारतवर्ष ने सामान्य मानवीय संस्कृति को पूर्ग और व्यापक बनाने की जो महती साधना की है, उसके प्रत्येक पहलू का अध्ययन और प्रकाशन हमारा अत्यन्त महत्त्वपूर्ण कर्तव्य होना चाहिए।[1]

1. बिहार प्रान्तीय संस्कृति-सम्मेलन, मंदार, भागलपुर में दिया भाषण।

हमारे पुराने साहित्य के इतिहास की सामग्री

हिन्दी साहित्य का इतिहास केवल संयोग और सौभाग्यवश प्राप्त हुई पुस्तकों के आधार पर नहीं लिखा जा सकता। हिन्दी का साहित्य सम्पूर्णत: लोक-भाषा का साहित्य है। उसके लिए संयोग से मिली पुस्तक ही पर्याप्त नहीं है। पुस्तकों में लिखी बातों से हम समाज की किसी विशेष चिंताधारा का परिचय पा सकते हैं, पर उस विशेष चिंताधारा के विकास में जिन पार्श्ववर्ती विचारों और आचारों ने प्रभाव डाला था, वे, बहुत संभव है, पुस्तक रूप में कभी लिपिबद्ध हुए ही न हों और यदि लिपिबद्ध हुए भी हों तो सम्भवत: प्राप्त न हो सके हों। कबीरदास का बीजक दीर्घकाल तक बुन्देलखंड से झारखंड और वहाँ से बिहार होता हुआ धनौती के मठ में पड़ा रहा और बहुत बाद में प्रकाशित किया गया। उसकी रमैनियों से एक ऐसी धर्म-साधना का अनुमान होता है, जिसके प्रधान उपास्य निरंजन या धर्मराज थे। उत्तरी उड़ीसा और झारखंड में प्राप्त पुस्तकों तथा स्थानीय जातियों की आधार-परम्परा के अध्ययन से यह अनुमान पुष्ट होता है। पश्चिमी बंगाल और पूर्वी बिहार में धर्म ठाकुर की परम्परा अब भी जारी है। इस जीवित संप्रदाय तथा उड़ीसा के अर्धविस्मृत संप्रदायों के अध्ययन से बीजक के द्वारा अनुमत धर्म-साधना का समर्थन होता है। इस प्रकार कबीरदास का बीजक इस समय यद्यपि अपने पुराने विशुद्ध रूप में प्राप्त नहीं है—उसमें बाद के अनेक पद प्रक्षिप्त हुए हैं—तथापि वह एक जनसमुदाय की विचार-परम्परा के अध्ययन में सहायक है। कबीर का बीजक केवल अपना ही परिचय देकर समाप्त नहीं होता। वह उससे अधिक है। वह अपने इर्द-गिर्द के मनुष्यों का इतिहास बताता है।

भारतीय समाज ठीक वैसा ही हमेशा नहीं रहा है, जैसा आज है। नए-नए जनसमूह इस विशाल देश में बराबर आते रहे हैं और अपने-अपने

विचारों और आचारों का प्रभाव छोड़ते रहे हैं और आज की समाज-व्यवस्था कोई सनातन व्यवस्था नहीं है। आज जो जातियाँ समाज के निचले स्तर पर पड़ी हुई हैं, वे सदा वहीं रही हैं, ऐसा मानने का कोई कारण नहीं है। इस प्रकार समाज के ऊपरी स्तर में रहनेवाली जातियाँ भी नाना परिस्थितियों को पार करती हुई वहाँ पहुँची हैं। इस विराट जन-समुद्र का सामाजिक जीवन काफी स्थितिशील रहा है, फिर भी ऐसी धाराओं का नितांत अभाव भी नहीं रहा है, जिन्होंने समाज को ऊपर से नीचे तक आलोकित कर दिया है। ऐसा भी एक जमाना था, जब इस देश का एक बहुत बड़ा जनसमाज ब्राह्मण-धर्म को नहीं मानता था। उसकी अपनी अलग पौराणिक परम्परा थी, अपनी समाज-व्यवस्था थी; अपनी लोक-परलोक-भावना थी, मुसलमानों के आने के पहले ये जातियाँ हिन्दू नहीं कही जाती थीं। किसी विराट सामाजिक दबाव के फलस्वरूप एक बार समूचे जन-समाज को दो बड़े-बड़े कैम्पों में विभक्त हो जाना पड़ा—हिन्दू और मुसलमान गोरखनाथ के बारह सम्प्रदायों में उनसे पूर्वकाल के अनेक बौद्ध, जैन, शैव और शाक्त सम्प्रदाय संगठित हुए थे। उनमें कुछ ऐसे सम्प्रदाय, जो केन्द्र से अत्यन्त दूर पड़ गए थे, मुसलमान हो गए, कुछ हिन्दू। हिन्दी साहित्य की पुस्तकों से ही उस परम शक्तिशाली सामाजिक दबाव का अनुमान होता है। इतिहास में इसका कोई और प्रमाण नहीं है, परन्तु परिणाम देखकर निस्सन्देह इस नतीजे पर पहुँचना पड़ा है कि मुसलमानों के आगमन के समय इस देश में प्रत्येक जनसमूह को किसी-न-किसी बड़े कैम्प में शरण लेनी पड़ी थी। उत्तरी पंजाब से लेकर बंगाल की ढाका कमिश्नरी तक के अर्द्ध-चन्द्राकृति भू-भाग में बसी हुई जुलाहा जाति को देखकर रिजवी ने अनुमान किया था कि इन्होंने कभी सामूहिक रूप से मुसलमानी धर्म स्वीकार किया था।[1] हाल की खोजों से इस मत की पुष्टि हुई है। ये लोग न हिन्दू न, मुसलमान योगी सम्प्रदाय के शिष्य थे।

साहित्य का इतिहास पुस्तकों, उनके लेखकों और कवियों के उद्भव और विकास की कहानी है। वह वस्तुतः अनादि काल-प्रवाह में निरन्तर प्रवहमान जीवित मानव-समाज की ही विकास-कथा है। ग्रन्थ और ग्रन्थकार, कवि और काव्य, संप्रदाय और उसके आचार्य, उस परम शक्तिशाली प्राणधारा की ओर सिर्फ इशारा-भर करते हैं। वे ही मुख्य नहीं हैं। मुख्य है मनुष्य। जो प्राण-धारा नाना अनुकूल-प्रतिकूल अवस्थाओं में बहती हुई हमारे भीतर प्रवाहित हो रही है, उसको समझने के लिए ही हम साहित्य का इतिहास पढ़ते हैं।

---

1. पीपुल्स ऑफ इण्डिया, पृ० 126।

सातवीं-आठवीं शताब्दी के बाद से लेकर तेरहवीं-चौदहवीं शताब्दी का लोक-भाषा का जो साहित्य बनता रहा, वह अधिकांश उपेक्षित है। बहुत काल तक लोगों का ध्यान इधर गया ही नहीं था। केवल लोक-साहित्य ही क्यों, वह विशाल शास्त्रीय साहित्य भी उपेक्षित ही रहा है, जो उस युग की समस्त साहित्यिक और सांस्कृतिक चेतना का उत्स था। कश्मीर का शैव साहित्य, वैष्णव संहिताओं का विपुल साहित्य, पाशुपत शैवों का इतस्ततो विक्षिप्त साहित्य, तत्त्व-ग्रंथ, जैन और बौद्ध अपभ्रंश ग्रंथ अभी केवल शुरू किए गए हैं। श्रेडर ने जमकर परिश्रम न किया होता तो संहिताओं का वह विपुल साहित्य, विद्वत्-मंडली के सामने उपस्थित ही न होता, जिसने बाद में सारे भारतवर्ष के साहित्य को प्रभावित किया है। मेरा अनुमान है कि हिन्दी साहित्य का इतिहास लिखने के पहले निम्नलिखित साहित्यों की जाँच कर लेना बड़ा उपयोगी होगा, जिनकी अच्छी जानकारी के बिना हम न तो भक्तिकाल के साहित्य को समझ सकेंगे और न वीरगाथा या रीतिकाल को:

1. जैन और बौद्ध अपभ्रंश का साहित्य,
2. कश्मीर के शैवों और दक्षिण तथा पूर्व के तांत्रिकों का साहित्य,
3. उत्तर और उत्तर-पश्चिम के नाथों का साहित्य,
4. वैष्णव आगम,
5. पुराण,
6. निबन्ध-ग्रन्थ,
7. पूर्व के प्रच्छन्न बौद्ध-वैष्णवों का साहित्य,
8. विविध लौकिक कथाओं का साहित्य।

जैन अपभ्रंश का विपुल साहित्य अभी तक प्रकाशित नहीं हुआ है। जितना भी यह साहित्य प्रकाशित हुआ है, उतना हिन्दी के इतिहास के अध्ययन की दृष्टि से अत्यन्त महत्त्वपूर्ण है जो इन्दु (योगींद्र) और रामसिंह के दोहों के पाठक स्वीकार करेंगे कि क्या बौद्ध, क्या जैन और क्या शैव (नाथ)—सभी सम्प्रदायों में एक रूढ़ि-विरोधी और अन्तर्मुखी साधना का दाना दसवीं शताब्दी के बहुत पहले बँध चुका था। बौद्ध अपभ्रंश के ग्रंथ भी इसी बात को सिद्ध करते हैं। योगप्रवणता, अन्तर्मुखी साधना और परम प्राप्तव्य का शरीर के भीतर ही पाया जा सकना इत्यादि बातें उस देशव्यापी साधना का केन्द्र थीं। यही बातें आगे चलकर विविध निर्गुण सम्प्रदायों में अन्य भाव से स्थान पा गईं। निर्गुण साहित्य तक ही यह साहित्य हमारी सहायता नहीं करेगा। काव्य के रूपों के विकास और तत्कालीन लोकचिन्ता का भी उससे परिचय मिलेगा। राहुलजी जैसे विद्वान तो स्वयंभू

की रामायण को हिन्दी का सबसे श्रेष्ठ काव्य मानते हैं। यद्यपि वह अपभ्रंश का ही काव्य है तथापि महापुराण आदि ग्रन्थों को जिसने नहीं पढ़ा, वह सचमुच ही एक महान रसस्रोत से वंचित रह गया। रीतिकाल के अध्ययन में भी यह साहित्य सहायक सिद्ध होगा।

कश्मीर का शैव साहित्य अप्रत्यक्ष रूप से हिन्दी साहित्य को प्रभावित करता है। यद्यपि श्री जगदीश बनर्जी और मुकुन्दराम शास्त्री आदि विद्वानों के प्रयत्न से वह प्रकाश में आया है, फिर भी उसकी ओर विद्वानों का जितना ध्यान जाना चाहिए, उतना नहीं गया है। हिन्दी में पं० बलदेव उपाध्याय ने इसके और तन्त्रों के तत्त्ववाद का संक्षिप्त रूप में परिचय कराया है, पर इस विषय पर और भी पुस्तकें प्रकाशित होनी चाहिए। यह आश्चर्य की बात है कि उत्तर का अद्वैत मत दक्षिण के परशुराम कल्पसूत्र के सिद्धान्तों से अत्यधिक मिलता है। साधना की अन्त:प्रवाहित भावधारा ने देश और काल के व्यवधान को नहीं माना।

हिन्दी में गोरखपंथी साहित्य बहुत थोड़ा मिलता है। मध्ययुग में मत्स्येन्द्रनाथ एक ऐसे युग सन्धिकाल के आचार्य हैं कि अनेक सम्प्रदाय उन्हें अपना सिद्ध आचार्य मानते हैं। हिन्दी की पुस्तकों में इनका नाम 'मछंदर' आता है। परवर्ती संस्कृत ग्रन्थों में इसका 'शुद्धीकृत' संस्कृत रूप ही मिलता है। वह रूप है, 'मत्स्येन्द्र', परन्तु साधारण योगी मत्स्येन्द्र की अपेक्षा 'मछंदर' नाम ही ज्यादा पसन्द करते हैं। श्री चन्द्रनाथ योगी जैसे शिक्षित और सुधारक योगियों को इन 'अशिक्षितों' की यह प्रवृत्ति अच्छी नहीं लगी है ('योगिसंप्रदायाविष्कृति', पृ० 448-9); परन्तु हाल की शोधों से ऐसा लगता है कि 'मछंदर' नाम काफी पुराना है और शायद यही सही नाम है। मत्स्येन्द्रनाथ (मछंदर) की लिखी हुई कई पुस्तकें नेपाल दरबार लाइब्रेरी में सुरक्षित हैं, उनमें से एक का नाम है 'कौल-ज्ञान-निर्गुण'। इसकी लिपि को देखकर स्वर्गीय महामहोपाध्याय पं० हरप्रसाद शास्त्री ने अनुमान किया था कि यह पुस्तक नवीं शताब्दी की लिखी हुई है, (नेपाल सूचीपत्र द्वितीय भाग, पृ० 19)। हाल ही में डॉ० प्रबोधचन्द्र बागची महोदय ने उस पुस्तक को मत्स्येन्द्र की अन्य पुस्तकों (अकुल-वीरतंत्र, कुलानन्द और ज्ञानकारिका) के साथ संपादित करके प्रकाशित किया है। इस पुस्तक की पुष्पिका में मच्छघ्न, मच्छंद आदि नाम भी आते हैं। परन्तु लक्ष्य करने की बात यह है कि शैव दार्शनिकों में श्रेष्ठ आचार्य अभिनवगुप्त पाद ने भी मच्छंद नाम का ही प्रयोग किया है और रूपकात्मक अर्थ समझकर उसकी व्याख्या भी की है। उसके मत से आतान-वितान वृत्यात्मक जाल को काट सकने के कारण मच्छंद कहलाए (तन्त्रालोक, पृ० 25) और तंत्रलोक के

टीकाकार जयद्रथ ने भी इसी से मिलता-जुलता एक श्लोक उद्धृत किया है, जिसके अनुसार मच्छ चपल चित्त-वृत्तियों को कहते हैं। उन चपल वृत्तियों का छेदन किया था, इसीलिए वे मच्छंद कहलाए। कबीरदास के सम्प्रदाय में आज भी मत्स, मच्छ आदि का सांकेतिक अर्थ मन समझा जाता है (देखिए कबीर बीजक पर विचारदास की टीका, पृ० 40)। यह परम्परा अभिनवगुप्त तक जाती है। उसके पहले भी नहीं रही होगी, ऐसा कहने का कोई कारण नहीं है। अधिकतर प्राचीन बौद्ध सिद्धों के पदों से इस प्रकार के प्रमाण संग्रह किए जा सकते हैं कि प्रज्ञा ही मत्स्य है (जनरल ऑफ रॉयल एशियाटिक सोसाइटी ऑफ बंगाल, जिल्द 26, 1930 ई० न० 1 टुची का प्रबन्ध)। इस प्रकार यह आसानी से अनुमान किया जा सकता है कि मत्स्येन्द्रनाथ की जीवितावस्था में रूपक के अर्थ में उन्हें मच्छंद कहा जाना नितांत असंगत नहीं है। इन छोटी-छोटी बातों से पता चलता है कि उन दिनों की ये धार्मिक साधनाएँ कितनी अंत:संबद्ध हैं।

यह अत्यन्त खेद का विषय है कि भक्ति-साहित्य का अध्ययन अब भी बहुत उथला ही हुआ है। सगुण और निर्गुण धारा के अध्ययन से ही मध्ययुग के मनुष्य को अच्छा समझा जा सकता है। भागवत-प्रेम मध्ययुग की सबसे जीवंत प्रेरणा रही है। यह भगवत-प्रेम इन्द्रियग्राह्य विषय नहीं है, मन और बुद्धि से भी अतीत समझा गया है। इनका आस्वादन केवल आचरण द्वारा ही हो सकता है। तर्क वहाँ तक नहीं पहुँच सकता, परन्तु फिर भी इस तत्त्व को अनुमान के द्वारा समझने-समझाने का प्रयत्न किया गया है और उन आचरणों की तो विस्तृत सूची बनाई गई है, जिनके व्यवहार से इस अपूर्व भागवत् रस का आस्वादन हो सकता है। आगमों में से बहुत कम प्रकाशित हुए हैं। भागवत के व्याख्यापरक संग्रह-ग्रंथ भी कम ही छपे हैं। तुलसीदास के 'रामचरितमानस' को आश्रय करने भक्ति-शास्त्र का जो विपुल साहित्य बना है, उसकी बहुत कम चर्चा हुई है। इन सबकी चर्चा हुए बिना और इसको जाने बिना मध्ययुग के मनुष्य को ठीक-ठीक नहीं समझा जा सकता।

तांत्रिक आचारों के बारे में हिन्दी-साहित्य के इतिहास की पुस्तकें एकदम मौन हैं, परन्तु नाथमार्ग का विद्यार्थी आसानी से उस विषय के साहित्य और आचारों की बहुलता लक्ष्य कर सकता है। कम लोग जानते हैं कि कबीर द्वारा प्रभावित अनेक निर्गुण सम्प्रदायों में अब भी ये साधनाएँ चली जा रही हैं, जो पुराने तांत्रिकों के पंचामृत, पंचपवित्र और चतुश्चंद्र की साधनाओं के अवशेष हैं। यहाँ प्रसंग नहीं है, इसलिए इस बात को विस्तार से नहीं लिखा गया, परंतु इतना तो स्पष्ट है कि हमारे इस साहित्य के माध्यम

से मनुष्य को पढ़ने के अनेक मार्गों पर अभी चलना बाकी है।

कबीरदास के बीजक में एक स्थान पर लिखा है कि 'ब्राह्मण वैस्नव एकहि जाना' (12वीं ध्वनि)। इससे ध्वनि निकली है कि ब्राह्मण और वैष्णव परस्पर विरोधी मत हैं। मुझे पहले-पहल यह कुछ अजीब बात मालूम हुई। ज्यों-ज्यों मैं बीजक का अध्ययन करता गया, मेरा विश्वास दृढ़ होता गया कि बीजक के कुछ अंश पूर्वी और दक्षिण बिहार के धर्म-वैष्णव सम्प्रदाय उन दिनों उन प्रदेशों में अवश्य रहा होगा, जिसे ब्राह्मण लोग सम्मान की दृष्टि से नहीं देखते होंगे। श्री नगेन्द्रनाथ बसु ने उड़ीसा के पाँच वैष्णव कवियों की रचनाओं के अध्ययन से निष्कर्ष निकाला है कि वे वैष्णव कवि वस्तुतः माध्यमिक मत के बौद्ध थे और केवल ब्राह्मणप्रधान राज्य के भय से अपने को वैष्णव कहते रहे। मैंने अपनी नई पुस्तक 'कबीरपंथी साहित्य' में विस्तारपूर्वक इस बात की जाँच की है। यहाँ प्रसंग केवल यह है कि हिन्दी साहित्य के ग्रंथों का अध्ययन अनेक लुप्त और सुप्त मानव चिन्ता-प्रवाहों का परिचय दे सकता है। केवल पुस्तकों की तिथि-तारीख तक ही साहित्य का इतिहास सीमाबद्ध नहीं किया जा सकता। मनुष्य-समाज बड़ी जटिल वस्तु है। साहित्य का अध्ययन उसकी अनेक गुत्थियों को सुलझा सकता है।

परन्तु इनमें सबसे अधिक आवश्यकता है विभिन्न जातियों, सम्प्रदायों और साधारण जनता में प्रचलित दंतकथाएँ। इनसे हम इतिहास के अनेक भूले हुए घटना-प्रसंगों का ही परिचय नहीं पाएँगे, मध्ययुग के इतिहास को समझाने का साधन भी पा सकेंगे। झारखंड और उड़ीसा तथा पूर्वी मध्यप्रान्त की अनेक लोक-प्रचलित कथाएँ उन अनेक गुत्थियों को सुलझा सकती हैं, जो कबीरपंथ की बहुत गूढ़ और दुरूह बातें समझी जाती हैं। इस ओर बहुत अधिक ध्यान देने की आवश्यकता है। विभिन्न आँकड़ों और नृतत्वशास्त्रीय पुस्तकों में इतस्ततो-विक्षिप्त बातों का संग्रह भी बहुत अच्छा नहीं हुआ है। ये सभी बातें हमारे साहित्य को समझने में सहायक हैं। इनके बिना हमारा साहित्यिक इतिहास अधूरा ही रहेगा।

संस्कृत का साहित्य

संस्कृत-साहित्य से हम क्या सीख सकते हैं? इस प्रश्न का उत्तर देना बड़ा कठिन है। संस्कृत का साहित्य इतना विशाल है कि उसके समूचे रूप को ध्यान में रखकर कोई उत्तर देना आसान नहीं। लगभग छः हजार वर्षों से पंद्रह लाख वर्गमील में बसे हुए करोड़ों मनुष्यों ने कई पीढ़ियों तक इस साहित्य का सृजन किया है और आज भी यह क्रिया बन्द नहीं हुई है। 'साहित्य' शब्द अपने व्यापक अर्थ में जिन विषयों का ज्ञान कराता है, वे सब-के-सब साहित्य में विद्यमान हैं। संसार में इतने दीर्घकाल तक बनानेवाला और इतने विशाल जनसमूह को आंदोलित करनेवाला शायद दूसरा साहित्य नहीं है। इसीलिए इसकी विशेषताओं के सम्बन्ध में जल्दी में कुछ कह देना अनुचित है।

बहुत प्राचीनकाल से ही संस्कृत-साहित्य के दो मोटे विभाग कर लिए गए हैं: (1) वैदिक और (2) लौकिक। ईसवी सन् के आरम्भ में कुछ आगे और कुछ पीछे तक का काल भारतीय इतिहास में बड़ा उथल-पुथल का समय है। इन दिनों यवन, शक, ऋषिक, तुखार, हूण आदि विदेशी लुटेरे आक्रामक बार-बार उत्तरी सीमांत पर आक्रमण करते रहे और कुछ काल के लिए उत्तर भारत का जीवन-क्रम विक्षुब्ध और अस्त-व्यस्त होता रहा। ईसवी सन् के आरम्भ के लगभग सवा दो सौ वर्ष बाद मगध का प्रसिद्ध नगर पाटलिपुत्र चार सौ वर्षों की गाढ़ निद्रा के बाद एकाएक जाग उठा। इन्हीं दिनों चन्द्रगुप्त नामधारी एक साधारण राजकुमार, जिसका विवाह प्रसिद्ध लिच्छवि वंश की राजकुमारी से हुआ था, प्रबल पराक्रम के साथ आक्रमणकारियों की बाढ़ रोकने में समर्थ हुआ। उसके पुत्र समुद्रगुप्त और पौत्र चन्द्रगुप्त (द्वितीय) ने इस बाढ़ के मूल को ही दुर्बल बना दिया। चन्द्रगुप्त (द्वितीय) का साम्राज्य हिमालय से नर्मदा तक फैल गया। इस नूतन

जागरण ने भारतीय जनसमूह में राष्ट्रीयता और विद्या-प्रेम का बीज बोया।

इस युग में राज-कार्य से लेकर समाज, धर्म और साहित्य तक में एक अद्‌भुत क्रान्ति का परिचय मिलता है। ब्राह्मण धर्म और संस्कृत भाषा एकदम नवीन प्राण लेकर जाग उठे। पुराने क्षत्रपों द्वारा व्यवहृत प्रत्येक शब्द को मानो उद्देश्य के साथ बहिष्कृत कर दिया गया। कुषाणों के द्वारा समर्थित गांधार-शैली की कला एकाएक बन्द हो गई और सम्पूर्णतः स्वदेशी मूर्ति-शिल्प और वास्तु-शिल्प की प्रतिष्ठा हुई। राजकीय पदों के नाम नए सिरे से एकदम बदल दिए गए, समाज और जाति की व्यवस्था में भी परिवर्तन किया गया, इस बात का भी सबूत मिलता है। सारा उत्तरी भारत जैसे एक नया जीवन लेकर नई उमंग के साथ अवतरित हुआ। इस काल से भारतीय चिंतन स्रोत एकदम नई दिशा की ओर मुड़ता है। साहित्य की चर्चा करने वाला कोई भी व्यक्ति इस नए घुमाव की उपेक्षा नहीं कर सकता। जिन दो-तीन सौ वर्षों की ओर शुरू में इशारा किया गया है, उनमें भारतवर्ष में शायद विदेशी जातियों के एकाधिक आक्रमण हुए थे, प्रजा संत्रस्त थी, नगरियाँ विध्वस्त हो गई थीं, जनपद आग की लपटों के शिकार हुए थे। कालिदास ने अयोध्या की दारुण दीनावस्था दिखाने के बहाने ही गुप्त सम्राटों के पूर्ववर्ती काल की समृद्ध नगरियों की जो दुर्दशा हुई थी, उसका हृदय-विदारक चित्र खींचा है। शक्तिशाली राजा के अभाव में नगरियों की असंख्य अट्टालिकाएँ भग्नजीर्ण और पतित हो चुकी थीं, उनके प्राचीर ढह गए थे और दिनांतकालीन प्रचंड आँधी के विध्वस्त मेघपटल की भाँति वे श्रीहीन हो गए थे। उसी छिन्न-भिन्न नष्टप्राय भारतवर्ष में गुप्त-सम्राटों ने नए प्राण की प्रतिष्ठा की थी। इस युग का साहित्य उस नवीनता का प्रत्यक्ष साक्षी है। नाना उत्थान-पतनों के आवर्त्त में भारतवर्ष का बहुत-कुछ खो गया, बहुत-कुछ नया प्राप्त हुआ था। उस समूचे का परिचायक साहित्य ही लौकिक संस्कृत का साहित्य है।

सन् 1882 में सिविल सर्विस के अंग्रेज विद्यार्थियों के सामने व्याख्यान देते हुए प्रो० मैक्समूलर ने इसके पूर्ववर्ती वैदिक साहित्य का एक शब्द में बड़ा सुन्दर परिचय दिया था। वह शब्द है अतीत, परे (Transcendent, beyond)। "उससे उस सांत जगत की बात कहो, वह कहेगा, अनंत के बिना सांत जगत निरर्थक है, असंभव है। उससे मृत्यु की बात कहो, वह इसे जन्म कह देगा। उससे काल की बात कहो, वह इसे सनातन तत्त्व की छाया बता देगा? हमारे (यूरोपियनों के) निकट इंद्रिय साधन है। शस्त्र है। ज्ञानप्राप्ति के शक्तिशाली इंजन हैं। किन्तु उसके (वैदिक युग के कवि के) लिए अगर सचमुच धोखा देनेवाले नहीं, तो कम-से-कम सदा ही जबरदस्त

बन्धन हैं, आत्मा की स्वरूपोपलब्धि में बाधक है। हमारे लिए यह पृथ्वी, यह आकाश, यह जीवन, यह जो हम देख सकते हैं और हम छू सकते हैं और जो हम सुन सकते हैं, निश्चित है, ध्रुव है। हम समझते हैं यही, यहीं हमारा घर है, यहीं हमें कर्तव्य करना है, यहीं हमें सुख-सुविधा प्राप्त है, लेकिन उसके लिए यह पृथ्वी एक ऐसी चीज है, जो किसी समय नहीं थी और ऐसा भी समय आएगा जब यह नहीं रहेगी। यह जीवन एक छोटा-सा सपना है, जिससे शीघ्र ही हमारा छुटकारा हो जाएगा, हम जाग जाएँगे। जो वस्तु औरों के निकट नितांत सत्य है, उससे अधिक असत्य उसके निकट और कुछ है ही नहीं और जहाँ तक उसके घर का सम्बन्ध है, वह निश्चित जानता है कि वह चाहे और जहाँ कहीं भी हो, इस दुनिया में नहीं है।'' संक्षेप में वैदिक साहित्य का यही परिचय है। लौकिक संस्कृत का साहित्य बनते समय ये विचार दृढ़ भाव से प्रतिष्ठा प्राप्त कर चुके थे। कर्मफल अवश्य मिलेगा, मनुष्य का जीवन यहीं तक समाप्त नहीं होता। उसकी आत्मा सनातन है। किए का फल भोगना पड़ता है; इस जन्म में भी नहीं तो उस जन्म में। उसमें भी नहीं तो और आगे, परन्तु यह हिसाब यहीं चुक नहीं जाता।

आज के भारतीय धर्म-समाज, आचार-विचार, क्रिया-कांड आदि में सर्वत्र गुप्तकालीन साहित्य की अमिट छाप है। जो पुराण और स्मृतियाँ निस्संदिग्ध रूप से आज प्रमाण मानी जाती हैं, वे अन्तिम तौर पर गुप्त-काल में ही संपादित हुई थीं। जो काव्य और नाटक गुप्त-काल में रचे गए थे, वे आज भी भारतवर्ष का चित्त-हरण किए गए हैं। जो शास्त्र उन दिनों प्रतिष्ठित हुए थे, वे आज भी भारतीय चिंतन-स्रोत को बहुत-कुछ गति प्रदान कर रहे हैं। आज गुप्त-काल के पूर्ववर्ती शास्त्र और साहित्य की भारतवर्ष केवल श्रद्धा और भक्ति से पूजा कर सकता है, व्यवहार के लिए उसने गुप्त-काल के निर्धारित ग्रंथों को ही स्वीकार किया है। गुप्त-युग के बाद भारतीय मनीषा की मौलिकता भोथरी हो गई। टीकाओं और निबन्धों का युग शुरू हो गया। टीकाएँ भी छः-छः, आठ-आठ पुश्त तक चलती रहीं। आज जब हम किसी विषय की आलोचना करते समय अपने यहाँ के शास्त्रों की दुहाई देते हैं, तो अधिकतर इसी काल के बने ग्रन्थों की ओर इशारा करते हैं। यद्यपि गुप्त-सम्राटों का प्रबल पराक्रम छठी शताब्दी में ढीला पड़ गया था, पर साहित्य के क्षेत्र में उस युग के स्थापित आदर्शों का प्रभाव किसी रूप में ईसा की नवीं शताब्दी तक चलता रहा।

संस्कृत-साहित्य की एक सरसरी निगाह से देखने पर हजारों वर्षों से निरंतर प्रवहमान मानव-चिन्तन का विराट स्रोत प्रत्यक्ष दिखाई दे जाता है।

हम हजारों वर्ष के मनुष्य के साथ एकसूत्र में आबद्ध हो जाते हैं। कितने संघर्षों के बाद मनुष्य-समाज ने यह रूप ग्रहण किया है! विशाल शत्रुवाहिनी क्षुधित वृकराजि के समान इस महादेश में आई है, उसका प्रचंड प्रतापानल थोड़े ही दिनों में फेन बुद्‌बुद्‌ के समान विलीन हो गया है। बड़े-बड़े धर्म-मत शाश्वत शांति का संदेश लेकर आए और मनुष्य की दुर्बलताओं के आवर्त्त में न जाने किधर बह गए हैं। दुर्दान्त राजशक्तियाँ मेघ-घटा की भाँति घुमड़कर आईं और अचानक आए हुए प्रचंड वायु के झोंके से न जाने कहाँ विलीन हो गई हैं? संस्कृत-साहित्य हमें इतिहास की कठोर वास्तविकताओं के सामने खड़ा कर देता है। मनुष्य अन्त तक अजेय है, उसकी प्रगति रुक नहीं सकती। उतावली बेकार है। सब कुछ आज ही समाप्त नहीं हो जाता। चार दिन की शक्ति पर अभिमान करना व्यर्थ है—'सब ठाठ पड़ा रह जाएगा जब लाद चलेगा बनजारा!'

हम लोग आज अपने जल्दी से लिखे हुए उथले विचारों को छपा डालने के लिए हास्यास्पद ढंग से व्यग्र हो जाते हैं। कभी-कभी पत्रिकाओं के मुखपृष्ठ पर कविता छापने के लिए मजेदार लड़ाइयाँ भी हो जाती हैं! कवि लोग रुपए के बल पर काव्य-जगत में यशस्वी होने का प्रयत्न करते भी देखे गए हैं। संस्कृत-साहित्य का इतिहास निर्मल वैरागी की भाँति सावधान कर देता है कि यह सब बालिश (बच्चों का-सा) प्रयत्न है। दुर्वार काल-स्त्रोत सबको बहा देगा। सुनहले अक्षरों में छपी हुई पोथियाँ उस स्त्रोत के थपेड़ों को बरदाश्त करने की शक्ति नहीं रखतीं। वही बचेगा, जिसे मनुष्य के हृदय में आश्रय प्राप्त होगा। कितने राजकवि विलीन हो गए, कितने शौकीन नाटककार अन्तर्हित हो गए! बच रहे हैं कालिदास और भवभूति, व्यास और वाल्मीकि, बाण और जयदेव! मनुष्य को काल के विस्तीर्ण मैदान को पार करना है। वह व्यर्थ का जंजाल ढोता नहीं चलेगा। बहुत-कुछ फेंक देगा, बहुत-कुछ गिर जाएगा। बचेगा वही जो उसके हृदय में रक्त से मिला हुआ होगा। ये लेख, ये पत्रिकाएँ, ये सुनहरी पोथियाँ सब दिल बहलाने के बाल-प्रयत्न हैं। इनके लिए झगड़ना भी बाल-प्रयत्न ही है!

डॉक्टर केर्न ने आश्चर्य के साथ लिखा कि संस्कृत के ग्रंथकारों को अपना परिचय छिपाने की विचित्र आदत है। न जाने कितनों ने अपनी अत्यन्त महत्त्वपूर्ण पुस्तकों को देवताओं और ऋषियों के नाम लिख दिया है! यूरोप में अपना नाम पुस्तक के साथ रखकर अमर होने की प्रवृत्ति हास्यास्पदता तक पहुँच गई थी। संस्कृत का साहित्यकार इस माया को सहज ही काट सकता था। सूर्य-सिद्धान्त का लेखक ज्योतिष का अद्‌भुत पंडित था, परन्तु उसका नाम हमें नहीं मालूम। आज के हिन्दी लेखक इस बात से कुछ सीख सकते हों तो बहुत बुरा नहीं होगा। संस्कृत का लेखक वक्तव्य वस्तु के प्रति

अद्भुत संयम और निष्ठा का परिचय देता है। जब वह पराशर और वशिष्ठ के नाम पर पुस्तक लिखता है तो उसका कर्त्तव्य अत्यन्त पवित्र हो जाता है। वह किसी प्रकार इन नामों के साथ लघुता को नहीं जुड़ने देगा। इसलिए जान लड़ाकर वक्तव्य वस्तु को सर्वोत्तम रूप देने का प्रयत्न करेगा। यही कारण है कि संस्कृत के समूचे साहित्य में हलके भाव से किसी बात की चर्चा नहीं मिलेगी। संस्कृत कवि और ग्रंथकार के बन्धन अनेक हैं। उन समस्त बन्धनों के भीतर से स्वानुभूत सत्य को प्रकाशित करने के लिए कठोर संयम और मानसिक अनुशासन की आवश्यकता थी। संस्कृत के विशाल भंडार में जितने ग्रंथ हैं, उनमें से प्रत्येक के लेखक ने इन गुणों का परिचय दिया है। अध्ययन को पुराना भारतीय पवित्र तप माना करता था। शायद समूचे जगत के आधुनिक साहित्यकार इस विषय में संस्कृत लेखक से कुछ-न-कुछ अवश्य सीख सकते हैं।

संस्कृत-ग्रंथकार ने अपने युग के समस्त ज्ञान-विज्ञान को अपनी भाषा में ले जाने का प्रयत्न किया था। 'म्लेच्छ' समझकर जिन्हें वह कोई भी सम्मान नहीं दिया करता था, उन लोगों के पास भी यदि कोई काम की चीज मिल गई तो वह लेने में नहीं हिचकता था। यवनों (ग्रीकों) को वह म्लेच्छ समझता था, पर चूँकि ज्योतिषशास्त्र का उन्हें अच्छा ज्ञान था, इसलिए उन्हें ऋषिवत् पूज्य समझने में उसे कोई संकोच नहीं हुआ:

म्लेच्छा ही यवनास्तेषु
सम्यक् शास्त्रमिदं स्थितम्।
ऋषिवत्तेऽपि पूज्यते
किं पुनर्दैवविद् द्विजः॥

अपने देश की प्राकृत-पालि आदि भाषाओं में जो कुछ श्रेष्ठ और रमणीय था, उसे उसने बड़ी निष्ठा के साथ अपने भंडार में सुरक्षित किया। कुछ लोगों को भ्रम है कि बौद्ध, जैन आदि धर्मों की उत्तम पोथियाँ संस्कृत में नहीं हैं। यह गलत धारणा है। संस्कृत छाया, टीका, भाष्य आदि के रूप में और मौलिक रूप में भी इन धर्मों के ग्रंथों को संस्कृत में सुरक्षित किया गया है। सुप्रसिद्ध चीनी यात्री ह्वेनसांग, स्थविरवाद महासांधिक, महीशास्त्रक आदि विभिन्न बौद्ध संप्रदायों के 593 ग्रन्थ अपने साथ चीन ले गए थे, जिनमें अधिकांश संस्कृत में लिखे गये, संस्कृत का साहित्यकार ज्ञान को अत्यन्त पवित्र वस्तु मानता है, उसे संयम और निष्ठा के साथ संकलन करने में उसे न संकोच है, न जल्दी है, न उतावली है, न दुविधा है। वह दृढ़ भाव से ज्ञान के अमृत का अन्वेषी है, क्योंकि उसके रोम-रोम

में यह मन्त्र रमा हुआ :

'नहिं ज्ञानेन सदृशं पवित्रमिह विद्यते'

'ज्ञान के समान पवित्र वस्तु कुछ भी नहीं है।'

संस्कृत का साहित्य वह उच्च गिरिशृंग है, जिस पर चढ़कर मनुष्य काल के सुदीर्घ स्रोत को बड़ी दूर तक देख सकता है। इस महानद के तट पर मनुष्य के उत्थान और पतन के अनेक चिह्न दिखाई देते हैं। जैसे नदी की प्रत्येक बूँद दूसरे को ठेलकर अविराम प्रवाह पैदा करती है, वैसे ही मनुष्य-जाति के अनेक व्यक्ति और व्यक्तिपुंज इस मानव-प्रवाह को निरंतर आगे ठेलते गए हैं। संस्कृत का साहित्य हमें बताता है कि विपत्ति और कष्ट आते हैं और चले जाते हैं, समृद्धि और धनाढ्यता फेन बुद्बुद के समान काल-स्रोत में उत्पन्न होती है और विलीन हो जाती है, साम्राज्य और धर्मराज्य उठते हैं और गिर जाते हैं, परन्तु मनुष्य फिर भी बचा रहता है। शताब्दियों की यात्रा से वह क्लांत नहीं होता। चलना और आगे बढ़ना उसका स्वाभाविक धर्म है। इतिहास-विधाता की अज्ञात योजना का ठीक-ठीक स्वरूप हम नहीं जानते, पर संस्कृत का साहित्य उच्च स्वर से पुकारकर कहता है कि वह योजना मंगल की ओर अग्रसर हो रही है। युद्ध और विग्रह केवल उस जय-यात्रा में क्षणिक विक्षोभ भले ही पैदा कर दें, परन्तु उस मंगल-यात्रा को रोक नहीं सकते।

पुरानी पोथियाँ

इस देश में दीर्घकाल से लिखने की प्रथा प्रचलित है; परन्तु जलवायु की अनुकूलता न होने के कारण पोथियाँ बहुत दिनों तक नहीं टिक पायीं। यही कारण है कि इस देश में बहुत पुराने जमाने की लिखी पोथियाँ नहीं मिलतीं। फिर भी ऐसी पोथियाँ कम नहीं मिली हैं, जिनका नाना दृष्टियों से बड़ा महत्त्व है। साधारण जनता इनका महत्त्व नहीं जानती और इसीलिए बहुत-सी पोथियाँ नष्ट हो जाती हैं। पोथियों के संग्रह और उद्धार का कार्य अभी शुरू ही हुआ समझना चाहिए, फिर भी विदेशी तथा देशी विद्वानों ने अनेक ग्रंथों का उद्धार किया है। इन पोथियों में से कुछेक अत्यन्त मूल्यवान पोथियों का पंसारियों की दुकानों से, गूदड़खानों के चिथड़ों से, कबर खोदनेवालों से और कभी-कभी सिगार के लिए पन्ना जलाते हुए सैनिकों से उद्धार किया गया है। अब भी देश के नाना भागों में नाना भाव से पुरानी पोथियाँ सड़ रही हैं। उनकी ओर जनता की दृष्टि का जाना नितांत वांछनीय है। श्री-निकेतन के ग्राम-कार्यकर्त्ताओं को एक बार एक उजाड़ घर में से बहुत से पुराने ताड़पत्रों का बंडल प्राप्त हुआ, जिसमें अनेक प्राचीन पुस्तकों के पन्ने थे। दुर्भाग्यवश इस बंडल का अधिकांश भाग सड़कर नष्ट हो चुका था। गाँव के लोगों में पुरानी पोथियों के बारे में अनेक अंधविश्वास प्रचलित हैं। उनकी कहीं पूजा होती है और कहीं-कहीं छूने में भी डर का अनुभव किया जाता है।

अब तक हिन्दुस्तान की सबसे अधिक प्राचीन पुस्तकें जो मिली हैं, वे या तो भोजपत्र पर लिखी हुई हैं या तालपत्र पर। साधारणत: यह विश्वास किया जाता है कि इस देश में कागज पर पुस्तकों के लिखने का प्रचलन बाद में हुआ है। कहा जाता है कि चीनवालों ने सन् 105 ई० में पहले-पहल कागज बनाया था। परन्तु उसके करीब साढ़े चार सौ वर्ष पहले का एक

प्रमाण ऐसा भी मौजूद है, जिससे साबित होता है कि हिन्दुस्तानी लोग भी रुई के चिथड़ों को कूटकर कागज बनाया करते थे। सिकंदर के निआर्कस नामक सेनापति ने लिखा है कि हिन्दुस्तान के लोग रुई के चिथड़ों को कूटकर लिखने की चीज बनाते हैं। स्पष्ट ही यह चीज कागज रही होगी, पर कुछ यूरोपियन 'पंडितों' की व्याख्या यह है कि यह वस्तु कागज नहीं, बल्कि कपड़े का 'पट' जैसी कोई चीज होगी, जो आज भी हिन्दुस्तान में कम नहीं बनती। परन्तु मैक्समूलर जैसे प्रामाणिक विद्वान् को यह व्याख्या नहीं जँची थी। उन्होंने निआर्कस के कथन का अर्थ कागज ही समझा था। वस्तुतः 'पट' रूई को कूटकर नहीं बनाया जाता, परन्तु इतना तो निश्चित ही है कि अभी तक कागज पर लिखी हुई कोई इतनी पुरानी प्रति नहीं मिली है जिससे निस्संदेह रूप से प्रमाणित किया जा सके कि निआर्कस के कथन का अर्थ कागज ही था। कागज पर लिखी सबसे पुरानी प्रति आज से लगभग डेढ़ हजार वर्ष पहले की है।

वस्तुतः तालपत्र और भोजपत्र ही पुरानी पोथियों के लिखने की सामग्री रहे हैं, दोनों ही इस देश में मिलते हैं और रुई के कागज की अपेक्षा सहज ही उपलभ्य हैं और सस्ते भी होते हैं। इन दो साधनों की प्रचुरता और सुलभता के कारण कागज का बहुत अधिक प्रचार इस देश में नहीं हुआ था। पुरानी पोथियों में से अधिकांश भोजपत्र और ताड़ के पत्तों पर लिखी पाई गई हैं। सोने, चाँदी और ताँबे के पत्तरों पर भी अमीर लोग पुस्तकें लिखवाते थे, पर वह केवल शौकीनी-भर ही थी। हाँ, चमड़े पर, पट पर, काठ के पट्ट पर और सबसे बढ़कर पत्थरों पर लिखने की प्रथा कम नहीं थी। कालस्रोत ने अब केवल अंतिम प्रकार के पुराने लेख बचने दिए हैं। ईसवी सन् की 5वीं शताब्दी के बाद सब प्रकार के ग्रंथ कुछ न कुछ मिल जाते हैं।

सन् 1784 ई० में सर विलियम जोन्स ने 'एशियाटिक सोसाइटी ऑफ बंगाल' नाम की प्रसिद्ध साहित्य सभा का संघटन किया था। तब से पुरानी पोथियों का नए सिरे से अन्वेषण हुआ। कोलब्रुक नामक पंडित ने इस दिशा में महत्त्वपूर्ण कार्य किया। उन्होंने 10 हजार पौंड इस कार्य के लिए खर्च किए थे। तब से अनेक देशी और विदेशी विद्वान् इस कार्य में जुट पड़े, परन्तु इस समस्त प्रयत्न का फल यह हुआ कि अधिकांश पुरानी पोथियाँ इस देश से हटकर यूरोप के देशों को पहुँच गईं। आज से लगभग आधी शताब्दी पहले आफ्रेख्ट नामक पंडित ने संस्कृत ग्रंथों की छपी और अनछपी सूचियों और खोज-रिपोर्टों के आधार पर संस्कृत की प्राप्त पोथियों का एक लेखा तैयार किया था। यह कार्य बड़े परिश्रम से किया गया था

और यद्यपि आज यह बहुत पुराना पड़ गया है, फिर भी इसकी प्रामाणिकता में विश्वास किया जाता है। आफ्रेख्ट ने इंडिया ऑफिस के संग्रह के प्रसंग में कोलब्रुक, विटकिंस टेलर, गायकवाड़, जानसन, फ्लीट, वेलेंटाइन, बरनेल और मेकेंजी आदि प्रसिद्ध ग्रन्थ-संग्राहकों की चर्चा की है। बाद में कीथ ने इन ग्रन्थों का वर्गीकरण किया था। उन्होंने आफ्रेख्ट, बरनेल, मेकेंजी, हडसन और टैगोर के संग्रह को ज्यादा महत्त्वपूर्ण समझा था; परन्तु अन्य अनेक विद्वानों के संग्रह इनसे भी अधिक महत्त्वपूर्ण हैं। नाना भाव से इन्हें संग्रह किया गया है। हिन्दी-जगत् के सुपरिचित विद्वान् राहुल सांकृत्यायन ने तिब्बत से बहुमूल्य ग्रन्थों का संग्रह किया हैं, जो पटना संग्रहालय में सुरक्षित है।

इन पुस्तकों के संग्रह का इतिहास बड़ा मनोरंजक है। बहुत-सी पुस्तकें तो दाम देकर खरीदी गई हैं, कुछ विचित्र ढंग से प्राप्त हुई हैं। बरनेल ने लिखा है कि दीवानी मुकदमे में लगभग पाँच सौ पुरानी पोथियाँ प्रमाण के लिए नत्थी कर दी थीं। मेकेंजी मद्रास में भारत सरकार के सर्वेयर थे। सर्वे करने के प्रसंग में उन्हें बहुत-सी प्राचीन पोथियाँ मिल गई थीं। बाबर पुरानी पोथियों के इतिहास के सिलसिले में अमर हो गए हैं। उनके नाम के साथ कुछ अत्यन्त प्रामाणिक पुस्तकों का इतिहास जड़ित है। वह कूच में ब्रिटिश रेजिडेंट थे। सन् 1880 ई० में दो तुर्कों ने उन्हें भोजपत्र पर लिखी हुई कुछ पोथियाँ दिखाईं, जो उन्हें एक विध्वस्त बौद्ध स्तूप में मिली थीं। बुद्धिमान रेजिडेंट ने उन्हें खरीदकर बंगाल की एशियाटिक सोसाइटी को भेज दिया। सोसाइटी की ओर से प्रसिद्ध पंडित हॉर्नेल ने इनकी जाँच की तो ये चौथी-पाँचवीं शताब्दी की साबित हुईं। इन पोथियों ने संस्कृत-साहित्य के इतिहास में क्रांति कर दी। बहुत-सी पुस्तकों का काल-निर्णय आसानी से हो गया। 'बाबर मैनुस्क्रिप्ट्स' संस्कृत-साहित्य के इतिहास में एक निश्चित सीमारेखा की ओर इशारा करती हैं। सन् 1886 ई० में जब उत्तरी बर्मा दखल किया गया तो वहाँ के राजप्रासाद के विशाल पुस्तकागार की पोथियों के पन्नों से सैनिक लोग सिगरेट जला रहे थे! प्रो० मियानेफ के अथक प्रयत्नों से वह अग्निकांड समाप्त हुआ और कुछ पुस्तकें बचाई जा सकीं।

अब तक संस्कृत की सबसे पुरानी पोथियाँ जो मिल सकी हैं, उनमें सर्वाधिक प्राचीन पुस्तक एक तालपत्र पर लिखी हुई है। पंडितों का अनुमान है कि इनकी लिखावट दूसरी शताब्दी की है। यह एक नाटक का कुछ त्रुटि अंश है। इसे डॉ० लूडर्स ने (कीलहार्न संस्कृत टेक्स्ट भाग-1) छपवाया है। फिर 'संयुक्तागम' नामक बौद्ध सूत्र है, जो भोजपत्र पर लिखा हुआ पाया गया है। यह डॉक्टर स्टाइन को खोतान प्रदेश में मिला था।

इसकी लिखावट से विद्वानों ने इसका लिपि-काल ईसवी सन् की चौथी शताब्दी माना है। ईसवी सन् की पाँचवीं शताब्दी की कुछ पोथियाँ ऐसी भी मिली हैं, जो कागज पर लिखी गई हैं। ये पुस्तकें यारकंद शहर से 60 मील दक्षिण में किसी स्थान से प्राप्त की गई हैं। कागज पर लिखी हुई संस्कृत की सबसे प्राचीन पुस्तकें यही बताई जाती हैं। इन तथा अन्य अनेक प्राचीन पुस्तकों से केवल पुस्तकों की लिपि निश्चय करने में ही सहायता नहीं मिली है, बल्कि अन्य अनेक बातों के अध्ययन में भी सहायता मिली है और पूर्ववर्ती इतिहासज्ञों की अनेक भ्रांत धारणाओं का निराकरण भी हुआ। इन पुस्तकों ने भारतवर्ष के साथ बाहरी दुनिया के सम्बन्ध-निर्णय में बहुमूल्य सहायता पहुँचाई है।

अंग्रेजों के इस देश में आने के पहले एक प्रकार से प्राचीनतर विद्याओं के लिए अंधकार युग हो चला था। यहाँ के प्राचीन शास्त्रों के मर्मज्ञ सात-आठ सौ वर्षों तक की पुरानी लिपियों को यथाकथंचित्त पढ़ लेते थे, परन्तु पुरानी लिपियों का पढ़ना एकदम भूल चुके थे। चौदहवीं शताब्दी में फिरोजशाह तुगलक ने बड़े परिश्रम से टोपरा और मेरठ से अशोक के लेखवाले दो विशाल स्तंभ उठवा मँगवाए थे, परन्तु उन दिनों उस लिपि को पढ़नेवाला कोई पंडित नहीं मिला। सम्राट अकबर भी इन लेखों का आशय जानना चाहते थे, परन्तु भारतवर्ष में प्राचीन लेखों के पढ़ने की विद्या लुप्त ही हो गई थी। सर विलियम जोन्स ने अशोक की लिपियों की छाप बनारस के तत्कालीन हाकिम के पास भेजी कि वहाँ के किसी पंडित से पढ़वाएँ। एक पंडित ने उस लेख को युधिष्ठिर के गुप्त बनवास का लेख कहकर पढ़ दिया और पुरानी लिपियों की एक जाली पोथी भी तैयार कर दी। बहुत दिन तक उस जाली पोथी ने शोधप्रिय पंडितों को गुमराह किया। सन् 1834 ई० में कप्तान ट्रायर ने प्रयागवाले अशोक-स्तम्भ पर खुदे हुए समुद्रगुप्त के लेख का कुछ अंश पढ़ा, जिसे उसी साल डॉक्टर मिल ने पूरा पढ़ लिया। गाजीपुर जिले में सैदपुर-भीतरी नामक गाँव के पास एक स्तम्भ है, जिस पर स्कंदगुप्त ने एक लेख लिखवाया था। सन् 1837 ई० में डॉक्टर मिल ने उस समूचे लेख को पढ़ लिया था। इस प्रकार गुप्त-लिपि पढ़ ली गई। परन्तु ब्राह्मी लिपि फिर भी दुर्बोध ही समझी जाती रही। जिस साल कप्तान ट्रायर और डॉक्टर मिल ने गुप्त लिपि पढ़ डाली थी, उसी साल जेम्स प्रिंसेप ने ब्राह्मी-लिपि को पढ़ने का कठिन प्रयत्न किया। उन्होंने इलाहाबाद, रधिया, मधिया और दिल्लीवाले लेखों को मिलाकर यह निष्कर्ष निकाला कि ये चारों लेख एक ही लिपि के हैं। फिर उन्होंने गुप्त-लिपि से मिलते अक्षरों को छाँटा और ब्राह्मी-लिपि के कई अक्षर पढ़ लिए। बाद में रेवरेंड जेम्स

स्टीवेन्सन, लासन आदि पंडितों की सहायता और उद्योग से पूरी ब्राह्मी वर्णमाला पढ़ी जा सकी। ब्राह्मी-लिपि के पढ़े जाने के बाद भारतवर्ष की अन्य लिपियों का पढ़ना बहुत सुगम हो गया। एक खरोष्ठी लिपि में जरूर समय लगा, परन्तु हमारे आज के प्रसंग में उस लिपि का बहुत थोड़ा ही सम्बन्ध है। इसलिए उसके बारे में हम विशेष कुछ नहीं कहेंगे। एक बार पुरानी लिपियों की जानकारी होते ही भारतीय इतिहास की अनेक महत्त्वपूर्ण सामग्रियाँ जाँची जाने लगीं। सिक्के पढ़े गए, शिलालेख जाँचे गए, पुरानी पोथियाँ पढ़ी गईं और दानपत्रों के रहस्य उद्‌घाटित हुए। प्रत्येक शताब्दी और प्रत्येक प्रदेश की लिपि विषयक विशेषताएँ समझ ली गईं और यह सिलसिला आज भी चल रहा है। यद्यपि पुरानी लिपियों के पढ़नेवालों में विदेशी पंडितों का प्रयत्न ही प्रमुख रहा है, तथापि यह नहीं समझना चाहिए कि उन्होंने देशी पंडितों की सहायता के बिना ही यह कठिन कार्य किया था। गुप्त-लिपि और ब्राह्मी-लिपि के पढ़ने में अनेक अज्ञात और विस्मृत देशी विद्वानों ने बहुमूल्य सहायता पहुँचाई थी।

भोजपत्र हिमालय प्रदेश में पैदा होनेवाले 'भूर्ज' नामक वृक्ष की छाल है। इनकी ऊँचाई कभी-कभी 60 फीट तक जाती है। हिमालय में साधारणत: 14000 फीट की ऊँचाई पर ये बहुतायत से पाए जाते हैं। इनकी छाल कागज की भाँति होती है। इस छाल को लेखक लोग अपनी इच्छानुसार लम्बाई-चौड़ाई की काटकर उस पर स्याही से लिखते थे। अब तो यह केवल तंत्र-मंत्र के काम ही आता है, पर किसी जमाने में कश्मीर तथा हिमालय प्रदेशों में भूर्जपत्र पर ही पोथियाँ लिखी जाती थीं। अधिकतर भूर्जपत्र की पुस्तकें कश्मीर से ही मिलती हैं। भोज-पत्र की सबसे पुरानी पुस्तक खरोष्ठी लिपि में लिखा हुआ प्राकृत (पालिवाला नहीं) 'धम्मपद' नामक प्रसिद्ध ग्रंथ है, जो संभवत: ईसवीं सन् की तीसरी शताब्दी का है। सबसे पुरानी संस्कृत-पुस्तक जो भोजपत्र पर लिखी मिली है, वह 'संयुक्तागम सूत्र' है, जिसकी चर्चा पहले ही की जा चुकी है। खरोष्ठीवाली पुस्तक का काल निश्चित् रूप से नहीं कहा जा सकता। वह खोतान से प्राप्त हुई थी। कश्मीर और उत्तरी प्रदेशों के सिवा अन्यत्र भूर्जपत्र की पोथियों का बहुत अधिक प्रचार नहीं था। निचले मैदानों में ताड़ के पत्ते प्रचुर मात्रा में उपलब्ध होते थे। वे भूर्जपत्र की अपेक्षा टिकाऊ भी होते हैं और सस्ते तो होते ही हैं। इसीलिए मैदानों में तालपत्र का ही अधिक प्रचार था।

तालपत्र को उबालकर शंख या किसी अन्य चिकने पदार्थ से रगड़कर उन्हें गेल्हा जाता था। गेल्हने के बाद लोहे की कलम से उन पर अक्षर कुरेद दिए जाते थे, फिर काली स्याही लेप दी जाती थी, जो उन गड्ढों में भर

जाती थी और चिकने अंश पर पोंछ दी जाती थी। लोहे की कलम से कुरेदने की यह प्रथा दक्षिण में ही प्रचलित थी। उत्तर भारत और पूर्व भारत में उन पर उसी प्रकार लिखा जाता था, जिस प्रकार कागज पर लिखा जाता था। इन पत्तों का आकार कभी-कभी दो फीट तक होता है। शांतिनिकेतन के संग्रहालय में दोनों प्रकार की प्रतियाँ संगृहीत हैं। कुछ में केवल अक्षर कुरेदकर छोड़ दिए गए हैं, और कुछ में स्याही भरी गई है। संस्कृत में 'लिख' धातु का अर्थ कुरेदना ही है। 'लिपि' शब्द जो लिखावट के लिए प्रचलित हुआ है, इसका कारण स्याही का लेपना ही है। इन पत्रों में लिखने की जगहों के बीचोबीच एक छेद हुआ करता था। यदि पत्ते बहुत लम्बे हुए तो दो छेद बनाए जाते थे और इन छेदों में धागा पिरो दिया जाता था। बाद में कागज पर लिखी पोथियों में भी छेद के लिए जगह छोड़ दी जाती थी जो वस्तुतः छिद्रित नहीं हुआ करती थी। सूत्र में ग्रथित होने के कारण ही पोथियों के लिए 'ग्रन्थ' शब्द प्रचलित हुआ। भाषा में 'सूत्र मिलना' जो मुहावरा प्रचलित है, उसका मूल पोथियों के पत्रों को ठीक-ठीक सँभाल रखनेवाला यह धागा ही जान पड़ता है। हमने ऊपर तालपत्र की सबसे पुरानी पोथी की चर्चा की है। काशगर से कुछ चौथी शताब्दी के लिखे हुए तालपत्र के ग्रन्थों के त्रुटित अंश भी उपलब्ध हुए हैं। सबसे मजेदार बात यह है कि तालपत्र की लिखी हुई जो पूरी पुस्तकें हैं, वे जापान के होरियूजि मठ में सुरक्षित हैं। इनके नाम हैं—'प्रज्ञापारमिता हृदयसूत्र' और 'उष्णीश विजयधारिणी'। इनकी लिखावट से अनुमान किया गया है कि ये पोथियाँ ईसवी सन् की छठी शताब्दी के आसपास लिखी गई होंगी।

भूर्जपत्र और तालपत्र की अपेक्षा भी अधिक स्थायी वस्तु पत्थर है। नाना प्रकार से पत्थरों पर लेख खोदकर इस देश में सुरक्षित रखे गए हैं। कभी-कभी बड़ी-बड़ी पोथियाँ भी चट्टानों और भित्तिगात्रों की शिलाओं पर खोदी गई हैं। बहुत-सी महत्त्वपूर्ण पोथियों का उद्धार सिर्फ शिला-लिपियों से ही हुआ है। अशोक के शिलालेख तो विख्यात ही हैं। बहुत पुराने जमाने में भी पर्वत-शिलाओं पर उट्टंकित ग्रंथों से क्रान्तिकारी परिणाम निकले हैं। कश्मीर का विशाल उद्वैत शैव मत जिस 'शिवसूत्र' पर आधारित है, वह पर्वत की शिला पर उट्टंकित था। शिलागात्रों पर उत्कीर्ण लिपियों ने साहित्य के इतिहास की भ्रांत धारणाओं को दूर किया है। सन् 1883 ई० में मैक्समूलर ने अपना वह प्रसिद्ध मत उपस्थित किया था, जिसके आधार पर संस्कृत-साहित्यविषयक अनेक कल्पनाएँ प्रतिष्ठित हुई थीं। इस मत के अनुसार शकों, यवनों और पार्थियनों द्वारा बार-बार आक्रांत होते रहने के कारण कुछ समय के लिए संस्कृत-साहित्य का बनना एकदम बंद हो गया

था। बाद में चलकर गुप्त सम्राटों की छत्रच्छाया में उसे फिर से नया जीवन मिला और उसमें ऐतिहासिक स्वर सुनाई देने लगा। इस मत को महाक्षत्रप रुद्रदामा के गिरनार वाले लेख ने एकदम निरस्त कर दिया। इस लेख से निस्संदिग्ध रूप से प्रमाणित हो गया कि सन् 150 ई० के पूर्व संस्कृत में सुन्दर अलंकृत गद्यकाव्य लिखे जाते थे। यह सारा लेख ही गद्य-काव्य का एक उत्तम नमूना है। इस महाक्षत्रप ने अपने को 'स्फुट-लघु-मधुर चित्र-कांत-शब्द-समयोदाज्ञलंकृत गद्य-पद्य' का मर्मज्ञ बताया था। सम्राट समुद्रगुप्त ने प्रयाग के स्तंभ पर हरिषेण कवि द्वारा रचित जो प्रशस्ति खुदवाई थी, वह भी पद्य और गद्य-काव्य का उत्तम नमूना है। हरिषेण ने इसे संभवतः 530 ई० में लिखा होगा। अब तो सैकड़ों ललित काव्य और कवियों का पता शिला-लिपियों से चला है। इन काव्यात्मक प्रशस्तियों के अनेक संग्रह भी प्रकाशित हुए हैं।

इस प्रसंग में राजा भोज के अपने प्रासाद भोजशाला से उद्धार की गई एक नाटिका और एक प्राकृत काव्य की चर्चा मनोरंजक होगी। इस भोजशाला की सरस्वती-कंठाभरणं नामक पाठशाला आजकल धार की कमालमौला मस्जिद के नाम से वर्तमान है। सन् 1905 ई० में एजुकेशनल सुपरिंटेंडेंट मिस्टर लेले ने प्रो० हच को खबर दी कि धार की कमालमौला मस्जिद का मिहराब टूट गया और उसमें से कई पत्थर खिसककर निकल आए हैं, जिन पर नागरी अक्षरों में कुछ लिखा हुआ है। इन पत्थरों को उलटकर इस प्रकार जड़ दिया गया था कि लिखा हुआ अंश पढ़ा न जा सके। जब पत्थर खिसककर टूट गिरे तो उनका पढ़ना संभव हुआ। परीक्षा से मालूम हुआ कि दो पत्थरों पर महाराज भोज के वंशज अर्जुनदेव वर्मा के गुरु गौड़ पंडित मदन कवि की लिखी हुई कोई 'पारिजात मंजरी' नामक नाटिका थी। नाटिका में चार अंक होते हैं। अनुमान किया गया कि बाकी दो अंक भी निश्चय ही उसी इमारत में कहीं होंगे, यद्यपि मस्जिद के हितचिंतकों के आग्रह से उनका पता नहीं चल सका। फिर कुछ पत्थरों पर स्वयं महाराजा भोज के लिखे हुए आर्या छंद के दो काव्य खोदे गए थे, जिनकी भाषा कुछ अपभ्रंश से मिली हुई प्राकृत थी। इस शिलापट्ट की प्रतिच्छवि 'एपिग्राफिका इंडिका' की आठवीं जिल्दी में छपी है। चौहान राजा विग्रहराज का 'हरिकेलि नाटक' और सोमेश्वर कवि का 'ललित-विग्रहराज' नाटक शिलापट्टों पर खोदे पाए गए हैं।

एक सुन्दर काव्य एक पत्थर पर खुदा ऐसा भी पाया गया है, जो किसी शौकीन जमींदार की मोरियों की शोभा बढ़ा रहा था। यद्यपि अभी भी भारतवर्ष के अनेक शिला-लेख पढ़े नहीं जा सके हैं, तथापि नाना

दृष्टियों से इन लेखों ने भारतीय संस्कृति और सभ्यता के अध्ययन में महत्त्वपूर्ण सहायता पहुँचाई है।

इस बात का प्रमाण प्राप्त है कि बहुत-सी पुस्तकें सोने और चाँदी तथा अन्य धातु के पत्तरों पर लिखाकर दान कर दी गई थीं। मेरे मित्र प्रो० प्रह्लाद प्रधान ने लिखा है कि काल-क्रम से बौद्ध भिक्षुकों में यह विश्वास जम गया था कि पुरानी पोथियों की गाड़ देने से बहुत पुण्य होता है। ऐसी बहुत-सी गाड़ी हुई पोथियों का कुछ उद्धार इन दिनों हो सका है। ह्वेनसांग ने लिखा है, महाराज कनिष्क ने त्रिपिटक का नूतन संस्कार कराकर ताम्रपत्रों पर उन्हें खुदवाकर किसी स्तूप में गड़वा दिया था। अभी तक पुरातत्त्ववेत्ता लोग इन गड़े ताम्रपत्रों का उद्धार नहीं कर सके हैं। लंका में कडि जिले में हंगुरनकेत विहार के चैत्य में हजारों रुपए की बहुमूल्य पुस्तकें और अन्य वस्तुएँ गड़वा दी गई थीं। रौप्य-पत्र पर 'विनयपिटक' के दो प्रकरण, 'अभिधम्म' के सात प्रकरण और 'दीर्घनिकाय' तथा कुछ अन्य ग्रंथों को खुदवाकर गड़वाने में एक लाख बानबे हजार रुपए लगे थे। सोने के पत्तरों पर लिखे गए स्तोत्र आदि की चर्चा भी आती है। तक्षशिला के गंगू नामक स्तूप से खरोष्ठी लिपि में लिखा हुआ एक सोने का पत्तर प्रसिद्ध खोजी विद्वान जनरल कनिंघम को मिला था। बर्मा के द्रोम नामक स्थान से पालि में खुदे हुए दो सोने के पत्तर ऐसे मिले हैं जिनकी लिपि ईसवी सन् की चौथी या पाँचवीं शताब्दी की होगी। भट्टिप्रोलू के स्तूप से और तक्षशिला से भी चाँदी के पत्तर पाए गए हैं, सुना है, कुछ जैन-मन्दिरों में भी चाँदी के पत्तर पर खुदे हुए पवित्र लेख मिलते हैं, ताँबे के पत्तरों पर तो बहुत लेख मिले हैं, परन्तु उन पर खुदी कोई बड़ी पोथी नहीं मिली है।

जैसे-जैसे भारतवर्ष में नवीन जागरण उत्पन्न हुआ है, वैसे-वैसे पुरानी पोथियों के संग्रह करने और पढ़ने की ओर भी प्रवृत्ति बढ़ती गई है। कश्मीर, नेपाल, तिब्बत, केरल, तमिल आदि प्रदेशों से अनेक नूतन ग्रंथरत्नों का उद्धार हुआ है। कौटिल्य का प्रसिद्ध अर्थशास्त्र पाया जा सका है, टी० गणपति शास्त्री ने भास के नाटकों का उद्धार किया है, हरप्रसाद शास्त्री के परिश्रम से नेपाल दरबार लाइब्रेरी से अनेक ग्रंथरत्नों का पता चला है, मुकुन्दराम शास्त्री ने काश्मीर की ग्रंथराशि को प्रकाशित करने का प्रयत्न किया है, श्रेडर ने वैष्णव संहिताओं के अध्ययन की ओर विद्वन्मंडलों का ध्यान आकृष्ट किया है, वुडरफ के प्रयत्नों से तंत्र-ग्रंथों के अध्ययन को बल मिला है और राहुलजी ने तिब्बत से अनेक बहुमूल्य बौद्ध ग्रन्थों का उद्धार किया है। अनेक परिश्रमी पंडितों और संस्थाओं ने प्राकृत, अपभ्रंश और वर्तमान देशी भाषाओं के ग्रंथों की भी खोज की है, परन्तु अब भी

बहुत-सा कार्य बाकी है। अभी इस क्षेत्र में अनेक संभावनाएँ हैं। चीनी-तिब्बती और मंगोलियन भाषाओं में भारतीय साहित्य का अनुवाद अब भी प्राप्त है, उस पर से मूल ग्रन्थों के खोजने का काम अभी शुरू ही हुआ है। वृहत्तर भारत से इस संबंध की बहुत थोथी सामग्री उपलब्ध हुई है।

पुरानी पोथियों ने भारतीय मनीषा की उज्ज्वलता संसार के सामने निर्विवाद रूप से प्रकट कर दी है। भारतीय साहित्य संसार का उत्तम और अत्यन्त प्रेरणादायक साहित्य स्वीकार किया जा चुका है। इस साहित्य ने पिछले जमानों में लगभग सारे ज्ञात संसार को नाना भाव से प्रभावित किया है और आज भी सभी सभ्य देशों में कुछ-न-कुछ विद्वान ऐसे अवश्य हैं, जो इस साहित्य के पठन-पाठन से मनुष्यता के कल्याण का स्वप्न देखते हैं। इस विशाल साहित्य का अध्ययन स्फूर्तिदायक, मनोरंजक और आशा का संदेशवाहक है।

काव्य-माला

काव्य भी एक कला है। यह बात बहुत तरह से कही जाती है, पर इसके अंतर्निहित अर्थ पर विचार नहीं किया जाता। नीचे की पंक्तियों में यही प्रयास किया जा रहा है।

यह तो नहीं कहा जा सकता कि कलाओं की गणना बौद्धपूर्व काल में प्रचलित थी ही, पर अनुमान से ऐसा निश्चय किया जा सकता है कि बुद्धकाल और उसके पूर्व भी कला-मर्मज्ञता एक आवश्यक गुण मानी जाने लगी थी। 'ललित-विस्तर' में केवल कुमार सिद्धार्थ को सिखाई हुई पुरुषकलाओं की गणना ही नहीं है, 64 काम-कलाओं का भी उल्लेख है।[1] यह निश्चित रूप से कहा जा सकता है कि बुद्ध के समय में कलाएँ नागरिक जीवन का आवश्यक अंग हो गई थीं। प्राचीन ग्रंथों में कलाओं के नाम पर ऐसी कोई विद्या नहीं जिसका उल्लेख न हो। बौद्ध-ग्रंथों में इनकी संख्या निश्चित नहीं है; पर चौरासी शायद अधिक प्रचलित संख्या थी। जैन-ग्रंथों में 72 कलाओं की चर्चा है; पर बौद्ध और जैन दोनों ही संप्रदाय के ग्रन्थों में 64 कलाओं की चर्चा प्राय: मिल जाया करती है। जैन-ग्रन्थों में इन्हें 64 महिला-गुण कहा गया है। कालिका पुराण एक अर्वाचीन उप-पुराण है। संभवत: इसकी रचना विक्रम की दसवीं-ग्यारहवीं शताब्दी में आसाम प्रदेश में हुई थी। इस पुराण की कला की उत्पत्ति के विषय में यह कथा दी गई है : ब्रह्मा ने पहले प्रजापति को और मानसोत्पन्न ऋषियों को

---

1. चतु:षष्टि कामकलितानि चानुभाषिया।
नूपुरमेखलाअभिहनी विगलितवसना॥
कामशराहतास्समदना: प्रहसितवदना:।
किन्तव आर्यपुत्र विक्रतिं यदि न भजसे॥ —*ललितविस्तर, पृ० 417।*

पैदा किया और उसके बाद संध्या नामक एक कन्या को जन्म दिया। इन लोगों के बाद ब्रह्मा ने सुप्रसिद्ध मदन देवता को उत्पन्न किया, जिसे ऋषियों ने मन्मथ नाम दिया। इस देवता को ब्रह्मा ने वर दिया कि तुम्हारे बाँके लक्ष्य से कोई बच नहीं सकेगा, इसलिए तुम अपनी इस त्रिभुवन-विजयी शक्ति से सृष्टि-रचना में मेरी मदद करो। मदन देवता ने वरदान और कर्त्तव्य-भार दोनों को शिरसः स्वीकार किया। प्रथम प्रयोग उन्होंने ब्रह्मा और संध्या पर ही किया। परिणाम यह हुआ कि वे दोनों प्रेमपीड़ा से अधीर हो उठे। उन्हीं के प्रथम समागम के समय ब्रह्मा के 49 भाव तथा संध्या के विव्वोक आदि हाव और 64 कलाएँ हुईं।[1] कला की उत्पत्ति का यही इतिहास है। कालिकापुराण के अतिरिक्त किसी अन्य पुराण से भी यह कथा समर्थित है या नहीं, यह मुझे ठीक-ठीक नहीं मालूम, परन्तु इतना स्पष्ट है कि उक्त पुराण स्त्रियों की चौंसठ कलाओं की जानकार है।

श्रीयुत् ए० बेंकट सुब्बैया ने भिन्न-भिन्न ग्रंथों से संग्रह करके कलाओं पर एक पुस्तिका प्रकाशित कराई है, जो इस विषय के जिज्ञासुओं के बड़े काम की है। उक्त पुस्तिका में संगृहीत कला-सूचियों को ध्यान से देखने से पता चलता है कि कला उन सब प्रकार की जानकारियों को कहते हैं जिनमें थोड़ी चतुराई की आवश्यकता हो। व्याकरण, छंद, न्याय, ज्योतिष और राजनीति भी कला है; उचकना, कूदना, तलवार चलाना और घोड़े पर चढ़ना आदि भी कला है; काव्य, नाटक, आख्यायिका, समस्यापूर्ति, बिन्दुमती प्रहेलिका भी कला है, स्त्रियों का शृंगार करना, कपड़ा रँगना, चोली सीना और सेज बिछाना भी कला है; रत्न और मणियों को पहचानना, घोड़ा, हाथी, पुरुष, स्त्री, छाग, मेष, कुक्कुट का लक्षण जानना, चिड़ियों की बोली से शुभाशुभ का ज्ञान करना इत्यादि भी कला है और तीतर-बटेर को लड़ाना, तोते का पढ़ाना, जुआ खेलना वगैरह भी कला ही है। प्राचीन ग्रंथों से जान पड़ता है कि कई कलाएँ पुरुषों के योग्य समझी जाती थीं। यद्यपि कभी-कभी गणिकाएँ भी उन कलाओं में पारंगत पाई जाती थीं। गणित, दर्शन, युद्ध, घुड़सवारी आदि ऐसी ही कलाएँ हैं। कुछ कलाएँ विशुद्ध कामशास्त्रीय हैं, परन्तु सब मिलाकर ऐसा जान पड़ता है कि 64 कोमल कलाएँ स्त्रियों के सीखने की हैं और चूँकि पुरुष भी

---

1. उदीरितेंद्रियो धाता वीक्षांचक्रे यदार्य ताम्।
तदैव ह्यूनपंचाशद् भावा जाताः शरीरतः॥
विव्वोकाद्यास्तथा हावश्चतुःषष्टिकलास्तथा।
कंदर्पशरविद्धायाः संध्याया अभवन् द्विजाः॥ —*कालिकापुराण, 2, 28-29*

उसकी जानकारी रखकर ही स्त्रियों को आकृष्ट कर सकते हैं, इसलिए स्त्री-प्रसादन के निमित्त उन्हें भी इन कलाओं की जानकारी होनी चाहिए। कामसूत्र[1] में पंचाल की कलाएँ विशुद्ध कामशास्त्रीय हैं, परन्तु वात्स्यायन की अपनी सूची में काम-कलाओं में अतिरिक्त अन्यान्य सुकुमार जानकारियों का भी स्थान है। उनमें लगभग एक-तिहाई तो विशुद्ध साहित्यिक हैं, बाकी कुछ नायक-नायिकाओं की विलास-क्रीड़ा में सहायक हैं, कुछ मनोविनोद के साधन हैं और कुछ दैनिक प्रयोजनों के पूरक हैं। श्री बेंकट सुब्बैया ने अपनी पुस्तिका में दस पुस्तकों से दस सूचियाँ संग्रह की हैं। इनमें यदि पंचाल और यशोधरा की सूचियों को छोड़ दिया जाए तो बाकी सभी में काव्य, आख्यायिका, समस्यापूर्ति आदि को विशिष्ट कला समझा गया है। श्री सुब्बैया की गिनाई हुई सूचियों के अतिरिक्त भी ऐसी सूचियाँ हैं, जिनमें 64 कलाओं की चर्चा है। सर्वत्र काव्यादि का स्थान है।

परन्तु ऐसा जान पड़ता है कि आगे चलकर कला का अर्थ कौशल हो गया और भिन्न-भिन्न ग्रंथकार अपनी रुचि, वक्तव्य-वस्तु और संस्कार के अनुसार 64 भेद कर लिया करते थे। सुप्रसिद्ध कश्मीरी पंडित क्षेमेन्द्र ने 'कलाविलास' नामक एक छोटी-सी पुस्तक लिखी थी, जो काव्य-माला सीरीज (प्रथम गुच्छक) में छप चुकी है। इस पुस्तक में वेश्याओं की 64 कलाएँ हैं, जिनमें अधिकांश लोकाकर्षण और धनापहरण के कौशल हैं; कायस्थों की 16 कलाएँ हैं, जिनमें लिखने के कौशल से लोगों को धोखा देने की बात ही प्रमुख है। गानेवालों की अनेक प्रकार की धनाहरण की कौशलमयी कलाएँ हैं, सोना चुरानेवाले सुनारों की 64 कलाएँ गिनाई गई हैं; गणकों की बहुविध धूर्तताएँ भी कला-प्रसंग में ही गिनाई गई हैं और अन्तिम अध्याय में उन चौंसठ कलाओं की गणना की गई, जिन्हें सहृदयों को जानना चाहिए। इसमें धर्म-अर्थ-काम-मोक्ष की बत्तीस तथा मात्सर्य-शील-प्रभाव मान की बत्तीस कलाएँ हैं। दस भेषज कलाएँ हैं जो मनुष्य के भीतरी जीवन को नीरोग और निर्बाध बनाती हैं और अन्त में कला-कलाप में श्रेष्ठ सौ सार-कलाओं की चर्चा है। क्षेमेन्द्र की गिनाई हुई इन शताधिक कलाओं में काव्य, समस्यापूर्ति आदि की चर्चा भी नहीं है। इस प्रकार यह स्पष्ट हो जाता है कि अपने-अपने वक्तव्य को चौंसठ या अधिकतम भागों में विभक्त करके 'कला' नाम दे देना बाद में साधारण नियम हो गया था, परन्तु इसका मतलब यह नहीं कि कोई अनुश्रुति इस विषय में थी ही नहीं। चौंसठ की संख्या का घूम-फिरकर आ जाना ही यह सूचित करता है कि

1. कामसूत्र, 1-3।

चौंसठ कलाओं की अनुश्रुति रही अवश्य होगी। जैन लोगों में 72 की अनुश्रुति प्रसिद्ध है। साधारणत: वे पुरुषकलाएँ हैं। ऐसा लगता है कि चौंसठ की संख्या के अन्दर प्राचीन अनुश्रुति से साधारणत: वे ही कलाएँ रही होंगी जो वात्स्यायन की सूची में हैं। कला का साधारण अर्थ उसमें स्त्री-प्रसादन और वशीकरण है और उद्देश्य विनोद तथा रसानुभूति। निश्चय ही उसमें काव्य का स्थान था। राजसभाओं में काव्य, आख्यायिका आदि के द्वारा सम्मान प्राप्त किया जाता था और यह भी निश्चित है कि अन्यान्य कलाओं की अपेक्षा साहित्यिक कलाएँ अधिक श्रेष्ठ मानी जाती थीं। सभाओं, गोष्ठियों और समाजों में, उद्यान-यात्राओं में, क्रीड़ाशालाओं में और युद्ध-क्षेत्र में काव्य-कला अपने रचयिता को सम्मान के आसन पर बैठा देती थी।

स्वभावत: ही यह प्रश्न उठता है कि वह काव्य कैसा होता था, जो राज-सभाओं में सम्मान दिला सकता था या गोष्ठी-समाज में कीर्तिशाली बना सकता था? सम्भवत: वह मेघदूत या कुमारसंभव जैसे बड़े-बड़े काव्य नहीं होते थे। वस्तुत: जो काव्य समाजों और सभाओं में मनोविनोद के साधन हुआ करते थे, वे उक्ति-वैचित्र्य ही थे। दंडी जैसे आलंकारिकों ने स्वीकार किया है कि कवित्व-शक्ति यदि क्षीण भी हो तो भी कोई बुद्धिमान व्यक्ति यदि काव्यशास्त्रों का अभ्यास करे तो वह राजसभाओं में सम्मान पा सकता है।[1] राजशेखर ने उक्ति विशेष को ही काव्य कहा है। यहाँ यह स्पष्ट रूप से कह देना उचित है कि मेरे कहने का तात्पर्य यह नहीं है कि रसमूलक प्रबन्ध-काव्यों को उन दिनों काव्य नहीं माना जाता था या उनके कर्ता सम्मान नहीं पाते थे। मेरा वक्तव्य यह है कि काव्य नामक वह कला जो कवियों को गोष्ठियों,समाजों और राजसभाओं में तत्काल सम्मान देती थी, वह उक्ति-वैचित्र्य मात्र था। दुर्भाग्यवश ऐसे सम्मानों के वे सब विवरण हमें उपलब्ध नहीं हैं, जिनका ऐतिहासिक मूल्य हो सकता था; पर आनुश्रुतिक परम्परा से जो कुछ प्राप्त हुआ है, उससे हमारे वक्तव्य का समर्थन हो जाता है। यही कारण है कि पुराने अलंकार-शास्त्रों में रस की उतनी परवाह नहीं की गयी जितनी अलंकारों, गुणों और दोषों की। गुण-दोष का ज्ञान वादी को पराजित करने में सहायक होता था और अलंकारों

---

1. न विद्यते यद्यपि पूर्ववासना गुणानुबंधि प्रतिभामनद्भुतम्।
श्रुतेन यत्नेन च वागुपासिता ध्रुवं करोत्येव कमप्यनुग्रहम्॥
तदस्ततंद्रैरनिशं सरस्वती श्रमादुपास्या खलु कीर्तिमीप्सुभि:।
कृशे कवित्वेऽपि जन: कृतश्रमा विदग्धागोष्ठीपु विहर्त्तुमीशते॥

—काव्यादर्श, 1, 104.5

का ज्ञान उक्ति-वैचित्र्य को अधिकाधिक आकर्षण बनाने में सहायक होता था। काव्य करना केवल प्रतिभा का विषय नहीं माना जाता था, अभ्यास को भी विशेष स्थान दिया जाता था। राजशेखर ने काव्य की उत्पत्ति के दो कारण बताए हैं—(1) समाधि, अर्थात् मन की एकाग्रता, और (2) अभ्यास, अर्थात् बारंबार परिशीलन करना। इन्हीं दोनों के द्वारा शक्ति उत्पन्न होती है। यह स्वीकार किया गया है कि प्रतिभा न होने से काव्य सिखाया नहीं जा सकता। विशेषकर उस आदमी को तो किसी प्रकार कवि नहीं बनाया जा सकता, जो स्वभाव से पत्थर के समान है, किसी कष्टवश या व्याकरण के निरंतर अभ्यासवश नष्ट हो चुका है या तर्क की आग से झुलस चुका है या सुकविजन के प्रबंधों को सुनने का मौका ही नहीं पा सका है। ऐसे व्यक्ति को तो कितना भी सिखाया जाए, कवि नहीं बनाया जा सकता क्योंकि कितना भी सिखाओ, गधा गान नहीं कर सकेगा और कितना भी दिखाओ, अंधा सूर्य को नहीं देख सकेगा।[1] पहला उदाहरण प्रकृत्या जड़ का है, दूसरा नष्ट-साधन का। यह और बात है कि पूर्व-जन्म के पुण्य से या मंत्रसिद्धि से कवित्व प्राप्त हो जाय या फिर इसी जन्म में साधना से प्रसन्न होकर सरस्वती कवित्व-शक्ति का वरदान दें (कविकंठाभरण, 1-24); परन्तु प्रतिभा थोड़ी-बहुत आवश्यक है अवश्य। कवित्व सिखानेवाले ग्रंथों का यह दावा तो नहीं है कि वे गधे को गाना सिखा देंगे; परन्तु वे यह दावा अवश्य करते हैं कि जिस व्यक्ति में थोड़ी-सी भी भक्ति हो, उसे इस योग्य बना देंगे कि वह सभाओं और समाजों में कीर्ति पा ले।

यदि हम इस बात को ध्यान में रखें तो सहज ही समझ में आ जाता है कि उक्ति-वैचित्र्य को आलंकारिक आचार्यों ने इतना महत्त्व क्यों दिया है? उक्ति-वैचित्र्य वाद विजय और मनोविनोद की कला है। भामह ने बताया है कि वक्रोक्ति ही समस्त अलंकारों का मूल है और वक्रोक्ति न हो तो काव्य हो ही नहीं सकता। भामह की पुस्तक पढ़ने से यही धारणा होती है कि वक्रोक्ति का अर्थ उन्होंने कह के विशेष ढंग को ही समझा था। वह स्पष्ट रूप से कह गए हैं कि 'सूर्य अस्त हुआ, चंद्रमा प्रकाशित हो रहा है, पक्षी अपने-अपने घोंसलों को जा रहे हैं'—इत्यादि वाक्य काव्य नहीं हो सकते,

---

1. यस्तु प्रकृत्याश्मसमान एव कष्टेन वा व्याकरणेन नष्टः।
तर्केण दग्धोऽनलधूमिना वाऽप्यविद्धकर्णः सुकवि प्रबंधैः॥
न तस्य वक्तृत्वसमुद्भवः स्याच्छिक्षाविषैरपि सुप्रयुक्तैः।
न गर्दभो गायति शिक्षितोपि संदर्शिपं पश्तति नार्कमधः॥

—कविकण्ठाभरण 1-23

क्योंकि इन कथनों में कहीं भी वक्रभंगिमा नहीं है। दोष उसके मत से उस जगह होता है, जहाँ वाक्य की वक्रता अर्थ-प्रकाश में बाधक होती है। भामह के बाद के आलंकारियों ने वक्रोक्ति को एक अलंकार मात्र माना है; किंतु भामह ने उसे काव्य का मूल समझा था। दंडी भी भामह के मत का समर्थन ही कर गए हैं, यद्यपि यह वक्रोक्ति का अर्थ अतिशयोक्ति समझा गए हैं। सिद्धान्ततः वक्रोक्ति को निश्चय ही बहुत दिनों तक काव्य का मूल समझा जाता रहा है, पर व्यावहारिक रूप में कभी भी काव्य वक्रोक्तिमूलक नहीं माना गया है। उन दिनों भी रसमय काव्य लिखे जा रहे थे; परन्तु मैंने अन्यत्र (विश्वभारती पत्रिका, खंड 1, अंक 1) दिखाया है कि उन दिनों रस का अर्थ प्रधान रूप से शृंगार ही माना जाता था। सरस काव्य का अर्थ होता था शृंगारी काव्य। इस प्रकार यदि उक्ति-वैचित्र्य हुआ तब भी काव्य एक कला था; क्योंकि उससे राजसभाओं और गोष्ठियों तथा समाजों में सम्मान मिलता था और उससे सरस अर्थात् शृंगार ही हुआ, तब भी वह कला ही था; क्योंकि वात्स्यायन की कलाओं का मूल उद्देश्य ऐसे काव्यों से सिद्ध होता था।

वक्रोक्ति काव्य का एकमात्र मूल है, यह सिद्धान्त सदियों तक साहित्य के अध्येताओं में मान्य रहा होगा, यद्यपि भिन्न-भिन्न आचार्य इससे भिन्न-भिन्न अर्थ समझते थे। नवीं या दसवीं शताब्दी में इस सिद्धान्त की बहुत ही महत्त्वपूर्ण और आकर्षक परिणति कुन्तक या कुन्तल नामक आचार्य के हाथों हुई। उन्होंने अपनी असाधारण प्रतिभा के बल पर वक्रोक्ति की एक ऐसी व्यापक व्याख्या की कि वह शब्द काव्य के वक्तव्य को बहुत दूर तक समझने में सफल हो गया। कुन्तक के मत का सार मर्म इस प्रकार है—केवल शब्द में भी कवित्व नहीं होता और केवल अर्थ में भी नहीं होता; शब्द और अर्थ दोनों के साहित्य अर्थात् एक साथ मिलाकर भाव प्रकाश करने के सामंजस्य में काव्य होता है। काव्य में शब्द और अर्थ के साहित्य में एक विशिष्टता होनी चाहिए, जब कवि प्रतिभा के बल पर एक वाक्य अन्य वाक्य के साथ एक विचित्र विन्यास में विन्यस्त होता है, तब एक-दूसरे से मिलकर रमणीय माधुर्य की सृष्टि करता है। उसी प्रकार तद्गर्भित अर्थ भी उसके साथ होड़ करके परस्पर को एक अद्‌भुत चमत्कार से चमत्कृत करते हैं। वस्तुतः ध्वनि के साथ ध्वनि के मिलन और अर्थ के साथ अर्थ के मिलन से जो परस्पर स्पर्द्धिचारुता उत्पन्न होती है, वही साहित्य है, वही काव्य है।

काव्य के बहुत-से गुण-दोष-विवेचक ग्रन्थ लिखे गए हैं, पर सभी लेखकों ने किसी वस्तु के उत्कर्ष निर्णय में सहृदय को ही प्रमाण माना है।

अभिनवगुप्त के मत से सहृदय वे व्यक्ति हैं, जिनके मनरूपी मुकुर में (मनोमुकुर जो काव्यानुशीलन से स्वच्छ हो गया होता है) वर्णनीय विषय के साथ तन्मय हो जाने की योग्यता होती है। वे ही सहृदय-संवाद के भाजन रसिक-जन-सहृदय कहे जाते हैं, परंतु इतना कहना ही पर्याप्त नहीं है। हृदय-संवाद का भाजन कैसे हुआ जाता है? केवल शब्द और अर्थ की निरुक्ति जानने से यह दुर्लभ गुण उत्पन्न नहीं होता। प्रसिद्ध आलंकारिक राजानक रुय्यक ने 'सहृदयलीला' नामक अपनी पुस्तक में गुण-अलंकार जीवित और परिकर के ज्ञान को सहृदय का आवश्यक गुण बताया है। गुण और अलंकार केवल काव्य के नहीं, वास्तविक मनुष्य के। इन गुणों और अलंकारादिकों को जानने से हम आसानी से समझ सकेंगे कि सहृदय किस प्रकार कला-सुकुमार हृदय का व्यक्ति होता था, और जो वस्तु उसे ही प्रमाण मानकर उत्कृष्ट समझी जाएगी, उसमें उन सभी गुणों का होना परम आवश्यक होगा, जिन्हें वात्स्यायन उत्तम नागरिक या रसिक के लिए आवश्यक समझते हैं। कोई आश्चर्य नहीं यदि ऐसा काव्य वात्स्यायन की कलाओं में एक कला मान लिया गया। 'सहृदयलीला' के अनुसार गुण दस होते हैं:

रूपं वर्णः प्रभा रागः आभिजात्यं विलासिता।
लावण्यं लक्षणं छाया सौभाग्यं चेत्यमी गुणाः॥

शरीर के अवयवों की रेखाओं की स्पष्टता को रूप कहते हैं। गौरता-श्यामता आदि को वर्ण कहते हैं। सूर्य की भाँति चमकवाली कांति को प्रभा कहते हैं। अधरों पर स्वाभाविक हँसी खेलते रहने के कारण सबकी दृष्टि को आकर्षित करनेवाले धर्म-विशेष को राग कहते हैं। फल के समान मृदुता और स्पर्श-सुकुमारता को आभिजात्य कहते हैं। अंगों और उपांगों से युवावस्था के कारण फूट पड़नेवाली विभ्रम-विलास नामक चेष्टाएँ जिनमें कटाक्ष, भुजक्षेप आदि का समुचित योग रहता है, विलासित कहलाती है। चंद्रमा की भाँति आह्लादकारक वह सौंदर्य का उत्कर्षभूत स्निग्ध मधुर धर्म, जो अवयवों के उचित सन्निवेश-जन्य मुग्धिमा से व्यंजित होता है, लावण्य कहा जाता है। अंगोपांगों की असाधारण शोभा और प्रशस्तता का कारणभूत औचित्यमय स्थायी धर्म लक्षण कहा जाता है। वह सूक्ष्म भंगिमा जो अग्राम्यता के कारण वक्रिमत्वख्यापिनी होती है, अर्थात् बाह्य शिष्टाचार, विभ्रम-विलास और परिपाटी को प्रकट करती है, जिससे तांबूल-सेवन, वस्त्र-परिधान, नृत्तसुभाषित आदि में वक्ता का उत्कर्ष प्रकट होता है, छाया कहलाती है। सुभग उस व्यक्ति को कहते हैं जिसमें स्वभावतः वह रंजक गुण होता है, जिससे सहृदयजन उसी प्रकार स्वयमेव आकृष्ट होते हैं, जिस

प्रकार पुष्प के परिमल से भ्रमर आकृष्ट होते हैं। इस प्रकार सुभग के आंतरिक वशीकरण धर्म-विशेष को सौभाग्य कहते हैं। ये दस गुण विधाता की ओर से प्राप्त होते हैं, ये जन्मांतर के पुण्य-फल से मिलते हैं। अलंकार सात ही हैं:

रत्नं हेमांशुके मात्यं मंडनं द्रव्य योजने।
प्रकीर्णचेत्यलंकाराः सतवैते मया मताः॥

वज्र, मुक्ता, पद्मराग, मरकत, इंद्रनील, वैदूर्य, पुष्पराग, कार्केतन, पुलक, रुधिराक्ष, भीष्म, स्फटिक, प्रवाल—ये तेरह रत्न होते हैं, वाराह-मिहिर की वृहत्संहिता में इनके लक्षण दिए हुए हैं। भीष्म के स्थान में उसमें विषमक पाठ है। शब्दार्थ-चिन्तामणि के अनुसार यह रत्न हिमालय के उत्तर प्रांत में पाया जानेवाला कोई सफेद पत्थर है। बाकी के बारे में बृहत्संहिता (अध्याय 80) देखनी चाहिए। हेम सोने को कहते हैं। प्राचीन ग्रन्थ में यह नौ प्रकार का बताया गया है: जांबूनद, शातकौंभ, हाटक, वैष्णव, शृंगी, शुक्तिज, जातरूप, रसवृद्धि और आकरोद्गत। इन तेरह प्रकार के रत्नों और नौ प्रकार के सोनों से नाना प्रकार के अलंकार बनते हैं। ये चार श्रेणियों के होते हैं: (1) आवेध्य, (2) निबंधनीय, (3) प्रक्षेप्य और (4) आरोप्य। ताड़ी, कुंडल, कान के बाले आदि अलंकार अंगों को छेदकर पहने जाते हैं, इसलिए आवेध्य कहलाते हैं। अंगद (बाहुमूल में पहना जानेवाला अलंकार), श्रेणी-सूत्र (करधनी आदि)। चूड़ामणि प्रभृति बाँधकर पहने जाते हैं, इसलिए उन्हें निबंधनीय कहते हैं; अर्भिका, कटक, मंजीर आदि अंग में प्रक्षेपपूर्वक पहने जाते हैं, इसलिए प्रक्षेप्य कहा जाता है। झूलती हुई माला, हार, नक्षत्र-मालिका आदि अलंकार आरोपित किए जाने के कारण आरोप्य कहे जाते हैं। वस्त्र चार प्रकार के होते हैं, कुछ छाल से (क्षौम), कुछ फल से (कार्पास), कुछ रोओं से (रांकव) और कुछ कीटों के कोश से (कौशेय) बनते हैं। इन्हें भी तीन प्रकार से पहनने की प्रथा है—पगड़ी, साड़ी आदि निबंधनीय हैं, चोली आदि प्रक्षेप्य हैं, उत्तरीय (चादर) आदि आरोप्य हैं। वर्ण और सजावट के भेद से ये नाना भाँति के होते हैं। सोने और रत्न से बने हुए अलंकारों की भाँति माल्य के आवेध्य, निबंधनीय, प्रक्षेप्य, आरोप्य—ये चार भेद होते हैं। प्रत्येक भेद में ग्रथित और अग्रथित रूप से दो-दो उपभेद हो सकते हैं। इस प्रकार कुल मिलाकर माल्य के आठ भेद होते हैं—वेष्टित, विस्तारित, संधास्य, ग्रंथिमत. उद्वर्तित, अवलंबित, मुक्तक और स्तवक, कस्तूरी, कुंकुम, चंदन, कपूर, कुलक, दंतसम, पटवास, सहकार, तैल, तांबूल, अलक्तक, अंजन, गोरोचन आदि से मंडन द्रव्य बनते हैं। भ्रू-घटना, केश रचना, चूड़ा बाँधना आदि

योजनामय अलंकार हैं। प्रकीर्ण अलंकार दो प्रकार के होते हैं: (1) जन्य और (2) निवेष्य। श्रमजल, मदिरामद आदि जन्य हैं और दूर्वा, अशोक, पल्लव, यवांकुर, रजत, त्रपु, शंख, तालदल, दंतपत्रिका, मृणालवलय, करक्रीड़-नादिक निवेष्य हैं। इन सबके समवाय को वेश कहते हैं। यह वेश देश-काल की प्रकृति और अवस्था के सामंजस्य के अनुसार शोभनीय होता है। इनके उचित सन्निवेश से रमणीयता की वृद्धि होती है। परन्तु अलंकार इतने ही नहीं हैं। ये यत्नज अलंकार हैं। अगज, अयत्नज और स्वभाव—तीन अलंकार और होते हैं, भाव, हाव और हेला अंगज अलंकार हैं; शोभा, कांति, माधुर्य, दीप्ति, प्रगल्भता, औदार्य और धैर्य—ये अयत्नज अलंकार हैं, और लीला, विलास, विच्छित्ति, निभ्रम, किलकिंचित, मोट्टायित, कुट्टमित विव्वोक, ललित और विहृत—ये दस स्वभाव-अलंकार हैं। इनके लक्षण दशरूपक आदि ग्रंथों में देखना चाहिए। शोभा का जीवित या प्राण यौवन है और निकट से उपकार परिकर। इनका विस्तार रीति-ग्रन्थों में मिलेगा।

इस प्रकार के सहृदय के चित्त को जो कविता तन्यम कर सके, वह अवश्य ही वात्स्यायन की स्त्री-प्रसादिनी और वशीकारिणी कला में स्थान प्राप्त करेगी। वस्तुत: जिन दिनों काव्य को कला कहा गया था, उन दिनों उसके इन्हीं दो गुणों का प्राधान्य् लक्ष्य किया गया था : (1) उक्ति-वैचित्र्य और (2) सहृदय-हृदय-रंजन। ज्यों-ज्यों अनुभव का क्षेत्र और विचार का क्षेत्र विस्तीर्ण होता गया, त्यों-त्यों कला की परिभाषा भी विस्तीर्ण होती गई और काव्य का क्षेत्र भी विस्तीर्ण होता गया।

रवीन्द्रनाथ के राष्ट्रीय गान

रवीन्द्रनाथ की प्रतिभा बहुमुखी थी, परन्तु प्रधान रूप से वह कवि थे। कविता में भी उनका झुकाव गीति कविता की ओर ही था। उन्होंने गाने में आनन्द पाया, सुर के माध्यम से परम सत्य का साक्षात्कार किया और समस्त विश्व में अखंड सुर का सौन्दर्य व्याप्त देखा। एक प्रसंग में उन्होंने कहा था: ''गान के सुर के आलोक में इतने देर बाद जैसे सत्य को देखा। अन्तर में यह ज्ञान की दृष्टि सदा जागृत न रहने से ही सत्य मानो तुच्छ होकर दूर खिसक पड़ता है। सुर का वाहन हमें उसी परदे की ओट में सत्य के लोक में वाहन करके ले जाता है। वहाँ पैदल चलकर नहीं जाया जाता, वहाँ की राह किसी ने आँखों नहीं देखी।'' रवीन्द्रनाथ का सम्पूर्ण साहित्य संगीतमय है। उनकी कविताएँ गान हैं, परन्तु उनके पास केवल ताल-सुर के वाहन नहीं हैं, अर्थगाम्भीर्य और शब्द-माधुर्य के भी आगार हैं। असल में जिस प्रकार उनकी कविताओं में संगीत का रस है, उसी प्रकार बल्कि उससे भी अधिक, उनके गाने में कवित्व है। सुर से विच्युत होने पर भी उनके गान प्रेरणा और स्फूर्ति देते हैं। उन्होंने सैकड़ों गान लिखे हैं। ये गान गाए जाने पर ही ठीक-ठीक समझे जा सकते हैं। परन्तु फिर भी उनको छापे के अक्षरों में पढ़ने पर कुछ-न-कुछ रस अवश्य मिलता है, क्योंकि उनका अर्थगाम्भीर्य वहाँ भी बना रहता है। रवीन्द्रनाथ सुर की धारा में एक अपूर्व पावनी शक्ति अनुभव करते हैं। अपने परमाराध्य को पुकारकर वह कहते हैं:

''तुम्हारे सुर की धारा मेरे मुख और वक्षःस्थल पर सावन की झड़ी के समान झड़ पड़े। उदयकालीन प्रकाश के साथ वह मेरी आँखों पर झड़े, निशीथ के अंधकार के साथ यह गम्भीर धारा के रूप में मेरे प्राणों पर

झड़े, दिन-रात वह इस जीवन के सुखों और दुःखों पर झड़ती रहे। तुम्हारे सुर की धारा सावन की झड़ी के समान झड़ती रहे। जिस शाखा पर फल नहीं लगते, फूल नहीं खिलते, उस शाखा को तुम्हारी यह बादल-हवा जगा दे। मेरा जो कुछ भी फटा-पुराना और निर्ज़ीव है, उसके प्रत्येक स्तर पर तुम्हारे सुखों की धारा झड़ती रहे, दिन-रात इस जीवन का भूख पर और प्यास पर वह सावन की झड़ी के समान झड़ती रहे:''

श्रावणेर धारार मतो पड़ुक झरे पड़ुक झरे,
तोमारि सुर त आमार मुखेर 'परे, बुकेर' परे।
पूरबेर आलोर साथे झड़ुक पाते दुइ नयाने—
निशीथेर अंधकारे गम्भीर धारे झड़ुक प्राणे
निशिदिन एइ जीवनेर सुखेर 'परे दुखेर' परे
श्रावणेर धारार मतो पड़ुक झरे, पड़ुक झरे॥
ये शाखाय फूट फोटे ना फल धरे ना एकेबारे।
तोमारि बादल बाये दिक् जागाये सेइ शाखारे।
या किछ जीर्ण आमार दीर्ण आमार जीवनहारा
ताहारि स्तरे-स्तरे पड़ुक झरे सुरेर धारा
निशिदिन एइ जीवनेर तुषार, 'परे भुखेर' परे
श्रावणेर धारार मतो पड़ुक झरे पड़ुक झरे॥

इस प्रकार सुर की धारा रवीन्द्रनाथ की दृष्टि में समस्त जीर्णता, बंध्यता, असफलता और क्षुद्र प्रयोजनों को बहाकर मनुष्य को सहज-सत्य के सामने खड़ा कर देती है। निस्संदेह संगीत ऐसी ही वस्तु है।

यह युग भारतवर्ष में राजनीतिक जागरण का युग है। रवीन्द्रनाथ ने किसी जमाने में राजनीतिक आन्दोलनों में सक्रिय भाग लिया था; परन्तु बहुत शीघ्र ही उन्होंने देखा कि जिन लोगों के साथ उन्हें काम करना पड़ रहा है, उनकी प्रकृति के साथ उनका मेल नहीं है। रवीन्द्रनाथ अन्तर्मुख-साधक थे। हल्ला-गुल्ला करके ढोल पीट के, गला फाड़ के लेक्चरबाजी करके जो आंदोलन किया जाता है, वह उन्हें उचित नहीं जँचता था। देश में करोड़ों की संख्या में दलित अपमानित, निरन्न निर्वस्त्र लोग हैं, उनकी सेवा करने का रास्ता ठीक वही रास्ता नहीं है, जिस पर वाग्वीर लोग शासक-वर्ग को धमकाकर चला करते हैं। शौकिया ग्रामोद्धार करनेवालों के साथ उनकी प्रकृति का एकदम मेल नहीं था। जो लोग सेवा करना चाहते हैं, उन्हें चुपचाप सेवा में लग जाना चाहिए। सेवा का विज्ञापन करना सेवा-भावना का विरोधी है। उन्हें हल्ला-गुल्ला करके ग्रामोद्धार करनेवालों को लक्ष्य करके गाया था :

ओरे तोरा

नेइ वा कथा ब'लूलि।

दांड़िये हाटेर मध्यिखाने

नेइ जागालि पल्ली॥

मरिस् मिथ्ये ब'के-झ'के,

देखे केवल हासे लोके,

ना हय निये आपन मनेर आगुन,

मने मनेइ ज्व'लूलि—

नेइ जागालि पल्ली॥

अंतरे तोर आछे की— ये

नेइ रटालि निजे-निजे,

ना हय, वाद्यगुलो बंध रेखे

चुपचापेइ च'लूलि—

नेइ जागालि पल्ली॥

काज थाके तो कर् गे ना काज,

लाज थाके तो घुचा गे लाज,

औरे, ये-ये तोरे की ब'लेछे,

नेइ वा ता'ते ट'लूलि—

नेइ जागालि पल्ली॥

''अरे भाई! क्या बिगड़ गया यदि तूने कोई बात नहीं कहीं? बाजार में खड़े होकर अगर तुमने ग्रामों को जगाने का काम नहीं ही किया तो क्या हो गया? बेकार बकवास करके मर रहे हो, देखकर लोग केवल हँसते हैं। अपने मन की आग से तुमने मन-ही-मन जला लिया तो क्या बुरा हुआ? क्या हुआ जो तुमने गाँवों को नहीं जगाया। तुम्हारे मन में क्या है जो तुमने खुद-ब-खुद चिल्लाकर नहीं कहा तो क्या बिगड़ गया? न हो, ये बाजे बंद करके और चुपचाप ही चल दिए तुम!—अरे भाई, तुमने ग्रामोद्धार नहीं ही किया।

''यदि कुछ काम हो तो जाओ न, उसे करो, यदि तुम्हारे भीतर कहीं लाज हो तो जाओ न, सबकी लाज बचाओ। अरे भाई, किसने तुम्हें क्या कहा है; इस बात से तुम नहीं ही विचलित हुए तो क्या बिगड़ गया : न

हुआ, तुमने ग्रामोद्धार नहीं ही किया!''

उनकी स्वदेश-भक्ति उनकी भगवद्भक्ति की विरोधिनी नहीं थी। उनके ऐसे बहुत थोड़े गान हैं, जिन्हें निश्चित रूप से स्वदेश-भक्ति के गान कहा जा सकता है, नहीं तो साधारणतः राष्ट्रीय गानों के रूप में प्रचलित उनका ऐसा शायद ही कोई गान हो, जो भक्ति और साधना के अन्यान्य क्षेत्रों में व्यवहृत न हो सकता हो। उनकी समस्त साधनाओं का लक्ष्य एक ही आनंदधाम भगवान था। यदि किसी कार्य का उसके साथ विरोध है तो उसे उचित नहीं माना जाना चाहिए। उनका प्रसिद्ध उद्‌बोधन संगीत, जिसमें उन्होंने अकेले ही समस्त दुःखों को शिरसः स्वीकार करके अग्रसर होने की सलाह दी है, स्वदेश-भक्ति ही तक सीमित नहीं है। वस्तुतः वह सर्वश्रेष्ठ आध्यात्मिक लक्ष्य की ओर बढ़ने का आह्वान है। स्वदेश-भक्ति उस महालक्ष्य की परिपंथिनी नहीं है। फिर वह यदि स्वदेश-भक्ति का गान है तो ऐसा कोई देश नहीं, जिसके निवासी उसे गा न सकें। रवीन्द्रनाथ के सभी गान सार्वभौम हैं। उन्होंने साधक को पुकार करके कहा है:

''यदि तेरी पुकार सुनकर कोई न आए तो तू अकेला ही चल पड़। अरे ओ अभागे, यदि तुझसे कोई बात न करे, यदि सभी मुँह फिरा लें, सब (तेरी पुकार से) डर जाएँ, तो तू प्राण खोलकर अपने मन की वाणी अकेला ही बोल। अरे ओ अभागे, यदि सभी लोट जाएँ, यदि कठिन मार्ग पर चलते समय तेरी ओर कोई फिरकर भी न देखे, तो तू रास्ते के काँटों को अपने खून से लथपथ चरणों द्वारा अकेला ही रौंदता हुआ आगे बढ़। अरे ओ अभागे, यदि तेरी मशाल न जले और आँधी और तूफान में भरी अँधेरी रात में (तुझे देखकर) सब लोग दरवाजा बन्द कर लें, तो फिर अपने हृदय-पंजर को जलाकर तू अकेला ही जल। यदि तेरी पुकार सुनकर कोई तेरे पास न आए तो फिर अकेला ही चलता चल, अकेला ही चलता चल:

यदि तोर डाक शुने केउ न आसे
तबे एक्ला चलो रे।
एक्ला चलो, एक्ला चलो,
एक्ला चलो रे॥
यदि केऊ कथा ना कय—
(ओरे ओरे ओ अभागा!)
यदि सबाई थाके मुख फिराये,
सबाई करे भय—

तर्म पराण खुले,
ओ तुइ मुख फुटे तोर मनेर कथा,
एक्ला बलो रे॥
यदि सबाइ फिरे जाय—
(ओरे ओरे ओ अभागा!)
यदि गहन पथे यावार काले
केउ फिरे ना चाय—
तबे पथेर काँटा
ओ तुइ रक्तमाखा चरण तले
एक्ला दलो रे— ॥
यदि आलो ना धरे—
(ओरे ओरे ओ अभागा!)
यदि झड़ बादले आंधार राते
दुयार हेय घरे—
तबे वज्रानले
आपन बुकेर पांजर ज्वालिये लिये
एक्ला ज्वलो रे॥
यदि तोर डाक शुने केउ न आसे,
तबे एक्ला चलो रे।
एक्ला चलो, एक्ला चलो
एक्ला चलो रे॥

सत्य-मार्ग के अनुसंधित्सुओं के लिए इतने स्फूर्तिदायक गान कम ही लिखे गए होंगे। रवीन्द्रनाथ ऐसे साथियों को भार-मात्र समझते थे, जिनका अपने लक्ष्य पर विश्वास नहीं है। ऐसे लोगों को जुटाकर केवल संख्या गिनने से कोई लाभ नहीं है। जब विपत्ति से सामना पड़ेगा तभी ऐसे साथी बोझ हो जाएँगे, वे खुद पीछे हटेंगे और दूसरों को भी परेशान करेंगे। साधना के क्षेत्र में—चाहे वह स्वदेशसेवा की साधना हो, या परम प्राप्तव्य को प्राप्त करने की—अधकचरे साथी बाधा ही हैं; क्योंकि साधना का क्षेत्र विपत्तियों से जूझने का क्षेत्र है। घर-फूँक मस्त लोग ही इस रास्ते कदम उठा सकते हैं। कबीरदास ने कहा था कि मैं अपना घर जलाकर हाथ में लुकाठी लिए बाजार में खड़ा हूँ, जो अपना घर फूँक सके, वही हमारे साथ चले:

कबिरा खड़ा बजार में, लिये लुकाठी हाथ।
जो घर फूँके आपना, सो चलै हमारे साथ॥

यदि साधना के साथी मोहवश अपना सर्वस्व त्याग देने में जरा भी झिझकें तो पतन निश्चित है। इसलिए रवीन्द्र ने स्वदेश-सेवा के साधनों को पुकार करके गाया है:

"यदि भाई, तुझे कुछ चिन्ता-फिकिर है तो तू लौट जा। यदि तेरे मन में कहीं डर हो तो मैं शुरू में ही मना करता हूँ कि इस रास्ते न चल। यदि तेरे शरीर में नींद लिपटी रहेगी तो तू पग-पग का रास्ता भूल जाएगा, यदि कहीं तेरा हाथ काँप गया तो मशाल बुझाकर तू सबका रास्ता अन्धकारमय कर देगा। यदि तेरा मन कुछ छोड़ना न चाहे तो तू अपना बोझ बराबर बढ़ाता ही गया तो इस कठिन रास्ते की मार तू बरदाश्त नहीं कर सकेगा। यदि तेरे मन में अपने-आप (भीतर से) आनन्द नहीं जगता रहेगा तो तर्क-पर-तर्क करके तू सबकुछ तहस-नहस कर देगा। ना भाई, यदि तुझे कुछ चिन्ता-फिकिर है तो तू लौट जा!"

यदि तोर भावना थाके,
फिरे या ना—
तबे तुइ फिरे या ना।
यदि तोर-भय थाके तो,
करि माना॥
यदि तोर धूम जाड़िये थाके गाये,
भूल्वि ये पथ पाये-पाये,
यदि तोर हात काँपे तो निबिये आलो,
सबाय क'रबि कानो॥
यदि तोर छाड़ ते किछ न ज चाहे मन,
करिस् भारी बोझा आपन,
तबे तुइ सइते कभु पारिस ने रे
विषम पथेर टाना।
यदि तोर आपन ह'ते अकारणे
सुख सदा ना जाने मने,
तबै केवल, तर्क क' रे सकल कथा
क'रबि खाना-खाना॥
यदि तोर भावना थाके०॥

हो सकता है कि इस प्रकार अकेले ही सचाई के मार्ग पर चलने वाले को लोग शुरू-शुरू में पागल कहने लगें। शुरू-शुरू में किस महापुरुष को लोगों ने पागल नहीं समझा है? किस महापुरुष ने निर्यातन नहीं सहा है? रवीन्द्रनाथ ने कहा:

'जो तुझे पागल कहे, उसे तू कुछ भी मत कह। आज जो तुझे कैसा-कुछ समझकर धूल उड़ाता है, वही कल प्रातःकाल हाथ में माला लिए तेरे पीछे-पीछे फिरेगा। आज चाहे वह मान करके गद्दी पर बैठा रहे; किन्तु कल (निश्चय ही) वह प्रेमपूर्वक नीचे उतरकर तुझे अपना शीश नवाएगा':

ये तोरे पागल बले,
ता'रे दुइ बलिस्ने किछ।
आज के तोर केमन भेबे
अंग ते तोर धूलो देबे,
काल से प्राते माला हाते
आसबे रे तोर पिछ-पिछ

आजके आपन्न मानेर भरे
धाक् से ब'से गदिर' परे
काल् से प्रेमे आसबे नेमे,
क'रबे ता'र माथा नीचू॥

सच्चाई होनी चाहिए। सत्य प्रकाश-धर्मा है। वह छिपाकर रोक नहीं रखा जा सकता है। कुछ लोग ऐसे होते हैं, जो समझते हैं कि प्रत्येक नया विचार सनातन प्रथा को बरबाद कर देगा, संस्कृति को रसातल में पहुँचा देगा। इतिहास साक्षी है कि ऐसा करनेवालों का प्रयत्न कभी सफल नहीं हुआ। मनुष्य ने इतिहास से कितना सीखा है! संपत्ति-मद से मत्त लोग दो दिन आगे की बात भी नहीं देख पाते। वे अपनी शक्ति पर जितना भरोसा रखते हैं, उसका आधा भी उन पर नहीं रखते, जिनकी कणमात्र शक्ति पाकर वे अपने को शक्तिशाली समझा करते हैं। वे समझते हैं कि उनके हुक्मों पर ही संसार-धारा रुक जाएगी। वे पद-पद पर, 'ऐसा कभी नहीं हो सकता' कहकर प्रत्येक प्रगति का विरोध करते हैं। लेकिन अनादिकाल से यह सर्वविदित सत्य है कि जिसे मदमत्त शक्तिशाली लोग असम्भव कहा करते हैं, वह वस्तुतः असम्भव नहीं है।

रइला ब'ले राखले कारे
हुकुम तोमार फ'लूवे कबे।
(तोमार) टाताटानि टिक्बे ना भाई,

र'बार/येटा सेटाइ र'बे॥
या खुसि ताइ क'रते पारो—
गायेर जोरे राखो मारो—
यांर गाये सब व्यथा बाजे
तिनि या स'न सेटाई स'बे॥
अनेक तोमार टाका कड़ि
अनेक दड़ा अनेक दड़ि
अनेक अश्व अनेक करी,
अनेक तोमार आछे भवे।
भावृछो हबे तुमिइ या चाओ,
जगतृटा ये तुमिइ नाचाओ,
देखबे हठात् नयन खुले,
हय न ऐटा सेटाओ हबे।

''यह रह गया—ऐसा कहकर तुमने किसे बचा लिया? कब तुम्हारा हुक्म तामील हुआ है। अरे भाई, यह तेरी खींच-तान चलेगी नहीं, जो रहने को है वह सिर्फ वही रहेगा, तुम जो खुशी कर सकते हो, जबरदस्ती करके रखते रहो और मारते रहो, परन्तु जिनके शरीर में सारी व्यथा लगती है, वे जो-कुछ सहते हैं, उतना ही चल सकेगा। तुम्हारे बहुत रुपए-पैसे हैं, टीम-टाम हैं, बहुत हाथी-घोड़े हैं—दुनिया में तुम्हारी बहुत सम्पत्ति है। तुम सोचते हो कि जो तुम चाहोगे वही होगा, दुनिया को तुम्हीं नचा रहे हो। लेकिन, भाई मेरे, एक दिन तुम आँख खोलकर देखोगे कि (तुम्हारे मत से) जो कभी नहीं होता, वह भी हो गया।''

मगर निःसहाय अकेले निकल पड़ने में वीरता चाहे कितनी हो, क्या बुद्धिमानी भी है? अगर मनोवांछा पूरी न हुई तो इन लोगों का साथ छोड़ना किस काम आया? रवीन्द्रनाथ लक्ष्य-प्राप्ति को इतनी बड़ी बात नहीं मानते। चल देना ही बड़ी बात है; मनोवांछा पूरी हुई या नहीं, इसका हिसाब दुनियादार लोग किया करते हैं। वीर इसकी परवाह नहीं करता। सत्य के मार्ग में अग्रसर होकर टूट जाना भी अच्छा है। जो लोग सत्य के मार्ग में चल रहे हैं, उनका देखना भी श्रेयस्कर है; पर लक्ष्य तक नहीं पहुँचे तो सारी यात्रा ही व्यर्थ हो गई, ऐसा विचार रवीन्द्रनाथ को पसंद नहीं है। उन्होंने गाया है—'क्या हुआ जो मैं पार नहीं जा सका? मेरी आशा की नैया डूब गई तो हर्ज क्या है? वह हवा तो शरीर में लग रही है, जिससे नाव चल रही थी। तुम लोगों की चलती नाव देख रहा हूँ, इसी में क्या कम आनन्द है?

हाथ के पास अपने इर्द-गिर्द, जो कुछ पा रहा हूँ, वही बहुत है। हमारा दिन-भर क्या यही काम है कि उस पार की ओर ताकता रहूँ! यदि कुछ काम है तो प्राण देकर उसे पूरा कर लूँगा। मेरी कल्पलता वहीं है जहाँ कुछ दावा है!'

आमार नाइ वा ह'लो पारे यावा।
या हावाते चलतो तरी
अंगेते सेइ लागाइ हावा।

नेइ यदि वा जमलो पाडि,
घाट पाछे तो बसते पारि,
आमार आशार तरी डुबलो यदि
देखबो तोदेर तरी बावा।
हातेर काछे कोलेर काछे
या आछे सेइ अनेक आछे
आमार सारा दिनेर एइ कि रे काज
ओपार पाने केंदे चावा?
कम किछु मोर थाके हेथा
पूरिये नेबी प्राण दिये ता,
आमार सेइखाने तोइ कल्पलता
येखाने मोर दाबि-दावा।

"ओ अभागे मनुष्य! हो सकता है कि तेरे अपने ही लोग तुझे छोड़ दें, लेकिन इसकी चिंता करने से कैसे चलेगा? शायद तेरी आशा लता टूट जाएगी और उसमें फल नहीं फलेगा, इसलिए चिंता करने से कैसे चलेगा? तेरे रास्ते में अँधेरा छा जाएगा, पर इसलिए क्या तू रुक जाएगा? अरे ओ (अभागे), तुझे बार-बार बत्ती जलानी पड़ेगी और फिर शायद वही नहीं जलेगी!—लेकिन इसीलिए चिंता करने से कैसे चलेगा? तेरी प्रेम-वाणी सुनकर जंगली जानवर तक चले आएँगे और फिर भी ऐसा हो सकता है कि तेरे अपने लोगों का पाषाण का हृदय न पिघले!—लेकिन इसीलिए चिंता करने से कैसे चलेगा? दोस्त मेरे, तू क्या इसीलिए लौट आएगा कि सामने का दरवाजा बंद है? न भाई, तुझे बार-बार ठेलना पड़ेगा और फिर भी हो सकता है कि दरवाजा हिले ही नहीं!—लेकिन इसीलिए चिंता करने से कैसे काम चलेगा?"

तोर आपन जने छाड़बे तोरे
ता' बले भावना करा चलबे ना।

तोर आशालता पड़बे छिंड़े
हय तो रे फल फलबे न—
ता' बले भावना करा चलबे ना।
आसबे पथे आंधार नेमे
ताइ बलेइ कि रइबि थेमे
तो तुइ बारे-बारे ज्वालबि बाति, हय तो बाति ज्वलबे ना॥
ता' बले भावना करा चलबे ना॥
शुने तोमार मुखेर बानी,
आसबे फिरे बनेर प्राणी,
तबु हयतो तोमार आपन घरे पाषाण हिया गलबे ना—
ता' बले भावना करा चलबे ना॥
बद्ध दुयार देखलि बले
तोरे बारे-बारे ठेलत हबे, हयतो दुयार टलबे ना—
ता' बले भावना करा चलबे ना॥

फलाशा के प्रति निःस्पृह होने का अर्थ यह नहीं कि फल-प्राप्ति के विषय में साधक का विश्वास न हो! वस्तुतः अखंड विश्वास के बिना निःस्पृहता आती ही नहीं। "अरे ओ मन, सदा विश्वास रख कि काम होकर ही रहेगा। यदि तूने सचमुच प्रण ठान लिया है तो निश्चय ही तेरी प्रतिज्ञा रहेगी। यह जो तेरे सामने पाषाण की तरह पड़ा हुआ है, वह प्राण पाकर हिल उठेगा। जो गूँगों की भाँति पड़े हुए हैं—वे भी निश्चय ही बोलने लगेंगे। समय हो गया है। जिनके पास जो बोझ है, वह उठा लो। मेरे मन, यदि तूने दुःख को सिर-माथे ले लिया है तो तेरा यह दुःख जरूर सह जाएगा। जब घंटा बज उठेगा, तो तू देखेगा कि सब लोग तैयार हैं और सभी यात्री एक साथ निश्चय ही एक रास्ते पर निकल पड़ेंगे। मेरे मन, दिन-रात यह विश्वास रख कि काम होकर ही रहेगा।"

निशिदिन भरसा राखिस ओरे मन, हबेइ हबे।
यदि पण करे थाकिस, से-पण तोमार रबेइ र'बे
ओरे मन हबेइ हबे॥
पाषाण समान आछे पड़े
प्राण पेये से उठबे नड़े
आछे यारा बोबार मतन, तराओ कथा कबेइ कबे॥

समय होलो समय होलो,
ये यार आपन बोझा तोलो;
दुःख यदि माथाय धरिस, से दुःख तो सबेइ सबे॥
देखबे सबाइ आसबे सेजे;
घंटा यखन उठबे बेजे,
एक-साथे सब यात्री यत एकइ रास्ता लबेइ लबे॥
निशिदिन भरसा राखिस०॥

इस अखण्ड विश्वास का साधक एक बार चल पड़ने पर लौटता नहीं। "ना, मैं अब नहीं लौटूँगा। नहीं लौटूँगा। मेरी नैया अब ऐसी मनोहर हवा की ओर बह चली है, अब मैं किनारे नहीं लगूँगा, नहीं लगूँगा। धागे टूटकर छितरा गए हैं तो क्या, मैं उन्हें ही खोंट-खोंटकर जान दे दूँ? ना, अब टूटे घर की खूँटियाँ बटोरकर मैं बेड़ा नहीं रूँधूँगा! घास की रस्सी टूट गई है तो क्या इसीलिए छाती पीट-पीटकर रोऊँ? अब तो मैं पाल की रस्सी कसके पकड़ लूँगा, यह रस्सी टूटने नहीं दूँगा? नहीं दूँगा।"

आमि फिरबो ना रे, फिरबो ना आर फिरबो ना रे—
(एमन) हावार मुखे भासूला तरी
(कूले) भिड़्बो ना आर भिड़्बो ना रे॥
झड़िये गेछे सुतो छिड़े
ताई खुँटे' आज मर्बो कि रे,
(एखन) भाँगा घरेर कुड़िये खूँटि
(बेड़ा) घिर्बो ना आर घिर्बो ना रे॥
धाटेर रसि गेछे केटे
काँद्बो कि ताइ वक्ष' फेटे,
(एखन) पालेर रसि धरबो कसि
(एखन) छिड़बो ना आर छिड़बो ना रे॥

जो रास्ते पर निकल पड़ा है, उसे फिरने का नाम लेना भी ठीक नहीं है। नेता वही हो सकता है, जो स्वयं अपने-आपको ही जीत सके। रवीन्द्रनाथ ने नाना भाव से इस बात पर जोर दिया है। जो आत्मजयी है, जिसने अपने-आपको काबू में रखा है, वही दूसरों को भिड़ पड़ने की प्रेरणा दे सकता है। जो स्वयं हार गया है, जो अपने को ही नहीं सँभाल सका, वह दूसरे को क्या बल देगा?—"अरे ओ अभागे, यदि तू स्वयं ही अवसाद-ग्रस्त होकर गिर पड़ेगा तो दूसरे किसी को कैसे बल देगा? उठ पड़, खड़ा हो जा, हिम्मत न हार। लाज छोड़ दे, भय छोड़ दे—तू अपने-

आपको ही जीत ले। जब ऐसा हो जाएगा, तब तू जिसे पुकारेगा, वह तेरी पुकार पर चल पड़ेगा। अगर तू रास्ते में निकल ही पड़ा है तो अब जो भी हो, जैसा भी हो, लौटने का नाम न ले। अरे ओ अभागे, तू बार-बार पीछे की ओर न देख। भाई मेरे, दुनिया में भय कहीं नहीं है, वह केवल तेरे अपने मन में है। तू सिर्फ अभय-चरणों की शरण लेकर निकल पड़।''

आपनि अवश होलि, तबे बल दिबि तुइ कारे।
उठे दाँड़ा' उठे दाँड़ा' भेङ' पड़िस ना रे॥
करिस ने लाज करिस ने भय,
अपना के तुइ क'रे ने जय
सबाइ तखन साड़ा देबे डाक दिबि तुइ या रे॥
बाहिर यदि ह'लि पथे
फिरिस ने तुइ कोन मते,
थेके - थेके पिछन पाने
चास् ने बारे-बारे।
नाइ ये रे भय त्रिभुवने
भय शुधु तोर निजेर मने
अभय चरण शरण क'रे
बाहिर हये या रे॥

''न भाई, तू कमर कसकर तैयार हो जा, बार-बार हिलना ठीक नहीं है। मेरे दोस्त, केवल सोचकर तू हाथ में आई लक्ष्मी को ठुकराने की गलती न कर। इधर या उधर कुछ एक बात तय कर ले। यह भी क्या कि केवल विचारों के स्रोत पर बहता ही फिरा जाए! बहता फिरना तो मर जाने से बुरा है। न भाई, एक बार इधर, एक बार उधर—यह खेल अब बन्द कर। रत्न मिलता हो तो, न मिलता हो तो, एक बार प्रयत्न तो फिर भी करना ही पड़ेगा। क्या हुआ अगर वह तेरे मन लायक नहीं है तो? न भाई, तू अब आँसू तो मत गिरा। डोंगी धारा में छोड़ देनी हो तो छोड़ दे, पशोपेश में पड़कर समय क्यों बरबाद कर रहा है? जब अवसर हाथ से निकल जाएगा, पयान की बेला बीत जाएगी, क्या तू तब आँख खोलेगा?''

बुक बेंधे तुइ दाँड़ा देखि, बारे-बारे हेलिसने भाइ।
शुधु तुइ भेबे भेबेइ हातेर लक्ष्मी ठेलिसने भाइ।
एकटा किछु क'रे ने ठिक, भेसे फेरा मरार अधिक,
बारेक ए-दिक बारेक ओ-दिक, ए खेला आर खेलिसने, भाइ॥

मेले किना मेले रतन, करते तबु हबे यतन,
ना यदि हम मनेर मतन, चोबेर जलटा फेलिसने, भाइ।
भासाते हय भासा भेलां, करिसने आर हेला-फेला,
पेरिये यखन याबे बेला तखन आँखि मेलिसने, भाइ॥

"भाई मेरे, घर में म्लान मुँह देखकर तू गल न जा, बाहर अंधकारमय मुख देखकर तू बिदक न जा, जो तेरे मन में है, उसे प्राणों की बाजी लगाकर भी पाने का प्रयत्न कर, सिर्फ इतना ध्यान रख कि उस मनचाही वस्तु के लिए दस आदमियों के बीच हल्ला न करना पड़े! भाई मेरे, रास्ता केवल एक ही है। उसे ही पकड़कर आगे बढ़े चल। जिसे ही आया देख, उसी के पीछे चल पड़ने की गलती न कर। तू अपने काम में लगा रह। जिसे जो खुशी हो, उसे वही कहने दे ना? क्यों तू दूसरों की परवाह करता है? औरों की बात से अपने-आपको झुलसाना ठीक नहीं है, ना, तू किसी की भी परवाह न कर।"

घरे मुख मलिन देखे गलिसने—ओरे भाइ,
बाइरे मुख आँधार देखे ढलिसने—ओरे भाइ॥
या तोमार आछे मने साधो ताइ परानपणे,
शुधु ताइ दशजनारे बलिसने—ओरे भाइ॥
एकइ पथ आछे ओरे, चल् सेइ रास्ता ध'रे
ये आसे तारि पिछे—चलिसने—ओरे भाइ।
थाक् ना तुइ आपन् काजे—या खुशी बलुक ना ये,
ता निये गायेर ज्वालाय ज्वलिसने—ओरे भाइ॥

जिस वीर ने एक बार बढ़ने का दृढ़ निश्चय कर लिया, जो अपने-आपको जीतकर, अपने समस्त क्षुद्र स्वार्थों को भूलकर अमृत के संधान में निकल पड़ा है, उसकी विजय निश्चय है। रास्ते में विघ्न आएँगे पर वे दूर हो जाएँगे। बंधन जकड़ेंगे; पर छिन्न हो जाएँगे। बाधाएँ दृढ़ निश्चयी को परास्त नहीं कर सकतीं। वह दुःख में संकट में और आनन्द में चराचर को आंदोलित करता हुआ, उल्लसित करता हुआ निकल जाएगा। "भय नहीं है, भय नहीं है, विजय निश्चित है, यह द्वार खुलकर ही रहेगा। मैं ठीक जानता हूँ—तेरे बन्धन की डोरी बार-बार टूट जाएगी। क्षण-क्षण तू अपने-आपको खोकर सुप्ति की रात काट रहा है। अरे भाई, तुझे बार-बार विश्व का अधिकार पाना होगा। स्थल में, जल में; लोकालय में, सर्वत्र तेरा आह्वान है। तू सुख और दुःख में, लाज की हालत में, और भय की हालत में भी गान गाएगा, तेरे उस प्रत्येक स्वर में फूल, पल्लव, नदी, निर्झर सुर

मिलाएँगे और तेरे उस प्रत्येक छन्द से आलोक और अंधकार स्पंदित होंगे।''

नाइ-नाइ भय, हबे-हबे जय, खुले जाबे एइ द्वार—
जानि-जानि तोर बन्धन डोरे छिंड़े जाबे बारे-बार॥
खने-खने तुइ हाराये आपना सुप्ति निशीथ करिस यापना॥
बारे-बारे तोरे फिरे पेते हबे विश्वेर अधिकार॥
स्थले तोर आछे आह्वान आह्वान लोकालये,
चिरदिन तुइ गाहिबि ये गान सुखे-दुखे लाजे-भये।
फूल-पल्लव-नदी-निर्झर सुरे-सुरे तोर मिलाइबे स्वर,
छंदे ये तीर स्पंदित हबे आलोक अंधकार॥

देश-माता के प्रति जो भक्ति है, वह क्या किसी स्वार्थ के कारण है? ऐसी युक्तियाँ दी जाती हैं कि हमारा देश इतना सुन्दर है, हमारी पृथ्वी ऐसी रत्नगर्भा है; हमारा आकाश ऐसा मनोरम है और इसीलिए हमारा देश संसार का सर्वश्रेष्ठ देश है; परन्तु ये युक्तियाँ केवल अपने आपको भुलावा देने के लिए ही दी जाती हैं। माता के प्रति पुत्र का प्रेम अहैतुक होता है। 'माता, मेरा जन्म सार्थक है जो इस देश में पैदा हुआ हूँ। मेरा जन्म सार्थक है जो मैं तुझे प्यार कर रहा हूँ। मुझे ठीक नहीं मालूम कि तेरे पास किसी रानी की भाँति कितना धन है, कितने रत्न हैं। सिर्फ इतना ही जानता हूँ कि तेरी छाया में आने से मेरे अंग-अंग जुड़ा जाते हैं। मैं ठीक नहीं जानता कि और किसी वन में ऐसे फूल खिलते हैं या नहीं, जो इस प्रकार अपनी सुगंधि से आकुल कर देते हैं। यह भी नहीं जानता कि किसी आसमान में ऐसी मधुर हँसी हँसनेवाला चाँद उठता है या नहीं; सिर्फ इतना जानता हूँ कि तुम्हारे प्रकाश में पहले-पहल मैंने आँखें खोलीं और वे जुड़ा गईं! बस, इसी आलोक में आँखें बिछाएँ रहूँगा और अन्त में इसी आलोक में उन्हें मूँद भी लूँगा।''

सार्थक जनम आभार जन्मेछि ए देशे॥
सार्थक जनम मागो, तोमाय भालबेसे॥
जानिने तोर धन रतन, आछे किना रानीर मतन,
शुधू जानि आमार अंग जुड़ाय तोमार छायाय ऐसे॥
कौन् बनेते जानिने फूल गंधे एमन करे आकुल,
कोन् गगने ओठे रे चाँद एमन हासि हेसे
आँखि मेरे तोमार आली प्रथम आमार चोख जुड़ाल,
ओइ आलोतेई नयन रेखे मूदब नयन शेषे॥

यह अहैतुक प्रेम ही वास्तविक भक्ति है। यही देशभक्त का सबसे बड़ा संबल है।

एक कुत्ता और एक मैना

आज से कई वर्ष पहले गुरुदेव के मन में आया कि शांतिनिकेतन को छोड़कर कहीं अन्यत्र जाएं। स्वास्थ्य बहुत अच्छा नहीं था शायद इसीलिए या पता नहीं क्यों, तब पाया कि वे श्रीनिकेतन के पुराने तिमंजिले मकान में कुछ दिन रहें। शायद मौज में आकर ही उन्होंने यह निर्णय किया हो। वह सबसे ऊपर के तल्ले में रहने लगे। उन दिनों ऊपर तक पहुँचने के लिए लोहे की चक्करदार सीढ़ियाँ थीं और वृद्ध और क्षीणवपु रवीन्द्रनाथ के लिए उस पर चढ़ सकना असंभव था। फिर भी बड़ी कठिनाई से वहाँ ले जाया जा सका।

उन दिनों छुट्टियाँ थीं। आश्रम के अधिकांश लोग बाहर चले गए थे। एक दिन हमने सपरिवार उनके 'दर्शन' की ठानी। 'दर्शन' को मैं जो यहाँ विशेषरूप से दर्शनीय बनाकर लिख रहा हूँ, उसका कारण यह कि गुरुदेव के पास जब कभी मैं जाता था, प्रायः यह कहकर मुस्कुरा देते थे कि 'दर्शनार्थी हैं क्या?' शुरू-शुरू में मैं उनसे ऐसी बँगला में बात करता था, जो वस्तुतः हिन्दी-मुहावरों का अनुवाद हुआ करती थीं। किसी बाहर के अतिथि को जब मैं उनके पास ले जाता था तो कहा करता था, एक भद्र लोक आपनार दर्शनेर जन्य ऐसे छेन।' यह बात हिन्दी में जितनी प्रचलित है, उतनी बँगला में नहीं। इसलिए गुरुदेव जरा मुस्कुरा देते थे। बाद में मुझे मालूम हुआ कि मेरी यह भाषा बहुत अधिक पुस्तकीय है और गुरुदेव ने उस 'दर्शन' शब्द को पकड़ लिया था। इसलिए जब कभी मैं असमय में पहुँच जाता था तो वह हँसकर पूछते थे—'दर्शनार्थी लेकर आए हो क्या?' यहाँ यह दुःख के साथ कह देना चाहता हूँ कि अपने देश के दर्शनार्थियों में कितने ही ऐसे प्रगल्भ होते थे कि समय-असमय, स्थान-अस्थान, अवस्था-अनवस्था की एकदम परवाह नहीं करते थे और रोकते रहने पर भी आ ही

जाते थे। ऐसे 'दर्शनार्थियों' से गुरुदेव कुछ भीत-भीत से रहते थे। अस्तु, मैं मय बाल-बच्चों के एक दिन श्रीनिकेतन जा पहुँचा। कई दिनों से उन्हें देखा नहीं था!

गुरुदेव यहाँ बड़े आनंद में थे। अकेले रहते थे। भीड़-भाड़ उतनी नहीं होती थी, जितनी शांतिनिकेतन में। जब हम लोग ऊपर गए तो गुरुदेव बाहर एक कुर्सी पर चुपचाप बैठे अस्तगामी सूर्य की ओर ध्यान-स्तिमित नयनों से देख रहे थे। हम लोगों को देखकर मुस्कुराए, बच्चों से जरा छेड़छाड़ की, कुशल-प्रश्न पूछे और फिर चुप हो रहे। ठीक उसी समय उनका कुत्ता धीरे-धीरे ऊपर आया और उनके पैरों के पास खड़े होकर पूँछ हिलाने लगा। गुरुदेव ने उसकी पीठ पर हाथ फेरा। वह आँखें मूँदकर अपने रोम-रोम से उस स्नेह-रस का अनुभव करने लगा। गुरुदेव ने हम लोगों की ओर देखकर कहा, "देखा तुमने, यह आ गए। इन्हें कैसे मालूम हुआ कि मैं यहाँ हूँ, आश्चर्य है! और देखो, कितनी परितृप्ति इनके चेहरे पर दिखाई दे रही है!"

हम लोग उस कुत्ते के आनंद को देखने लगे! किसी ने उसे राह नहीं दिखाई थी, न उसे यह बताया था कि उसके स्नेहदाता यहाँ से दो मील दूर हैं और फिर भी वह पहुँच गया। इसी कुत्ते को लक्ष्य करके उन्होंने 'आयोग्य' में इस भाव की एक कविता लिखी थी—'प्रतिदिन प्रातःकाल यह भक्त कुत्ता स्तब्ध होकर आसन के पास तब तक बैठा रहता है, जब तक अपने हाथों के स्पर्श से मैं इसका संग नहीं स्वीकार करता। इतनी-सी स्वीकृति पाकर ही उसके अंग-अग में आनंद का प्रवाह बह उठता है। इस वाक्यहीन प्राणिलोक में सिर्फ यही एक जीव अच्छा-बुरा सबको भेदकर संपूर्ण मनुष्य को देख सका है; उस आनंद को देख सका है, जिसे प्राण दिया जा सकता है, जिसमें अहैतुक प्रेम ढाल दिया जा सकता है, जिसकी चेतना असीम लोक में राह दिखा सकती है। जब मैं इस मूक हृदय का प्राणपण आत्मनिवेदन देखता हूँ, जिसमें वह अपनी दीनता बताता रहता है, तब मैं यह सोच ही नहीं पाता कि उसने अपने सहज बोध से मानव-स्वरूप में कौन-सा अमूल्य आविष्कार किया है; इसकी भाषाहीन दृष्टि की करुण व्याकुलता जो कुछ समझती है, उसे समझा नहीं पाती और मुझे इस दृष्टि से मनुष्य का सच्चा परिचय समझा देती है!' इस प्रकार कवि की मर्मभेदी दृष्टि से इस भाषाहीन प्राणी की करुण दृष्टि के भीतर उस विशाल मानव सत्य को देखा है, जो मनुष्य के अन्दर भी नहीं देख पाता।

मैं जब यह कविता पढ़ता हूँ तब मेरे सामने श्रीनिकेतन के तितल्ले पर की वह घटना प्रत्यक्ष-सी हो जाती है। वह आँख मूँदकर अपरिसीम आनंद,

वह 'मूक हृदय का प्राणपण आत्मनिवेदन' मूर्तिमान हो जाता है। उस दिन मेरे लिए वह एक छोटी-सी घटना थी, आज वह विश्व की अनेक महिमाशाली घटनाओं की श्रेणी में बैठ गई है। एक आश्चर्य की बात इस प्रसंग में और उल्लेख की जा सकती है। जब गुरुदेव का चिताभस्म कलकत्ते से आश्रम में लाया गया, उस समय भी न जाने किस सहज बोध के बल पर वह कुत्ता आश्रम के द्वार तक आया और चिताभस्म के साथ अन्यान्य आश्रमवासियों के साथ शांत-गम्भीर भाव से उत्तरायण तक गया! आचार्य क्षितिमोहन सेन सबके आगे थे। उन्होंने मुझे बताया कि वह चिताभस्म के कलश के पास थोड़ी देर चुपचाप बैठा भी रहा।

कुछ और पहले की घटना याद आ रही है। उन दिनों शांतिनिकेतन में मैं नया ही आया था। गुरुदेव से अभी उतना धृष्ट नहीं हो पाया था। गुरुदेव उन दिनों सुबह अपने बगीचे में टहलने के लिए निकला करते थे। मैं एक दिन उनके साथ हो गया था। मेरे साथ एक और पुराने अध्यापक थे और सही बात तो यह है कि उन्होंने ही मुझे अपने साथ ले लिया था। गुरुदेव एक-एक फूल-पत्ते को ध्यान से देखते हुए अपने बगीचे में टहल रहे थे और उक्त अध्यापक महाशय से बातें करते जा रहे थे। मैं चुपचाप सुनता जा रहा था। गुरुदेव ने बातचीत के सिलसिले में एक बार कहा, "अच्छा साहब, आश्रम के कौए क्या हो गए? उनकी आवाज सुनाई ही नहीं देती!" न तो मेरे साथी उन अध्यापक महाशय को यह खबर थी और न मुझे ही। बाद में मैंने लक्ष्य किया कि सचमुच कई दिनों से आश्रम में कौए नहीं दीख रहे हैं। मैंने तब तक कौओं को सर्वव्यापक पक्षी ही समझ रखा था। अचानक उस दिन मालूम हुआ कि ये भले आदमी भी कभी-कभी प्रवास चले जाते हैं या चले जाने को बाध्य होते हैं। एक लेखक ने कौओं की आधुनिक साहित्यिकों से उपमा दी है, क्योंकि इनका मोटो है—'मिस् चीफ फार मिस् चीफ्स सेक' (शरारत के लिए ही शरारत), तो क्या कौओं का प्रवास किसी शरारत के उद्देश्य से ही था? प्रायः एक सप्ताह के बाद बहुत कौए दिखाई दिए।

एक दूसरी बार मैं सवेरे गुरुदेव के पास उपस्थित था। उस समय एक लँगड़ी मैना फुदक रही थी। गुरुदेव ने कहा, "देखते हो, यह यूथभ्रष्ट है। रोज फुदकती है, ठीक यहीं आकर। मुझे इसकी चाल में एक करुण भाव दिखाई देता है।" गुरुदेव ने अगर कह न दिया होता तो मुझे उसका करुण भाव एकदम नहीं दीखता। मेरा अनुभव था कि मैना करुण भाव दिखानेवाला पक्षी है ही नहीं। वह दूसरों पर अनुकंपा ही दिखाया करती है। तीन-चार वर्ष से मैं एक नये मकान में रहने लगा हूँ। मकान के निर्माताओं

ने दीवारों में चारों ओर एक सूराख़ छोड़ रखा है। यह कोई आधुनिक वैज्ञानिक खतरे का समाधान होगा। सो एक-एक मैना दंपति नियमित भाव से प्रतिवर्ष यहाँ गृहस्थी जमाया करते हैं। तिनके और चिथड़ों का अंबार लगा देते हैं। भले मानव गोबर के टुकड़े तक ले आना नहीं भूलते। हैरान होकर हम सूराखों में ईंटें भर देते हैं; परन्तु वे खाली बची जगह का भी उपयोग कर लेते हैं। पति-पत्नी जब कोई एक तिनका लेकर सूराख में रखते हैं तो उनके भाव देखने लायक होते हैं। पत्नीदेवी का तो क्या कहना? एक तिनका ले आईं तो फिर एक पैर पर खड़ी होकर जरा पंखों को फटकार दिया, चोंच को अपने ही पैरों से साफ कर लिया और नाना प्रकार की मधुर और विजयोद्घोषी वाणी में गाना शुरू कर दिया! हम लोगों की तो उन्हें कोई परवाह ही नहीं रहती। अचानक इस समय अगर पतिदेवता भी कोई कागज या गोबर का टुकड़ा लेकर उपस्थित हुए, तब तो क्या कहना? दोनों के नाच-गान और आनन्द-नृत्य से सारा घर मुखरित हो उठता है। इसके बाद ही पत्नीदेवी जरा हम लोगों की ओर मुखातिब होकर लापरवाही भरी अदा से कुछ बोल देती हैं। पतिदेवता भी मानो मुस्कुराकर हमारी ओर देखते, कुछ रिमार्क करते और मुँह फेर लेते हैं। पक्षियों की भाषा तो मैं नहीं जानता; पर मेरा विश्वास है कि उनमें कुछ इस तरह की बातें हो जाया करती हैं।

पत्नी—ये लोग यहाँ कैसे आ गए, जी?

पति—ऊँह, बेचारे आ गए हैं, तो रह जाने दो। क्या कर लेंगे?

पत्नी—लेकिन फिर भी इनको इतना खयाल होना चाहिए कि यह हमारा प्राइवेट घर है।

पति—आदमी जो हैं, इतनी अकल कहाँ?

पत्नी—जाने भी दो।

पति—और क्या!

सो इस प्रकार की मैना कभी करुण हो सकती है, यह मेरा विश्वास नहीं था। गुरुदेव की बात पर मैंने ध्यान से देखा तो मालूम हुआ कि सचमुच ही उसके मुख पर एक करुण भाव है। शायद वह विधुर पति था, जो पिछली स्वयंवर-सभा के युद्ध में आहत और परास्त हो गया था; या विधवा पत्नी है, जो पिछले विडाल के आक्रमण के समय पति को खोकर, युद्ध में ईषत् चोट खाकर एकांत विहार कर रही है। हाय, क्यों इसकी ऐसी दशा है? शायद इसी मैना को लक्ष्य करके गुरुदेव ने बाद में एक कविता लिखी थी, जिसके कुछ अंश का सार इस प्रकार है:

'उस मैना को क्या हो गया है, यही सोचता हूँ। क्यों वह दल से अलग होकर अकेली रहती है? पहले दिन देखा था सेमर के पेड़ के नीचे मेरे बगीचे में। जान पड़ा, जैसे एक पैर से लँगड़ा रही हो। इसके बाद उसे रोज सवेरे देखता हूँ—संगीहीन होकर कीड़ों का शिकार करती फिरती है! चढ़ आती है बरामदे में। नाच-नाचकर चहलकदमी किया करती है, मुझसे जरा भी नहीं डरती। क्यों है ऐसी दशा इसकी? समाज के किस दंड पर उसे निर्वासन मिला है? दल के किस अविचार पर उसने मान किया है? कुछ ही दूर पर और मैनाएँ बकझक कर रही हैं, घास पर उछल-कूद रही हैं; उड़ती-फिरती हैं, शिरीष वृक्ष की शाखाओं पर। इस बेचारी को ऐसा कुछ भी शौक नहीं है। इसके जीवन में कहाँ गाँठ पड़ी है, यही सोच रहा हूँ। सवेरे की धूप में मानो सहज मन से आहार चुगती हुई झड़े हुए पत्तों पर कूदती-फिरती है सारा दिन। किसी के ऊपर इसका कुछ अभियोग है, यह बात बिलकुल नहीं जान पड़ती। इसकी चाल में वैराग्य का गर्व भी तो नहीं है, दो आग-सी जलती आँखें भी तो नहीं दिखतीं।' इत्यादि।

जब मैं इस कविता को पढ़ता हूँ तो उस मैना की करुण मूर्ति अत्यन्त साफ होकर सामने आ जाती है। कैसे मैंने उसे देखकर भी नहीं देखा और किस प्रकार कवि की आँखें इस बेचारी के मर्मस्थल पर पहुँच गईं, सोचता हूँ तो हैरान हो रहता हूँ। एक दिन वह मैना उड़ गई। सायंकाल कवि ने उसे नहीं देखा। जब वह अकेले आया करती है उस डाल के कोने में; जब झींगुर अन्धकार में झनकारता रहता है, जब हवा में बाँस के पत्ते झरझराते रहते हैं, पेड़ों की फाँक से पुकारा करता है नींद तोड़नेवाला सन्ध्यातारा! कितना करुण है, उसका गायब हो जाना!

आलोचना का स्वतन्त्र मान

एक पत्र के लिए लेख लिखने बैठा हूँ। चाहता हूँ कि काव्य के रसलोक की अनिर्वचनीयता के सम्बन्ध में पाठकों को नई बात सुनाऊँ, परन्तु हृदय भीतर से विद्रोह कर रहा है। बार-बार मन का बहुत दिनों का अन्त:संचित पाप बाहर निकल आना चाहता है। वर्षों से अध्यापन का कार्य कर रहा हूँ, हिन्दी और संस्कृति के रस-सिद्ध महाकवियों की वाणी पढ़ता-पढ़ाता आया हूँ, विद्यार्थियों को और अपने-आपको समझता रहा हूँ कि इस काव्य-रस के रसिकों को एक अलौकिक अनिर्वचनीय आनन्द मिलता है, जो ब्रह्मानन्द का सहोदर है। कहता रहा हूँ कि दुनिया के छोटे-मोटे प्रयोजन इस गुणमय शरीर और मन की परितृप्ति के लिए हैं। आत्मा की परितृप्ति किसी अलौकिक रस नामक वस्तु से होती है—अर्थात् अपने को और अपने श्रोताओं को दो परस्पर-विरोधी दुनियाओं की बात बता रहा हूँ—एक जड़-जगत है, दूसरा रस-जगत। परन्तु ऐसा कभी नहीं हुआ है कि भीतर से एक आवाज नहीं आती हो कि आखिर प्रमाण क्या है? क्यों इस रस-जगत के साथ जड़-जगत की निरंतर लड़ाई चल रही है? क्यों जब एक दो-दुगन्ने-चार कहता है तो दूसरा पाँच कहने के लिए कटिबद्ध है? क्यों एक स्वर्ग-लोक की ओर उठता है तो दूसरा पैर पकड़कर अस्वर्गलोक की ओर खींच लेता है? मैंने अपने श्रोताओं को धोखा नहीं दिया है, उन्हें भी इस प्रश्न की ओर उन्मुख किया है; परंतु अपने-आपको मैंने धोखा दिया है। मैं रस-लोक की अनिर्वचनीयता पर विश्वास न करके भी विश्वास करता रहा हूँ। आज मेरे मन की अवस्था ठीक ऐसी ही नहीं है। आज मुझे ऐसा लग रहा है कि रस-जगत और जड़-जगत का भेद कल्पना करके हमने बिस्मिल्ला ही गलत बोल दिया है। मैं पाठकों का समय व्यर्थ में नष्ट नहीं करूँगा—विश्वास रखें। परन्तु हृदय के भीतर जो विद्रोह आज घनीभूत हो

बरसना चाह रहा है, उसके उत्तेजक कारणों को कहे बिना मैं अपनी बात ठीक-ठीक नहीं समझा सकूँगा।

अध्यापक-जीवन का एक बड़ा भारी अभिशाप यह है कि आपको ऐसी सैकड़ों बातों को पढ़ना-पढ़ाना पड़ेगा, जिसे आप न तो हृदय से स्वीकार करते हैं और न साहित्य के लिए हितकर मानते हैं। यहाँ आदमी को आपा खोकर ही सफलता मिलती है। अगर आपने कहीं स्वतंत्र मत प्रकट किया तो साथ ही विद्यार्थी को आगाह कर देना पड़ेगा कि देखो, अमुक आदमी जिसकी धाक परीक्षक-मंडली पर जमी हुई है, ऐसा न मानकर ऐसा मानता है। प्रकृत प्रसंग यह कि 'ऐसा न मानकर ऐसा माननेवालों की' परस्पर-विरोधी उक्तियों पर अगर कोई सचमुच गंभीरतापूर्वक विचार करे तो उसके लिए शीघ्र आपके बगल में जो पागलखाना है, उसमें शरण लेनी पड़ेगी। और आप निश्चित मानिए कि यदि ऐसे लोग कुछ अधिक संख्या में आगरे में उस गृह में जाने लगें तो आपको महत्त्वपूर्ण आलोचनात्मक लेखों की कमी भी नहीं पड़ेगी; और यदि पाठकों ने भी उन विचित्र मतों को गंभीरतापूर्वक स्वीकार करना शुरू किया तो आगरे के अधिकारियों को स्थान बढ़ाना पड़ेगा! पर आपको आगरे के बाहर से लेख माँगने पड़ते हैं, यही इस बात का सबूत है कि कोई साहित्यिक आलोचनाओं को गंभीरतापूर्वक पढ़ता नहीं। एक सबूत यह भी है कि साधारण पाठक-मण्डली नित्य नए युगांतरकारी रचयिताओं और रचनाओं का आविष्कार करनेवाले लेखक से कभी जवाब तलब नहीं करती। ऐसी परस्पर असंलग्न और बेतुकी बातों के सुनने की उसे आदत पड़ गई है। सवाल यह है कि आखिर एक ही कवि के बारे में आकाश-पाताल जैसे अन्तरवाली सम्मतियाँ क्यों मिलती हैं? सस्ता जवाब यह है कि समालोचक भिन्न-भिन्न रुचि के होते हैं, सबकी योग्यता भी समान नहीं होती, इत्यादि। यह ठीक बात है। समालोचक नामक वैज्ञानिक में व्यक्तिगत बुद्धि में कम-बेशी तो होती ही होगी, पर उलटी क्यों होगी? अर्थात् 'क' अगर कहे कि शेक्सपियर अद्वितीय नाटककार है, तो उससे अधिक जानकारी रखनेवाले को कहना चाहिए कि वह अतृतीय, अपंचम या अदशम नाटककार है, पर यह क्योंकि 'ख' कहे कि उसे नाटक के 'न' अक्षर का भी ज्ञान नहीं? आप मुझे गलत न समझें। मेरी मंशा यह नहीं है कि आलोचकों को अज्ञ कहूँ और न मेरी मंशा यही है कि आलोचनाशास्त्र को उठा फेंकने की सलाह दूँ। मैं उस विकृत मानसिक द्वन्द्व की ओर इशारा करना चाहता हूँ जिसको अध्यापक अपनी इच्छा और रुचि के विरुद्ध भी ढोता रहता है।

असल में कहीं मूल में ही गलती होनी चाहिए। मनुष्य का मन एक हजार अनुकूल और प्रतिकूल धाराओं के संघर्ष से रूप ग्रहण करता है, उसे अगर प्रमाण मान लें तो मूल्य-निर्धारण का कोई सामान्य मानदंड बन ही नहीं सकता। ग्राहक और विक्रेता को अपने-अपने मन के अनुसार 'सेर' बनाने को छोड़ दीजिए तो बाजार बन्द हो जाएँगे। कवि का कारबार इसी मानसिक 'सेर' से चलता है। अंततः अब तक उसी प्रेम से चलता रहा है। इधर समालोचक एक अपने मन का गढ़ा सेर लेकर पहुँचा है। जब हम समालोचक की रुचि की बात कहते हैं तो उसके उसी आत्मा-निर्धारित सेर की बात करते हैं 'क' नामक समालोचक जिसको तीन सेर कहता है, 'ख' उसे पौन सेर मानने को भी तैयार नहीं। एक पुरस्कार के लिए एक निर्णायक ने एक पुस्तक पर 85 नम्बर दिए थे, दूसरे ने 20 और तीसरे ने शून्य! और फिर भी समालोचक यह आशा करने से बाज नहीं आते कि उनकी बातें लोग उत्कर्ण होकर सुनेंगे। आप आलोचकों से बातें कीजिए तो देखिए, वे अपनी लिखी हुई प्रत्येक पंक्ति को कितना महत्त्वपूर्ण समझ बैठे हैं। पर सही बात यह है कि अधिकांश ऊपर से ऐसा दिखाते रहने पर भी भीतर ही भीतर अपनी आलोचनाओं को उतना महत्त्व नहीं देते। अगर वे अपनी-अपनी सम्मतियों को सचमुच स्वीकरणीय मानते, तो दो-तीन साहित्यिक पुलिस कैसे हर शहर में होते रहते?

यह तय है कि अपनी-अपनी रुचि और अपने-अपने संस्कार लेकर वस्तु का यथार्थ स्वरूप-निर्णय नहीं हो सकता। कोई एक सामान्य मान-दण्ड होना चाहिए। वह मान-दण्ड बुद्धि है अर्थात् किसी वस्तु, धर्म या क्रिया के वास्तविक रहस्य का पता लगाने के लिए उसे अपने अनुराग-विराग या इच्छा-द्वेष के साथ नहीं सान देना चाहिए, बल्कि देखना चाहिए कि देखनेवाले के बिना भी वस्तु अपने-आपमें क्या है? गीता में इसी बात को नाना भाव से कहा गया है। कभी द्वन्द्वों से अपरिचालित होने को, कभी बुद्धि की शरण लेने को, कभी 'अफलाशी' होकर कर्म करने को कहा गया है। समालोचना का जो ढर्रा चल रहा है, उसमें द्वंद्वों द्वारा परिचालित होने को दोष का कारण तो माना नहीं जाता, उल्टे कभी-कभी उसके लिए गर्व किया जाता है। अनुराग-विराग, इच्छा-द्वेष आदि के द्वारा निर्णय पर पहुँचने को समालोचक गर्व की वस्तु समझता है।

सम्मतियों की इस बहुमुखी विरोधिता का कारण है, वस्तु को मानसिक संस्कारों के चश्मे से देखना और बुद्धि के द्वारा न देखना। अत्यधिक आधुनिक भाषा में कहें तो Subjectively देखना, और Objectively देखने का प्रयत्न न करना। पर समालोचक को अपनी लज्जा तो छिपानी ही चाहिए। कुछ समालोचक तो लज्जित होना जानते ही नहीं। वे

हर गली-कूचे में अपनी विशेष राय और अपने सौ प्रतिद्वन्द्वियों की बात गर्व के साथ सुनाते रहते हैं। पर कुछ जो शीलवान हैं, इस बात से शर्मिंदा भी होते हैं और इसी लज्जा से बचने के लिए वेदांत से लेकर कामशास्त्र तक का हवाला दिया करते हैं। इन शर्मिंदा होनेवाले शीलवानों के कारण समालोचना की समस्या और भी जटिल हो रही है। इन्होंने इतने बहुविध शास्त्रीय दृष्टिकोण और लोक-शास्त्रादि पक्षों का आविष्कार किया है—महज परस्पर-विरोधी उक्तियों के समाधान के लिए—कि पाठक का चित्त विभ्रांत हो जाता है। ऐसे ही एक प्रकार के समालोचकों ने एक स्वतंत्र रस-लोक की कल्पना की है। इनके पास दर्शनशास्त्र की व्युत्पत्ति है और इसीलिए दर्शन की गम्भीरता से आतंकित सहृदय समाज पर इनका सिक्का भी बहुत जम गया है। ये छूटते ही शरीर के दो हिस्से कर डालते हैं—शरीर और आत्मा, जड़ और चेतन। दोनों परस्पर-विरोधी! फिर जगत् दो, जड़ और चेतन। अब चेतन में आइए तो चेतन भी दो, लोक पक्षात्मक और भाव पक्षात्मक। और लोकपक्ष भी दो, आदर्शवादी और यथार्थवादी...इत्यादि। इस प्रकार समालोचना का मेघ-मल्हार शुरू होता है और अनभ्र वज्रपात प्राय: ही होता दिख जाता है। लेकिन यही होता तो कोई बात नहीं थी। यह तो हजार-दो हजार सिस्टमों में से एक है। अब बताइए, साधारण पाठक क्या समझे? इस प्रकार शुरू में ही अपनी रुचि-अरुचि के जाल से आलोच्य को आच्छादित करनेवाली समालोचना की भी शास्त्रीय विवेचना हो गई है और उसको नाम दिया है—Judicial Criticism या निर्णयात्मक समालोचना। यदि समालोचना को निर्णयात्मक मान लें तो इस पर से अनुमान हो सकता है कि आलोचक जज है। अब यह तो आप मानेंगे ही कि जज को यथासंभव अपने मनोभावों से प्रभावित न होकर किसी ऐसे मानदंड से फैसला करना चाहिए जो सबके लिए एक हो।

परन्तु कहते हैं, समालोचना की दुनिया निराली होती है। अन्य वैज्ञानिक ठोस वस्तुओं की नाप-ज़ोख करते हैं, पर समालोचक अनिंद्रिय-ग्राह्य अलौकिक रस वस्तु की जाँच करता है। इसलिए पहले उसे अपने मनोभावों को ही प्रधानता देनी चाहिए; अर्थात् छूटते ही उसे जो काव्यादि अपील कर जाएँ, 'पद-झंकार मात्रेण' उसका मन हर जाएँ, उसी को उसे बुद्धिपरक विवेचना का रूप देना चाहिए। मुझे इस बात की शिकायत नहीं है। ऐसी हालत में आप समालोचक को जज या द्रष्टा या और कुछ कहें तो मुझे जरूर शिकायत होगी; क्योंकि ऐसा करके आलोचक वस्तुत: कवि बनता है। अन्तर यही होता है कि कवि फूल-पत्ती को देखकर भावोन्मत्त होता है और आलोचक उसकी कविता को। मैं इस बात को स्वीकार करता हूँ कि कवि के चित्त के अंतस्तल में या उसके Subconscious mind में ऐसी बहुत-सी चीजें होती हैं, जो अनजान में उसकी कविता में आ जाती है और

आलोचक का दावा बिलकुल ठीक है कि वह उन अनजान प्रवृत्तियों से सहृदयों को परिचित कराता है। परन्तु जब वह कहता है कि उससे किसी अनिर्वचनीय हेतु या फल का संधान उसे मिलता है, तो मुझे ऐसा लगता है कि वह मानव-बुद्धि का अपमान करता है। कोई चीज हमें सौ-दो सौ कारणों से प्रभावित करती है। वैज्ञानिक को आज शायद दस-पाँच का ही ज्ञान है, बाकी अज्ञात है। किन्तु वैज्ञानिक का यह धर्म है कि उसे जितना मालूम है, उतना कहकर बाकी के लिए भावी पीढ़ियों में कुतूहल और उत्सुकता का भाव जगा जाए, यही नहीं कि कह दे कि बाकी अज्ञात और अज्ञेय उत्स से आ रही है। समालोचक से हमारी यह भी शिकायत है।

लेकिन मुझे केवल इन्हीं दो कारणों से आलोचना-कार्य के प्रति संशय का भाव उदित नहीं हुआ है। यह जो बात मैं अब तक कहता आया हूँ, वह इस दृष्टि से कि काव्य या नाटक अथवा अन्य किसी साहित्यांग को साध्य मान लिया गया है। आदिकाल से अब तक हम इसी दृष्टि से इसे देखते रहे हैं। पर अगर साध्य रूप से ही साहित्य को पढ़ाना-पढ़ना हो, तो कम-से-कम हिन्दी के प्राचीन साहित्य 9/10 हमें यथाशीघ्र फेंक देना चाहिए और भविष्य में पांडुलिपियों के पीछे भागते फिरने के श्रम से भी छुट्टी ले लेनी चाहिए। वस्तुतः साहित्यिक अध्ययन—तथापि साहित्य का अध्ययन—साध्य रूप में नहीं, बल्कि साधन रूप में ही अधिक लेना चाहिए। उसे अपनी आधुनिक समस्याओं के वर्तमान जटिल रूप के समझने में सहायक के रूप में ही अधिक देखना चाहिए। प्रधान बात है हमारी आधुनिक समस्याएँ। साहित्य अगर उसके लिए उपयुक्त अध्ययन-सामग्री नहीं उपस्थित करता तो वह बेकार है। और इतना तो आप भी मानेंगे कि केवल बिहारी, भूषण और देव को घोटकर कंठाग्र कर रखनेवाले पंडित भी आधुनिक युग में केवल निकम्मे ही नहीं, समाज के भार हो जाएँगे। मैं आशा करता हूँ कि पाठक मुझे गलत नहीं समझेंगे। आखिर बिहारी या मतिराम हमारी कौन-सी राष्ट्रीय, अंतर्राष्ट्रीय, सामाजिक या वैयक्तिक समस्याओं का जवाब हैं? उनके अध्ययन से हम केवल एक ही फायदा उठा सकते हैं। वह यह कि इनको पढ़कर इनका क्रमबद्ध विकास देखकर हम अपनी नित्य-प्रति की उन समस्याओं का असली कारण और स्वरूप समझ सकते हैं, जो हमें रोज ही जूझने को ललकारती रहती है। इसी को मैं साधन रूप में साहित्य का अध्ययन करता हूँ। मैं जानता हूँ कि आप मेरे साथ निश्चय ही सहमत होंगे कि हिन्दी साहित्य को इस रूप में अध्ययन करने की चेष्टा बहुत कम हुई है।

साहित्यकारों का दायित्व

भारतवर्ष पराधीनता के जाल से मुक्त हो गया है। हमें इस पुराने राष्ट्र के अनेक पुर्जे दुरुस्त करने पड़ेंगे, अनेक जंजाल साफ करने होंगे, प्रत्येक क्षेत्र में नव-निर्माण का व्रत लेना होगा। हम जो कुछ भी करने जाएँगे, उसके लिए हमें साहित्य चाहिए। हमारे कई विश्वविद्यालयों ने हिन्दी को उच्चतर शिक्षा का माध्यम मान लिया है, बाकी विश्वविद्यालय बहुत शीघ्र ही मानेंगे। इनमें अध्ययन-अध्यापन करनेवालों के लिए साहित्य चाहिए। हमारी राजनीति और अर्थनीति अब सिर्फ घरेलू झगड़ों तक सीमाबद्ध नहीं रहेंगी, उन्हें विदेशों के साथ घनिष्ठ सम्बन्ध स्थापित करना होगा। इसीलिए हमें अनेक निकट और दूर के सहयोगी राष्ट्रों की भीतरी और बाहरी अवस्था की जानकारी आवश्यक होगी। इसके लिए हमें साहित्य चाहिए। बहुत शीघ्र ही इस देश के बड़े-बड़े न्यायालयों और व्यवस्थापिका सभाओं की बहसें और उनके निर्णय देशी भाषा में होंगे इसके लिए भी हमें साहित्य चाहिए। अगर हमें संसार में महान राष्ट्र बनाकर रहना है, तो हमें अपनी समूची जनता को ज्ञान-विज्ञान के प्रति उत्सुक और मनुष्य के न्याय अधिकारों के प्रति जागरूक बना देना होगा। कल तक हम बात बनाकर काम चला सकते थे, आज नहीं चला सकते। हमें जीवन के हर क्षेत्र में अग्रसर होने के लिए साहित्य चाहिए—साहित्य जो मनुष्य-मात्र की मंगल-भावना से लिखा गया है और जीवन के प्रति एक सुप्रतिष्ठित दृष्टि पर आधारित हो।

राजनीतिक पराधीनता बड़ी बुरी वस्तु है। वह मनुष्य की जीवन-यात्रा में अग्रसर होनेवाली सुविधाओं से वंचित कर देती है। हमने उस पराधीनता की जंजीरें तोड़ दी हैं। लेकिन सुविधा का पा लेना ही बड़ी बात नहीं है, प्राप्त सुविधाओं को मनुष्य-मात्र के मंगल के लिए नियोजित कर सकना ही बड़ी बात है। हमारी राजनीति, हमारी अर्थनीति और हमारी नवनिर्माण की

योजनाएँ तभी सर्वमंगलमयी-विधायिनी बन सकेंगी जब कि हमारा हृदय उदार और संवेदनशील होगा, बुद्धि सूक्ष्म और सारग्राहिणी होगी और संकल्प महान और शुभ होगा। यह काम केवल उपयोगी और व्यावहारिक साहित्य के निर्माण से ही नहीं हो सकेगा। इसके लिए साहित्य के उन सुकुमार अंगों के व्यापक प्रचार की आवश्यकता होगी, जो मनुष्य को मनुष्य के सुख-दुःख के प्रति संवेदनशील बनाते हैं। हमारा काव्य-साहित्य, कथा, आख्यायिका और नाटक-साहित्य ही हमें ऐसी सहृदयता दे सकते हैं। साहित्य का यह अंग केवल वाग्विलास का साधन नहीं होना चाहिए, उसे मनुष्यता का उन्नायक होना चाहिए। जब तक मानव-मात्र के मंगल के लिए इन्हें नहीं लिखा जाता, जब तक ये अपना उद्देश्य सिद्ध नहीं कर सकेंगे। इस बात के लिए यह भी आवश्यक है कि जीवन के प्रति हमारी जो परंपरालब्ध दृष्टि है, वह स्पष्ट और सतेज हो। हमारे पास प्राचीन आचार्यों का छोड़ा हुआ और दीर्घकाल का आजमाया हुआ ज्ञान-भंडार है। दुर्भाग्यवश अभी तक वह साहित्य हमारी भाषा में नहीं आ सका है। परिणाम यह हुआ कि अभी तक हम अपनी ही जीवन-दृष्टि के बारे में अस्पष्ट भाव से सोचने के अभ्यस्त हो गए हैं। आए दिन तरह-तरह की बातें 'हमारे यहाँ' की लिखी हुई बताई जाती हैं। आज जब हम नए सिरे से इस पुराने देश को गढ़ने का प्रयत्न करने जा रहे हैं, तो दीर्घकाल की साधना के फल इस विशाल ज्ञान-भंडार की उपेक्षा नहीं होनी चाहिए। जो लोग साहित्य-निर्माण के कार्य में लगे हुए हैं, उन्हें आलस्य और विचिकित्सा का भाव त्यागकर इस नए और पुराने ज्ञान-भंडार को अपनी भाषा में ले आने के महान कार्य का आरम्भ जल्दी ही कर देना चाहिए। यदि हम ऐसा नहीं करते तो हम देश की अग्रगति में सहायता तो नहीं ही पहुँचाएँगे, अपने प्रति देशवासियों की उपेक्षा और अवज्ञा के भाव को दृढ़ बना देंगे। इस प्रकार साहित्यसेवियों के सामने इस समय बहुत विशाल कार्य है।

यदि आप ध्यान से मनुष्य की अग्रगति का अध्ययन करें तो आपको मालूम होगा कि बहुत काल तक मनुष्य के हाथ में बाधाओं पर विजय पानेवाले साधन संयोगवश मिलते गए हैं। केवल पदार्थ-विद्या, रसायन-शास्त्र और प्राणितत्त्व के क्षेत्र में ही संयोग और दैव ने मनुष्य की सहायता नहीं की है, गणित और ज्योतिष के क्षेत्र में भी उसने सहायता पहुँचाई है। संयोगलभ्य ज्ञान को लेकर मनुष्य ने अँधेरे में और टटोला है और थोड़ा-थोड़ा आगे बढ़ता गया है। यह अवस्था अब कट गई है। अब मनुष्य सुचिन्तित योजनाओं के आधार पर आगे बढ़ रहा है, परन्तु सुचिन्तित योजनाओं के भीतर ही इतिहास-विधाता का वरद हस्त उसे प्राप्त है। वह

अधिक विश्वास और अधिक दृढ़ता के साथ बढ़ने का अवसर पा रहा है। नए-नए ज्ञान-विज्ञान ने मानवचित्त को अधिक उदार, अधिक संयमी और अधिक शिष्ट होने को मजबूर किया है। यह और बात है कि वह उतना शिष्ट और उदार नहीं हो सका है, जितना होना चाहिए। क्यों नहीं हुआ है, यह विचारणीय प्रश्न है। विज्ञान बहुत बड़ी शक्ति है। शक्तिशाली के पास उदार और शुभानुध्यायी बुद्धि होनी चाहिए, नहीं तो शक्ति सत्यानाश की ओर घसीट ले जाएगी। ज्यों-ज्यों मनुष्य वैज्ञानिक साधनों को हथियाता गया है, त्यों-त्यों वह बड़े-बड़े राज्यों का और विशाल उत्पादन यन्त्रों का संघटन करता गया है और संसार के सुदूर प्रान्त में स्थित देशों को सहज सभ्य बनाता गया है। आज इन सबकी सम्मिलित शक्ति इतनी निकट दानवाकार बन गई है कि आश्चर्य होता है। इन बड़े-बड़े राष्ट्रों के पास नए-नए वैज्ञानिक आविष्कारों के लिए सुचिन्तित योजनाएँ हैं। उनकी पोषक और विरोधी शक्तियों का पूरा ब्यौरा जानकर ये काम किए जा रहे हैं। इन प्रयत्नों का प्रभाव हमारे ऊपर नाना भाव से पड़ता है। हमारी राजनीति, अर्थनीति, यहाँ तक कि शिक्षण नीति भी इनसे प्रभावित होती है, परन्तु परिणाम देखकर निस्संदिग्ध रूप से कहा जा सकता है कि इन महान साधनों के मालिकों में उदार हृदय नहीं है, चरित्र-बल नहीं है, और शुभानुध्यायी बुद्धि नहीं है। अत्यन्त घिनौने युद्ध, बुद्धिमत्तापूर्ण मिथ्या प्रचार और राग-द्वेष से विषायित प्रतिस्पर्द्धा यही सिद्ध कर रही है। जितनी दूर तक देखने की दृष्टि पा सका हूँ, उतनी दूर तक मुझे स्पष्ट दिखाई दे रहा है कि नियमित प्रयत्नों और सुचिन्तित योजनाओं के बल पर विज्ञान की सर्वग्रासिनी शक्ति और भी शक्तिशाली होती जाएगी, उसे रोकना अब संभव नहीं है। नदी की धारा को मोड़ना दुष्कर है। इसलिए मैं बराबर सोचता हूँ कि यह ऐसे ही छोड़ दिया जाना चाहिए। क्या ऐसा कोई उपाय नहीं है जिससे शक्तिशाली को सहृदय और सच्चरित्र बनाया जा सके? मेरे पास इसका एक ही उत्तर है। यह उपाय है उदार और सरस साहित्य। मेरा मन बार-बार ग्लानि और क्षोभ के साथ जानना चाहता है कि साहित्यिक कहे जानेवाले लोग, जिनका काम ही विश्व को सरस, स्निग्ध और उदार बनाना है, जो संवेदनशीलता को इतना बहुमान देते हैं, विज्ञान की इस बढ़ती हुई शक्ति के साथ क्या ताल मिलाकर चल सके हैं, बाधाएँ हैं, मैं उन्हें स्वीकार करता हूँ। मैं यह भी जानता हूँ कि संसार के अनेक साहित्यकार बार-बार सचेत करते आए हैं कि विज्ञान द्वारा प्राप्त शक्ति के साथ मनुष्य की भीतरी शक्तियों के उद्बोधन का सामंजस्य होना चाहिए। संकीर्ण राष्ट्रीयता, मोहग्रस्त जाति-प्रेम और पथभ्रांत व्यापार-वाणिज्य के साथ विज्ञान के सार्वभौम सत्यों का कोई मेल नहीं है,

अंधाधुंध बढ़ानेवाली अनियंत्रित उत्पादन-व्यवस्था के साथ मनुष्य के सार्वजनीन रागात्मक सम्बन्धों का विरोध अवश्यंभावी है, परन्तु मुझे यह भी मालूम है कि ऊँचे सिंहासनों तक इन साहित्यिकों की वाणी नहीं पहुँची है। शक्ति-मद से मत्त लोगों ने इन चेतावनियों का उपहास किया है। हमारे देश के श्रेष्ठ साहित्यकार कविवर रवीन्द्रनाथ ठाकुर ने नाना भाव से यह संदेश मदगर्वित राष्ट्रनायकों तक पहुँचाना चाहा, परन्तु संदेशा या तो सुना ही नहीं गया या सुनकर भी उपेक्षित हुआ। मुझे स्पष्ट दिखाई दे रहा है कि झूठी, विद्वेष-चारिणी और विषैली बातों का जितना तेजी से प्रचार किया गया है, उतनी ही निर्दयतापूर्वक इन शुभ-विधायी वाणियों की अवहेलना की गई है। साहित्यिकों के विचारने के लिए यह बड़ा भारी प्रश्न है। हार तो माननी ही नहीं है। हमें आज सावधानी से बाधक तत्त्वों का अध्ययन करना है और देखना है कि हमारे मंगल प्रयत्न अरण्य-रोदन सिद्ध न हों, अगर संसार को महानाश से बचाना है तो साहित्यिकों को विराट प्रयत्न करने होंगे। इन बाधक तत्त्वों से जूझना होगा। यह मत सोचिए कि हम दुनिया के एक कोने में पड़े हुए ऐसी भाषा के साहित्यिक हैं, जो भारतवर्ष की चहारदीवारी के बाहर समझी ही नहीं जाती। इसलिए हमारे प्रयत्न से दुनिया की मदगर्वित राष्ट्रनीति में कोई अंतर नहीं पड़ेगा। मैं कहना चाहता हूँ कि आज हम यह भूल जाएँ कि हिन्दी दुर्बलों की दुर्बल भाषा है। वह संसार की अत्यन्त शक्तिशाली भाषाओं में से एक है।

मैं अपने व्यक्तिगत अनुभव के आधार पर कह सकता हूँ कि चीन, थाईलैंड, जावा, सुमात्रा आदि एशियाई देशों में हिन्दी सीखने की उत्सुकता बहुत बढ़ गई है। यह निश्चित मानिए कि इन देशों के लोग केवल अक्षरबोध के लिए हिन्दी सीखना नहीं चाहते। वह बड़ी चीजों को पाने की आशा से इधर झुके हैं और अगर आपने बड़ी बातें देने और लेने का प्रयत्न किया तो आपके प्रयत्न उपेक्षित नहीं होंगे। मनुष्य जाति का अधिकांश इन्हीं देशों में बसा है। इन देशों के प्रयत्नों की चिंतन-धारा अगर मंगल-विधायिनी होगी तो समूची मनुष्यता के लिए वह हितकर होगी। साहित्य सेवा का अवसर पाना बड़े सौभाग्य की बात है और हिन्दी साहित्य की सेवा पाना किसी प्रकार कम सौभाग्य नहीं है। यदि हमें दृढ़ निश्चय होगा तो हम निश्चय ही संसार को उदार और चरित्रवान बना सकेंगे और संसार को महानाश के गर्त में गिरने से उबार सकेंगे। इस समय हमें धीर भाव से अपने लक्ष्य की ओर बढ़ना है।

यह लक्ष्य क्या है? देश के स्वतन्त्र हो जाने पर हमें राष्ट्र-निर्माण के लिए अनेक प्रयत्न करने होंगे। हमारे साहित्यिक नेताओं ने इस मंच से

अनेक उपाय सुझा रखे हैं। इस प्रकार हमारे पास न तो काम की कमी है, न उपाय की। परंतु ये काम और ये उपाय, हमारे अंतिम लक्ष्य नहीं हैं। हमारे नेताओं की सुझाई हुई योजनाओं के कार्यान्वित होने में कई बाधाएँ हैं। बड़ी भारी बाधा हमारी समाजिक व्यवस्था ही है। मनुष्य की आदिम वृत्तियों को प्रलुब्ध करने से वह लाभ-हानि की चिन्ता छोड़ देता है। यदि इन वृत्तियों को ही प्रधान उपजीव्य बनाकर आदमी कारबार शुरू करने की छूट पा जाए तो वह निश्चय ही सफलता पा जाएगा। फिर वह यह परवाह नहीं करता कि इससे उसकी दीर्घकाल की प्राप्त की हुई साधना म्लान हो जाती है या नहीं, त्याग और बलिदान से प्राप्त की हुई मनुष्यता म्लान होती है या नहीं। दुर्भाग्यवश इस समय जो व्यवस्था हमारे सिर पर है, उसमें इस बात की छूट है। मनुष्य के पशु-सामान्य मनोभावों को सहलाकर रुपया कमाना इस व्यवस्था में एक हद तक विहित है। साहित्य के द्वारा, रंगमंच के द्वारा और सवाक्‌पट के द्वारा बहुत-से व्यवसायी उस ओर लग गए। जिन विषयों के गम्भीर अध्ययन से मनुष्य का मस्तिष्क परिष्कृत और हृदय सुसंस्कृत होता है, उसमें श्रम लगता है, और उसके लिए बाजार आसानी से नहीं मिलता। इसीलिए कितनी भी अच्छी योजना बनाइए और कितना भी सुन्दर उपदेश सुना जाइए, सात्त्विक साहित्य की ओर प्रवृत्ति नहीं जाती और हलके ढंग का साहित्यिक बाजी मार ले जाता है। यह सचाई है। फिर भी इस समूची विरोधिता के होते हुए भी हिन्दी में गंभीर और अध्ययनशील साहित्य का सर्जन हुआ है, क्योंकि मनुष्य का इतिहास ही सद्‌वृत्तियों की विजय का इतिहास है। असामाजिक मनोवृत्तियों को दबाकर समाज की मंगलविधायिनी प्रचेष्टाओं के उत्कर्ष का इतिहास है। हर्ष की बात है कि इस देश के विश्वविद्यालय हिन्दी की शिक्षा का माध्यम स्वीकार करते जा रहे हैं। इसके लिए पाठ्‌य-पुस्तकों की आवश्यकता भी जरूर होगी। इनके लिए बाजार भी मिलेगा और इनसे रुपया भी कमाया जा सकेगा। गंभीर साहित्य भी इस बहाने कुछ-न-कुछ अवश्य लिखा जाएगा। इस कार्य में आप हाथ-पर-हाथ धरे बैठ नहीं सकते और 'क' नहीं तो 'ख' इस काम को कर ही लेगा। जिसके लिए बाजार में माँग होगी, उसका उत्पादन होकर ही रहेगा। उसके लिए आंपको संगठन और सुनिश्चित योजना बनाने की चिन्ता नहीं करनी होगी। हिन्दी को माध्यम स्वीकार कर लेने से ही हमें संतुष्ट नहीं हो जाना चाहिए। कारण कि पोथियों की संख्या बढ़ाना या ज्ञान की दुकान चलाना साहित्य का लक्ष्य नहीं है। मेरे मन में हिन्दी भाषा और साहित्य का एक विशिष्ट रूप है। हमारे देश में जो स्थान कभी संस्कृत का था और जो स्थान अंग्रेजी ने ले लिया है, उससे भी अधिक महत्त्वपूर्ण और उत्तरदायित्वपूर्ण पद पर हिन्दी को बैठाना है। मैंने यह बात पहले ही कही है और फिर भी दुहरा रहा हूँ। हिन्दी को संसार के समूचे ज्ञान-विज्ञान का वाहक बनाना है। उसका कर्तव्य बहुत विशाल है। उसे अपने को महान

उत्तरदायित्व के योग्य सिद्ध करना है। मनुष्य को अज्ञान, मोह, कुसंस्कार की परमुखापेक्षिता से बचाना ही साहित्य का वास्तविक लक्ष्य है। इससे छोटे लक्ष्य की बात मुझे अच्छी नहीं लगती। इस महान उद्देश्य की हिन्दी पूर्ति कर सके तभी वह उस महान उत्तरदायित्व के योग्य सिद्ध होगी, जो इतिहास-विधाता की ओर से उसे मिला है। हिन्दी भारतवर्ष के हृदय-देश में स्थित करोड़ों नर-नारियों के हृदय और मस्तिष्क को खुराक देनेवाली भाषा है। हिन्दी के ऊपर महान उत्तरदायित्त्व की बात जब मैं कहता हूँ तो मेरा मतलब यही होता है कि भारतवर्ष की राजभाषा चाहे जो हो और जैसी भी हो, पर इतना निश्चित है कि भारतवर्ष की केन्द्रीय भाषा हिन्दी है। लगभग आधा भारतवर्ष उसे अपनी साहित्यिक भाषा मानता है, साहित्यिक भाषा अर्थात् उसके हृदय और मस्तिष्क की भूख मिटानेवाली भाषा, करोड़ों की आशा-अकांक्षा, अनुराग-विराग, रुदन-हास्य की भाषा। उसमें साहित्य लिखने का अर्थ है करोड़ों के मानसिक स्तर को ऊँचा करना, करोड़ों मनुष्यों को मनुष्य से सुख-दुख के प्रति संवेदनशील बनाना, करोड़ों को अज्ञान, मोह और कुसंस्कार से मुक्त कराना। केवल शिक्षित और पंडित बना देने से यह काम नहीं हो सकता। वह शिक्षा किस काम की, जो दूसरों के शोषण में, और अपने स्वार्थ-साधन में ही अपनी चरम सार्थकता समझती हो? इसीलिए आज जब हमारे सामने गम्भीर साहित्य लिखने का बहाना आ उपस्थित हुआ है, तो हम जो कुछ भी लिखें, उसे अपने महान उद्देश्य के अनुकूल बनाकर लिखें। संसार के अन्यान्य राष्ट्रों ने अपने साहित्य को जिस दृष्टि से लिखा है, उसकी प्रतिक्रिया और अनुकरण नहीं होना चाहिए। जिस प्रकार विज्ञान के क्षेत्र में मनुष्य ने संयोग का सहारा लिया है, उसी प्रकार साहित्य और शिक्षण के क्षेत्र में भी अटकल का सहारा लिया है, उसका फल अच्छा नहीं हुआ है। हमें सौभाग्यवश नए सिरे से सबकुछ करना है। इसीलिए हमारे पाठ्यग्रन्थों तथा रसात्मक साहित्य की रचना भी किसी खंड-सत्य के लिए नहीं होना चाहिए। समूची मनुष्यता जिससे लाभान्वित हो, एक जाति दूसरी जाति से घृणा न करके प्रेम करे, एक समूह दूसरे समूह को दूर रखने की इच्छा न करके पास लाने का प्रयत्न करे, कोई किसी का आश्रित न हो, कोई किसी से वंचित न हो, इस महान उद्देश्य से ही हमारा साहित्य प्राणोदित होना चाहिए। संसार के कई देशों ने अपनी जातीय श्रेष्ठता का प्रतिपादन करने के उद्देश्य से साहित्य लिखा है और कोमल मस्तिष्क वाले युवकों की बुद्धि विषाक्त बना दी है। उसका परिणाम संसार को भोगना पड़ा है। घृणा और द्वेष से कोई बढ़ नहीं सकता। घृणा और द्वेष से जो बढ़ता है, वह शीघ्र ही पतन के गह्वर में गिर पड़ता है। यही प्रकृति का विधान है। लोभवश, मोहवश और क्रोधवश जो कर्तव्य निश्चित किया जाएगा, वह हानिकारक होगा। बड़ी साधना और तपस्या के बाद मनुष्य ने इन आदिम मनोवृत्तियों पर विजय पाई है। वे

वृत्तियाँ दबी हैं, किन्तु वर्तमान हैं। उन पर आधारित प्रयत्न मनुष्यता के विरोधी हैं। प्रेम बड़ी वस्तु है, त्याग बड़ी वस्तु है और मनुष्य-मात्र को वास्तविक 'मनुष्य' बनानेवाला ज्ञान भी बड़ी वस्तु है। हमारा साहित्य इन बातों पर आधारित होगा तभी वह संसार को नया प्रकाश दे सकेगा।

हमारे देश में बहुत शुरू से ही काम करना है। यहाँ की समूची जनता अभी साक्षर भी नहीं हो सकी है। अनेक जातियाँ अभी अत्यन्त आदिम काल की जिन्दगी बिता रही हैं। रोग और दारिद्र्य के अभिशाप से समूची जनता जर्जर है। इस निरक्षर देश के साहित्यकार की जिम्मेदारी भी बहुत है। दूसरे देशों ने जो कुछ किया है या जो कुछ कर रहे हैं, वे ही उपाय हमारे यहाँ सब समय नहीं चल सकते। हमें सबकुछ नए सिरे से गढ़ना है। हमारे साहित्य में अभी तक कविता, कहानियों और अन्यान्य रसात्मक साहित्य की ही धूम है; परन्तु रसात्मक साहित्य के पोषण के लिए जिस प्रकार के शक्तिशाली वैज्ञानिक और दार्शनिक साहित्य की आवश्यकता है, वह हमारे पास नहीं है। इसीलिए साहित्य को अशिक्षित जनता का चित्त जागरूक करने के लिए जितना कुछ करना चाहिए था, उतना वह नहीं कर सका है। कविवर रवीन्द्रनाथ ठाकुर ने एक बार कहा था : "कहानी, कविता और नाटक—इन्हीं से हमारे साहित्य की पन्द्रह आने तैयारियाँ हो रही हैं; अर्थात् दावत का आयोजन हो रहा है, शक्ति का आयोजन बिलकुल नहीं। यह सबकुछ हो रहा है पाश्चात्य देशों की चित्ताकर्षक विचित्र चित्तशक्ति के प्रबल सहयोग से। वहाँ मनुष्यत्व देह, मन और प्राण—सभी दिशाओं से व्याप्त है; इसीलिए वहाँ अगर त्रुटियाँ भी हैं, तो साथ-ही-साथ उनकी पूर्ति भी है। मान लो, वटवृक्ष की कोई डाली आँधी से टूट रही है; कहीं पर कीड़े खा-खाकर उसे खोखला कर रहे हैं, किसी साल वर्षा ही कम हुई है; परन्तु फिर भी सब मिलाकर वनस्पति ने अपने स्वास्थ्य और शक्ति को बनाए रखा है। उसी तरह पाश्चात्य देशों ने मन और प्राणों को क्रियाशील बना रखा है। वहाँ की अपनी विद्या ने, अपनी शिक्षा ने, अपने साहित्य ने, इन सबने मिलकर वाक्शक्ति की अथक उन्नति की। इन सबके उत्कर्ष से ही वहाँ का उत्कर्ष है।" हमें भी अपने रसात्मक साहित्य को अगर स्वस्थ और सबल बनाना है, तो हमें अपनी आवश्यकताओं के अनुकूल अपने ढंग की शिक्षा और विद्या की आवश्यकता पड़ेगी। दूसरों की नकल करके हम अपना हित नहीं कर सकते। हमारी समस्याएँ अनेक हैं, परिस्थिति जटिल है। सभ्यता की नाना सीढ़ियों पर हमारी जनता के नाना समूह खड़े हैं। सबका मुँह भी एक ही तरह नहीं है। सबको उन्नति की ओर जाने के लिए हमें नाना प्रकार के प्रयोग करने पड़ेंगे। उद्देश्य की एकता के सिवा इन प्रयोगों में और किसी एकता का आरोप करना भूल होगी। कठिनाइयाँ चाहे

कितनी भी क्यों न हों, रास्ता निकालना ही पड़ेगा। हम अपने प्राचीन और महान देश को अंधकार में भटकने के लिए नहीं छोड़ सकते और काम हमें कितना भी आरंभिक अवस्था से क्यों न शुरू करना हो, हम अपने लक्ष्य को छोटा नहीं होने दे सकते।

हिन्दी की अनेक प्रकाशन-संस्थाएँ उपयोगी काम कर रही हैं। इनमें से कुछ का उद्देश्य रुपया कमाना भी हो सकता है; परन्तु जब तक रुपया है और वह कमाया जा सकता है, तब तक रुपया कमाने को आप निषिद्ध कर्म नहीं कह सकते। आप केवल इतनी ही आशा कर सकते हैं कि साहित्य जैसी पवित्र वस्तु को निर्माण करने का संकल्प रखनेवाली ये संस्थाएँ रुपया कमाने को समाज- निर्माण के कार्य से बड़ा न समझें। इनमें कुछ संस्थाएँ तो अपना निश्चित उद्देश्य लेकर काम करने लगी हैं। उदाहरणार्थ, कुछ समाज-विज्ञान और समाजवादी व्यवस्था के अध्ययन और प्रचार का प्रयत्न कर रही हैं, कुछ हिन्दी साहित्य के प्राचीन और अर्वाचीन अंगों का अध्ययन और प्रचार कर रही हैं और कुछ हिन्दू-धर्म के नए और पुराने रूपों का ही प्रचार कर रही हैं। मेरे मन में बार-बार यह प्रश्न उठता है कि हिन्दी में जो सैकड़ों पत्रिकाएँ और पुस्तकें निकल रही हैं, उनको एक निश्चित योजना के अनुसार क्या नहीं निकाला जा सकता? कभी-कभी एक ही विषय की बार-बार पुनरावृत्ति हो जाती है। मैं इन सभी संचालकों से प्रार्थना करना चाहता हूँ कि वे एकत्र होकर अपना-अपना कार्य-क्षेत्र बाँट लें। मैं अपने व्यक्तिगत अनुभव के बल पर कह सकता हूँ कि हमारे यहाँ उच्च कोटि के लेखकों की कमी है और यदि प्रत्येक संस्था कुछ गिने-चुने व्यक्तियों से अपना काम चलाना चाहे तो न तो साहित्य ही उत्तम कोटि का बन पाएगा, न उक्त संस्थाएँ ही लाभान्वित होंगी। विद्वानों की हमारे यहाँ कमी नहीं है। यह साहित्यिक संस्थाओं का कर्तव्य होना चाहिए कि वे विद्वानों को लिखने की ओर प्रवृत्त कराएँ। हिन्दी में न जाने कितनी बेमतलब की पुस्तकें और पत्रिकाएँ छप रही हैं। सभी प्रकाशकों से मेरा नम्र अनुरोध है कि वे इस प्रकार राष्ट्र के धन का अपव्यय न करके सुचिन्तित योजना के अनुसार पुस्तकें प्रकाशित करें।

वस्तुत: हिन्दी में अभी किसी भी साहित्यांग पर संतोषजनक कार्य नहीं हुआ। मेरे नौजवान मित्र जब कभी पूछ बैठते हैं कि क्या लिखें तो मुझे झुँझलाहट होती है। हमारे पास है ही क्या? हमारा इतिहास विदेशी भाषाओं में थोड़ा-बहुत लिखा है। हमारी जनता के आचार-विचार, रीति-नीति, भाषा-भाव, नवीन-प्राचीन, धर्म-ईमान के बारे में विदेशियों ने ही थोड़ा-बहुत लिखा है। उनका उद्देश्य सब समय अच्छा ही नहीं होता, उनकी दृष्टि से जो अच्छा है, वह हमारी दृष्टि से भी अच्छा होगा, ऐसा जोर देकर नहीं कहा जा सकता। हमारे कीड़े-मकोड़े, पेड़-पौधे, नदी-पहाड़, जंगल-झाड़, मरु-मालव के बारे में भी विदेशी भाषा में ही थोड़ा-बहुत मिल जाता

है। विदेशों के लोगबाग, जीव-जन्तु, नदी, पर्वत और व्यवसाय-वाणिज्य आदि का तो कहना ही क्या? जिन विदेशी पंडितों ने हमारे देश के जड़-चेतन के बारे में परिश्रमपूर्वक और ईमानदारी से साथ बहुत कुछ लिख रखा है, उनके हम अवश्य कृतज्ञ होंगे, पर उतने से ही हमें संतुष्ट नहीं होना है। हमें अपने देश को अपनी आँखों से देखना है। जब तक हम इस विशाल और महान देश को उसकी समूची खूबियों के साथ नहीं चाहते, तब तक इसके प्रति हमारा प्रेम मौखिक और क्षणस्थायी होगा। फिर जिस भाषा से करोड़ों जनता अपनी मानसिक भूख मिटाने की आशा करती हो, उसमें इतना भी न हो तो कोई कैसे समझे कि सचमुच ही हम इस भाषा से प्रेम करते हैं। इसीलिए अगर निश्चित योजना के अनुसार कार्य किया जाए तो अच्छा और उपयोगी साहित्य बन सकता है।

हिन्दी-साहित्य के अध्ययन के लिए कई संस्थाएँ काम कर रही हैं और अच्छा काम कर रही हैं। परन्तु अब आवश्यकता है कि हम इसके मूल उत्सों तक पहुँचें। हिन्दी केवल सुयोग और सौभाग्यवश पाई हुई पुस्तकों के आधार पर हिन्दी-साहित्य का इतिहास और उसका स्वरूप नहीं समझा जा सकता। हिन्दी-साहित्य लोकसाहित्य था। आज भारतीय जनसमाज की जो अवस्था है, वह सदा से नहीं रही है। नए-नए जनसमूह इस देश में आते थे, और पुराने विचारों को बदलते रहे हैं। लोककथाओं, लोकोक्तियों और जनता के प्रचलित आचार-विचारों से ऐसी अनेक महत्त्वपूर्ण बातों का पता लग सकता है, जो पुस्तकों से प्राप्त नहीं हो सकता। साहित्य का इतिहास पुस्तकों, उनके लेखकों और कवियों के उद्‌भव और विकास की कहानी नहीं है। वह वस्तुतः अनादिकाल-प्रवाह में निरंतर प्रवहमान जीवंत मानव-समाज की ही विकास-कथा है। ग्रंथ और ग्रंथकार तो उस धारा की ओर अंगुलि-निर्देश करते हैं। हमारे विश्वविद्यालयों के स्नातक आजकल आचार्यत्व (डॉक्टरेट) प्राप्त करने के लिए उद्‌ग्रीव दिखते हैं। विश्वविद्यालयों के अधिकारी इन स्नातकों को यदि लोकसाहित्य की ओर मोड़ सकें तो वे अनेक महार्घ रत्नों को जुटा ले जाएँगे। पुस्तक-साहित्य का अध्ययन भी तब तक अपूर्ण ही रहेगा, जब तक नाथ-मत, शक्ति-संप्रदाय, वैष्णव-संहिताओं और बौद्ध और जैन अपभ्रंश साहित्य का अच्छा अध्ययन न प्रस्तुत किया जाए। इन विषयों का अध्ययन अभी तक उपेक्षित है। हिन्दी के साहित्य-शोधक इनका भी अध्ययन आरम्भ करें तो बहुत-कुछ दे सकते हैं। हमारे प्राचीनतर साहित्य का तो कुछ भी अध्ययन हिन्दी में नहीं हुआ। बहुत थोड़ी-सी धार्मिक पुस्तकें जैसे-तैसे अनुवाद कर ली गई हैं। हमें नाना शास्त्रों की पुस्तकों के संपादन और अनुवाद की ओर यथाशीघ्र ध्यान देना चाहिए। राहुलजी और उनके मित्रों ने पालि-साहित्य का अच्छा अंश हिन्दी

में अनुवादित कर लिया है; परन्तु महायान के विपुल साहित्य को अभी छुआ भी नहीं गया है। यद्यपि देश में जैन विद्वानों और जैन-संस्थाओं का अभाव नहीं है, तथापि अभी तक जैन ग्रन्थ सर्वजन-आस्वाद्य बनाकर नहीं लिखे गए। श्री नाथूरामजी प्रेमी, मुनि जिनविजयजी और पं० सुखलालजी आदि विद्वानों ने इस दिशा में महत्त्वपूर्ण कार्य किया है, परन्तु विशाल जैन-साहित्य को देखते हुए यह कार्य बहुत मामूली जान पड़ता है और ब्राह्मण-साहित्य को तो हिन्दी में पूरा-पूरा आ जाना चाहिए था; पर सच पूछिए तो यह साहित्य बिलकुल ही अस्पृश्य रह गया। वेद, ब्राह्मण, आरण्यकों और उपनिषदों का ही आधुनिक ढंग से संपादन और विवेचन नहीं हुआ तो औरों की तो बात ही क्या? विदेशी विद्वानों ने इस क्षेत्र में भी हमें पराजित किया है। हमें अपने समूचे साहित्य को, विविध भाषाओं को, विविध रीति-नीतियों को और संपूर्ण जनता को अनासक्त और अनाविल दृष्टि से देखने का अब व्रत लेना है।

बालकों के योग्य पुस्तकों का तो हमारे साहित्य में नितांत अभाव है। यह काम जल्दी ही हो जाना चाहिए। हमें साहित्य के प्रत्येक अंग पर बालकों के लिए साहित्य लिखना ही होगा। हमारे पड़ोसी बांग्ला साहित्य में इस विषय में उल्लेखनीय कार्य हुआ है। मेरे बच्चे बांग्ला माध्यम से स्कूल की पढ़ाई पढ़ते हैं। आए दिन वे जो पुस्तकें पढ़ने को ले आते हैं, उन्हें देखकर मुझे आश्चर्य और आनंद होता है। ऐसे उल्लेखनीय स्वदेशी-विदेशी, नाटक-काव्य और उपन्यास कम हैं, जिनका सार-मर्म बच्चों की भाषा में बंगाली लेखक ने न लिख दिया हो। नाना विषयों पर उन्होंने लेखनी चलाई है। सभ्य जाति अपने बच्चों और स्त्रियों का ज्यादा ध्यान रखती है। हमने इन दोनों ही क्षेत्रों में लापरवाही का परिचय दिया है। बहुत-से प्रकाशक बालकों का साहित्य छापने का कारबार करते हैं, परन्तु दुर्भाग्यवश बहुतों की शक्ति रीडरबाजी में बरबाद हो जाती है। बालकों और स्त्रियों के लिए साहित्य की हमें विशेष रूप से आवश्यकता है। शांतिनिकेतन के हिन्दी-भवन के लिए जब हम योजना बना रहे थे, तो महामना भारतभक्त दीनबन्धु एड्रयूज ने बालकों के साहित्य को उसी योजना का अंग बनाना चाहा था। हम लोगों ने जब आनाकानी की; तो उन्होंने जोर देकर कहा, "और कुछ करो या न करो, बालकों के लिए साहित्य लिखने का काम अवश्य करो।" नाना कारणों से हम वैसा नहीं कर सके, पर एड्रयूज की वह गम्भीर मुद्रा और अत्यन्त जोर के साथ कही हुई बात मुझको कभी नहीं भूलती। उस महापुरुष ने साहित्य की नींव को ही मजबूत करना चाहा था।

हमारे इस निरक्षर देश में प्रौढ़-शिक्षा का काम शुरू करना पड़ेगा। बालकों के लिए यदि कुछ पुस्तकें मिल भी जाएँगी तो प्रौढ़ों के लिए नहीं मिलेंगी। उत्साही और साहसी साहित्यिकों को इस दिशा में दृढ़ता के साथ

बढ़ना चाहिए। वैसे तो प्रौढ़-शिक्षा स्वयमेव बहुत महत्त्वपूर्ण वस्तु है, पर हमारे देश में एक और महत्त्व का कार्य इसके साथ जुड़ा हुआ है। इस देश में आदिम जातियाँ हैं, जिनकी, कहा जाता है, अपनी लिपि नहीं है अर्थात् वे अब तक लिखने-पढ़ने से वंचित थीं। चूँकि ये जातियाँ लिखना-पढ़ना नहीं जानती थीं, इसलिए मतलबी प्रचारकों ने कहना शुरू किया कि इनकी कोई लिपि नहीं है। इनकी लिपि वही लिपि है, जो हजारों वर्षों से इस देश की लिपि बनी हुई है। स्थान और काल के हिसाब से वह बदलती रही है, फिर भी वह लिपि सारे भारतवर्ष की अपनी जातीय लिपि है। प्रौढ़-शिक्षा के लिए हमें अनेक आदिमभाषी मित्रों की भाषाओं का अध्ययन करना होगा और उनके लिए उपयोगी और स्वस्थ साहित्य देव-नागरी लिपि के द्वारा देना होगा। इस कार्य में विलंब नहीं होना चाहिए।

फिर विज्ञान है, दर्शन है, ललित कला है, इनके परिचायक शास्त्र हैं, इनकी पुरानी परंपरा और नई परिणतियों का हमें अध्ययन करना है। हमारे देश का एतद्विषयक साहित्य गम्भीर और महत्त्वपूर्ण है। उन ग्रंथों का संपादन, शोधन और अनुवाद हमें करना है। विदेशी साहित्य और दर्शन तथा अन्य विषयों की पुस्तकें और उनका सार-मर्म बतलानेवाली पुस्तकें भी आवश्यक हैं। पूर्व और पश्चिम का संपूर्ण रस निचोड़कर ही हिन्दी-साहित्य अपने को पुष्ट और सबल बना सकता है।

हमें हिन्दी को एक ऐसी भाषा नहीं बना देना है, जो सर्वसाधारण के निकट अंग्रेजी की भाँति दुर्बोध्य बनी रहे या संस्कृत की ही भाँति कुछ चुने हुए लोगों के शास्त्रार्थ-विचार की भाषा बन जाए। ऐसा करके तो हम निश्चित रूप से हिन्दी का अहित करेंगे। हमारी भाषा ऐसी होनी चाहिए जो मामूली-से-मामूली जनचित्त को ऊपर उठा सके। हमें तो इस भाषा को इस योग्य बना देता है कि वह साधारण-से-साधारण मजदूर से लेकर अत्यन्त विकसित मस्तिष्क के बुद्धिजीवी के दिमाग में समान भाव से विहार कर सके।[1]

---

1. कराची हिन्दी साहित्य-सम्मेलन की साहित्यिक परिषद् के सभापति-पद से दिया गया भाषण।

मनुष्य ही साहित्य का लक्ष्य है

मैं साहित्य को मनुष्य की दृष्टि से देखने का पक्षपाती हूँ। जो वाग्जाल मनुष्य को दुर्गति, हीनता और परमुखापेक्षिता से बचा न सके, जो उसकी आत्मा को तेजोद्दीप्त न बना सके, जो उसके हृदय को परदु:खकातर और संवेदनशील न बना सके, उसे साहित्य कहने में मुझे संकोच होता है। मैं अनुभव करता हूँ कि हम लोग एक कठिन समय के भीतर से गुजर रहे हैं। आज नाना भाँति के संकीर्ण स्वार्थों ने मनुष्य को कुछ ऐसा अन्धा बना दिया है कि जाति-धर्म-निर्विशेष मनुष्य के हित की बात सोचना असंभव-सा हो गया है। ऐसा लग रहा है कि किसी विकट दुर्भाग्य के इंगित पर दलगत स्वार्थ से प्रेम ने मनुष्यता को दबोच लिया है। दुनिया छोटे-छोटे संकीर्ण स्वार्थों के आधार पर अनेक दलों में विभक्त हो गई है। अपने दल के बाहर आदमी संदेह की दृष्टि से देखा जाता है। उसके रोने-गाने तक पर असदुद्देश्य का आरोप किया जाता है। उसके तप और सत्य-निष्ठा का मजाक उड़ाया जाता है। उसके प्रत्येक त्याग और बलिदान के कार्य में भी 'चाल' का संधान पाया जाता है और अपने-अपने दलों में ऐसा करनेवाला सफल नेता भी मान लिया जाता है, परन्तु मेरा विश्वास है कि ऐसा करनेवाला आदमी सबसे पहले अपना ही अहित करता है। बड़े-बड़े राष्ट्रनायक जब अपनी विराट् अनुचरवाहिनी के साथ इस प्रकार का गंदा प्रचार करते हैं, तो ऊपर-ऊपर से चाहे जितनी भी सफलता उनके पक्ष में आती हुई क्यों न दिखाई दे, इतिहास-विधाता का निष्ठुर नियम-प्रवाह भीतर-ही-भीतर उनके स्वार्थों का उन्मूलन करता रहता है। इतिहास शक्तिशाली व्यक्तियों और राष्ट्रों की चिताभूमि को कुचलता हुआ आगे बढ़ रहा है, फिर भी गंदे तरीके सुधारे नहीं गए हैं, बल्कि उनको और भी कौशलपूर्ण और प्रभावशाली बनाया जाता रहा है। जो लोग द्रष्टा हैं, वे इस

गलती को समझते हैं; पर उनकी बात मदमत्त व्यक्तियों की ऊँची गद्दियों तक नहीं पहुँच पाती। संसार में अच्छी बात कहनेवालों की कमी नहीं है, परन्तु मनुष्य के सामाजिक संगठन में ही कहीं कुछ ऐसा बड़ा दोष रह गया है, जो मनुष्य को अच्छी बात सुनने और समझने से रोक रहा है। इसीलिए आज की सबसे बड़ी समस्या यह नहीं है कि अच्छी बात कैसे कही जाए; बल्कि यह है कि अच्छी बात को सुनने और मानने के लिए मनुष्य को कैसे तैयार किया जाए?

इसीलिए साहित्यकार आज केवल कल्पनाविलासी बनकर नहीं रह सकता। शताब्दियों का दीर्घ अनुभव यह बताता है कि उत्तम साहित्य की सृष्टि करना ही सबसे बड़ी बात नहीं है। सम्पूर्ण समाज को इस प्रकार सचेतन बना देना परमावश्यक है, जो उस उत्तम रचना को अपने जीवन में उतार सके। साहित्यिक सभाएँ यह कार्य कर सकती हैं। सम्पूर्ण जनसमाज को उत्तम साहित्य सुनाने का माध्यम बना सकती हैं। इस विशाल देश में शिक्षा की मात्रा बहुत ही कम है। जिन देशों में शिक्षा की समस्या हल हो चुकी है, उनके साहित्यिकों की अपेक्षा यहाँ के साहित्यिकों की जिम्मेदारी कहीं अधिक है। फिर हमने जिस भाषा के साहित्य-भंडार को भरने का व्रत लिया है, उसका महत्त्व और भी अधिक है। वह भारतवर्ष के केन्द्रीय प्रदेशों की भाषा है, कई करोड़ आदमियों की ज्ञानपिपासा उसे शांत करनी है। इसीलिए उसे सम्पूर्ण ज्ञान-विकास का वाहन बनाना है।

हम लोग जब हिन्दी की 'सेवा' करने की बात सोचते हैं, तो प्रायः भूल जाते हैं कि यह लाक्षणिक प्रयोग है। हिन्दी की सेवा का अर्थ है उस मानवसमाज की सेवा, जिसके विचारों के आदान-प्रदान का माध्यम हिन्दी है। मनुष्य ही बड़ी चीज है, भाषा उसी की सेवा के लिए है। साहित्य-सृष्टि का भी यही अर्थ है। जो साहित्य अपने-आपके लिए लिखा जाता है, उसकी क्या कीमत है, मैं नहीं कह सकता, परन्तु जो साहित्य मनुष्य-समाज को रोग-शोक, दारिद्र्य, अज्ञान तथा परमुखापेक्षिता से बचाकर उसमें आत्मबल का संचार करता है, वह निश्चय ही अक्षय निधि है। उसी महत्त्वपूर्ण साहित्य को हम अपनी भाषा में ले आना चाहते हैं। मैं मनुष्य की इस अतुलनीय शक्ति पर विश्वास करता हूँ कि हम अपनी भाषा और साहित्य के द्वारा इस विषम परिस्थिति को बदल सकेंगे।

परन्तु हमें सावधानी से सोचना होगा कि हिन्दी बोलनेवाला जन-समुदाय क्या वस्तु है और वास्तव में वह परिस्थिति क्या है, जिसे हम बदलना चाहते हैं। काल्पनिक प्रेत को घूँसा मारना बुद्धिमानी का काम नहीं है। नगरों और गाँवों में फैला हुआ, सैकड़ों जातियों और संप्रदायों में

विभक्त, अशिक्षा, दारिद्र्य और रोग से पीड़ित मानव-समाज आपके सामने उपस्थित है। भाषा और साहित्य की समस्या वस्तुतः उन्हीं की समस्या है। क्यों ये इतने दीन-दलित हैं? शताब्दियों की सामाजिक, मानसिक और आध्यात्मिक गुलामी के भार से दबे हुए ये मनुष्य ही भाषा के प्रश्न हैं और संस्कृति तथा साहित्य की कसौटी हैं! जब कभी आप किसी विकट प्रश्न के समाधान का प्रयत्न कर रहे हों तो इन्हें सीधे देखें। अमेरिका में या जापान में ये समस्याएँ कैसे हल हुई हैं, यह कम सोचें; किन्तु असल में ये हैं क्या और किस या किन कारणों से ये ऐसे हो गए हैं, इसी को अधिक सोचें। बड़े-बड़े विचारकों ने इस देश के जनसमुदाय के अध्ययन का प्रयत्न किया है, अब भी कर रहे हैं; पर ये अध्ययन या तो इन्हें अच्छी प्रजा बनाने के उद्देश्य से किए गए हैं या वैज्ञानिक कुतूहल-निवारण के उद्देश्य से। इनको इस दृष्टि से देखना अभी बाकी है कि वे मनुष्य कैसे बनाए जाएँ। हमारी भाषा, हमारा साहित्य, हमारी राजनीति—सबकुछ का उद्देश्य यही हो सकता है कि इनको दुर्गतियों से बचाकर किस प्रकार मनुष्यता के आसन पर बैठाया जाए।

हमारा यह देश जाति-भेद का देश है। करोड़ों मनुष्य अकारण अपमान के शिकार हैं। निरन्तर दुर्व्यवहार पाते रहने के कारण उनके अपने मन में हीनता की गाँठ पड़ गई है। यह गाँठ जब तक नहीं निकल जाती, तब तक भारतवर्ष की आत्मा सुखी नहीं रह सकती। कर्म का फल मिलता ही है। उससे बचने का उपाय नहीं है। जिन लोगों को अकारण अपमान के बन्धन में डालकर हमने अपमानित किया है, वे लोग सारे संसार में हमारे अपमान के कारण बने हैं।

हमें सावधानी से उसकी वर्तमान अवस्था का कारण खोजना होगा। ये अनादिकाल से हीन नहीं समझे जाते रहे हैं। नाना प्रकार की ऐतिहासिक, सामाजिक, राजनीतिक और आर्थिक कारण परम्परा के भीतर से गुजरकर भारतवर्ष का सैकड़ों जातियोंवाला समाज तैयार हुआ है। इस शतच्छिद्र कलश में आध्यात्मिक रस टिक नहीं सकता। आजकल हम लोग हिन्दू-मुसलमानों की मिलन समस्या से बुरी तरह चिन्तित हैं। निःसंदेह यह बहुत महत्त्वपूर्ण प्रश्न है। इस महान प्रश्न ने हमारे समस्त जीवन को गम्भीरतापूर्वक विचारने के लिए चुनौती दी है। हम अपनी भाषा के क्षेत्र में भी इस कठिन समस्या से हत्बुद्धि हो रहे हैं। हमारे बड़े-बड़े विचारकों ने प्रत्येक क्षेत्र में सुलह का व्रत लिया है; परन्तु मुझे ऐसा लगता है कि इससे भी कठोर समस्या का सामना हगें ह्निन्दू-हिन्दू मिलन के लिए ही करना है। अशांति के चिह्न अभी से प्रकट होने लगे हैं। जब हम भाषा या साहित्य-

विषयक किसी प्रश्न का समाधान कर बैठें, तो केवल वर्तमान पर दृष्टि निबद्ध रखने से हम धोखा खा सकते हैं। मुझे अपनी बुद्धि या दीर्घदर्शिता का गर्व नहीं है, लेकिन जो कुछ अनुभव करता हूँ, उसे ईमानदारी से प्रकट करने से शायद कुछ लाभ हो जाए, इसी आशा से यह बात कह रहा हूँ। सैकड़ों व्यर्थ कल्पनाओं की भाँति ये अनन्त वायुमंडल में विलीन हो जाएँगी। मुझे ऐसा लगता है कि ज्यों-ज्यों हमारे देशवासियों में आत्मचेतना का संचार होता जाएगा, त्यों-त्यों हिन्दू-समाज की भीतरी समस्याएँ उग्र रूप धारण करती जाएँगी। राजनीतिक बन्धनों के दूर होते ही हमारी मानसिक या आध्यात्मिक गुलामी का बन्धन और भी कठोर प्रतीत होगा। दो-सौ वर्षों की राजनीतिक गुलामी को तोड़ने में हमें जितना प्रयास करना पड़ा है, उससे कहीं अधिक प्रयास करना पड़ेगा इस सहस्त्राधिक वर्षों की सामाजिक और आध्यात्मिक गुलामी की जंजीरों को तोड़ने में।

कवि ने बहुत पहले सावधान किया है, जिसे तुमने नीचे फेंक रखा है, वह तुम्हें नीचे से जकड़कर बाँध लेगा; जिसे पीछे डाल रखा है, वह पीछे खींचेगा। अज्ञान के अंधकार की आड़ में जिसे तुमने ढक रखा है, वह तुम्हारे समस्त मंगल को ढककर घोर व्यवधान की सृष्टि करेगा। हे मेरे दुर्भाग्य-ग्रस्त देश! अपमान में तुम्हें समस्त अपमानितों के समान होना पड़ेगा।''[1]

शताब्दियों के विकट अपमान की प्रतिक्रिया कठोर होगी। उसके लिए हमें तैयार होना होगा। मुझे ऐसा लगता है कि जब भाषा और साहित्य के मसले पर विचार किया जाता है तो इस तथ्य को बिलकुल भुला दिया जाता है। हिन्दू की अपनी भीतरी समस्याएँ भी हैं और उन भीतरी समस्याओं के लिए जो विचार-विनिमय हुए हैं या हो रहे हैं, वे नाना कारणों से संस्कृत-साहित्य से अधिक प्रभावित हुए हैं। वे किसी के प्रति घृणा या अदूरदर्शिता के कारण नहीं हुए हैं। छोटी कही जानेवाली जातियों में ऊपर उठने की आकांक्षा स्वाभाविक है और उसके लिए उनका संस्कृत-साहित्य की ओर झुकना भी अस्वाभाविक नहीं है। यदि संस्कृत-बहुल भाषा के व्यवहार और समस्त जातियों के ब्राह्मण या क्षत्रिय कहे जाने से सात करोड़ आदमियों में अपने को हीन समझने की मनोवृत्ति कुछ कम होती है, तो ऐसा करना वांछनीय है या नहीं, यह मैं देश के नेताओं के विचारने के लिए छोड़ देता हूँ।

एक जमाना था जब भाषा-विज्ञान और नृतत्त्वशास्त्र की घनिष्ठ मैत्री में विश्वास किया जाता था। माना जाता था कि भाषा से नस्ल की पहचान

---

1. रवीन्द्रनाथ : गीतांजलि।

होती है परन्तु शीघ्र ही यह भ्रम टूट गया। देखा गया है कि ये दोनों शास्त्र एक-दूसरे के विरुद्ध गवाही देते हैं। भारतवर्ष भाषा-विज्ञान और नृतत्त्वशास्त्र के कलह का सबसे बड़ा अखाड़ा सिद्ध हुआ है। वर्तमान हिन्दू-समाज में एक-दो नहीं, बल्कि दर्जनों ऐसी जातियाँ हैं, जो अपनी मूल भाषाएँ भूल चुकी हैं और आर्यभाषा बोलती हैं। ब्राह्मण-प्रधान धर्म ने जातियों का कुछ इस प्रकार स्तर-विभाग स्वीकार किया है कि निम्न श्रेणी की जाति हमेशा अवसर पाने पर ऊँचे स्तर में जाने का प्रयत्न करती है। इस देश में जाने किस अनादिकाल से संस्कृत भाषा का प्राधान्य स्वीकार कर लिया गया है कि प्रत्येक नस्ल और फिरके के लोग अपनी भाषा को संस्कृत श्रेणी की भाषा से बदलते रहे हैं। ग्रियर्सन ने अपने विशाल सर्वे में एक भी ऐसा मामला नहीं देखा, जहाँ आर्य-भाषा—संस्कृत श्रेणी की भाषा—बोलनेवाले किसी जनसमुदाय ने अन्य से अपनी भाषा बदली हो, यहाँ तक कि आर्य-भाषा की एक बोली के बोलनेवाले ने भी दूसरी बोली को स्वीकार नहीं किया है।

स्पष्ट है कि इस देश में संस्कृत-प्राधान्य कोई नई घटना नहीं है। यह भी स्पष्ट है कि इस भाषा का सहारा लेकर जातियाँ ऊपर उठी हैं। मैं केवल उन तथ्यों को आपके सामने रख रहा हूँ, जिनके आधार पर मेरी यह धारणा बनी है कि इस देश के करोड़ों मनुष्यों में आत्मचेतना भरने का काम बहुत दिन से संस्कृत भाषा करती आई है और आगे भी करती रहेगी, ऐसी सम्भावना है। यह न समझिए कि जो संस्कृत-बहुल भाषा का व्यवहार कर रहे हैं, वे किसी संप्रदाय के प्रति द्वेषवश और घृणावश करते हैं। यह हमारा दुर्भाग्य है कि ऐसी बेतुकी बातों पर भी आसानी से विश्वास कर लिया जाता है।

दीर्घकाल से ज्ञान के आलोक से वंचित इन मनुष्यों को हमें ज्ञान देना है। शताब्दियों से गौरव से हीन इन मनुष्यों में हमें आत्मगरिमा का संचार करना है। अकारण अपमानित इन मूक नर-कंकालों को हमें वाणी देनी है। रोग, शोक, अज्ञान, भूख, प्यास, परमुखापेक्षिता और मूकता से इनका उद्धार करना है। साहित्य का यही काम है।

इससे छोटे उद्देश्य को मैं विशेष बहुमान नहीं देता। आप क्या लिखेंगे, कैसे लिखेंगे और किस भाषा में लिखेंगे, इन प्रश्नों का निर्माण इन्हीं की ओर देखकर कीजिए। यदि इनको मनुष्यता के ऊँचे आसन पर आप नहीं बैठा सकते तो साहित्यिक भी नहीं कहे जा सकते, और यह कहना आवश्यक है कि स्वयं मनुष्य बने बिना, स्वयं छोटे-छोटे तुच्छ विवादों से ऊपर उठे बिना, कोई भी व्यक्ति दूसरे को नहीं उठा सकता है। साहित्य के

साधकों को मनुष्य की सेवा करनी है तो देवता बनना होगा :

नान्यः पंथा विद्यतेऽयनाय।

शायद मेरी ही भाँति आप भी इतना अवश्य स्वीकार करते हैं कि इस बहुधाविभक्त जनसमुदाय को सम्बद्ध बनाना है। यदि यह बात सत्य है तो मैं समझता हूँ, अभी हमने साहित्य का आरम्भ ही नहीं किया है। हिन्दी में कितने जन-समूह के परिचायक ग्रंथ हमने लिखे हैं? इस विशाल मानव-समाज की रीति-नीति, आचार-विचार, आशा-आकांक्षा, उत्थान-पतन समझने के लिए हमारी भाषा में कितनी पुस्तकें हैं? इनके जीवन को सुखमय बनाने के साधनों, इनकी भूमि, इनके पशु, इनके विनोद-सहचर, इनके पेशे, इनके विश्वास, इनकी नई-नई मनोवृत्तियों का हमने क्या अध्ययन प्रस्तुत किया है? कहाँ है वह सहानुभूति और दर्द का प्रमाण, जिसे आप गणदेवता के सामने रख सकेंगे? हिन्दी की उन्नति का अर्थ उसके बोलने और समझनेवालों की उन्नति है।

अपना यह देश कोई नया साहित्यिक प्रयोग करने नहीं निकला है। इसकी साहित्यिक-परम्परा अत्यन्त दीर्घ, धारावाहिक और गम्भीर है। साहित्य नाम के अंतर्गत मनुष्य जो कुछ भी सोच सकता है, उस सबका प्रयोग इस देश में सफलतापूर्वक हो चुका है। वह अपनी भाषा का दुर्भाग्य है कि हमारी प्राचीन चिंतनराशि को उसमें संचित नहीं किया गया है। संस्कृत, पालि और प्राकृत की बढ़िया पुस्तक के जितने उत्तम अनुवाद अंग्रेजी, फेंच और जर्मन आदि भाषाओं में हुए हैं, उतने हिन्दी में नहीं हुए। परन्तु दुर्भाग्य भी लाक्षणिक प्रयोग है और यह वस्तुतः उस विशाल मानव-समाज का दुर्भाग्य है, जो भाषा के जरिए ही ज्ञान-अर्जन करना चाहता है या करता है। यह विशाल साहित्य अपनी भाषाओं में यदि अनूदित होता तो हमारा साहित्यिक सहज ही उन सैकड़ों प्रकार के अपप्रचारों और हीन भावनाओं का शिकार होने से बच जाता, जो आज सम्पूर्ण समाज को दुर्बल और परमुखापेक्षी बना रहे हैं। विभिन्न स्वार्थ के पोषक प्रचार इस देश की अतिमात्र विशेषताओं का डंका प्रायः पीटा करते हैं।

इतिहास को कभी भौगोलिक व्याख्या के भीतर से, कभी जातिगत और कभी धर्मगत विशेषताओं के भीतर से प्रतिफलित करके समझाया जाता है कि हिन्दुस्तानी जैसे हैं, उन्हें वैसा ही होना है और उसी रूप में बना रहना ही उनके लिए श्रेयस्कर है। इतिहास की जो अभद्र व्याख्या इन भिन्न-भिन्न विशेषताओं के भीतर से देखनेवाले प्रचारकों ने की है, वह हमारी रोम-रोम में व्याप्त होने लगी है। अगर इस जहर को दूर करना है तो प्राचीन ग्रंथों के देशी प्रामाणिक संस्करण और अनुवाद करने के सिवा और कोई

रास्ता नहीं है। लेकिन अपनी भाषा में प्राचीन ग्रंथों को हमें सिर्फ इसलिए नहीं भरना है कि हमें दूसरे स्वार्थी लोगों के अपप्रचार के प्रभाव से मुक्त होना है। विदेशी पंडितों ने अपूर्व लगन और निष्ठा के साथ हमारे प्राचीन शास्त्रों का अध्ययन, मनन और सम्पादन किया है। हमें उनका कृतज्ञ होना चाहिए; परंतु यह बात भूल नहीं जाना चाहिए कि अधिकांश विदेशी पंडितों के लिए हमारे प्राचीन शास्त्र नुमाइशी वस्तुओं के समान हैं। उनके प्रति उनका जो सम्मान है, उसे अंग्रेजी के 'म्यूजियम इन्टरेस्ट' शब्द से भी समझाया जा सकता है। नुमाइश में रखी हुई चीजों को हम प्रशंसा और आदर की दृष्टि से देखते हैं परंतु निश्चित जानते हैं कि हम अपने जीवन में उनका व्यवहार नहीं कर सकते। किसी मुगल सम्राट का चोगा किसी प्रदर्शिनी में दिख जाए तो हम उसकी प्रशंसा चाहे जितनी करें, पर हम निश्चित जानेंगे कि उसको हमें धारण नहीं करना है। परन्तु भारतीय शास्त्र हमारे देशवासियों के लिए प्रदर्शिनी की वस्तु नहीं हैं, वे हमारे रक्त में मिले हुए हैं। भारतवर्ष आज भी उनकी व्यवस्था पर चलता है और उनसे प्रेरणा पाता है। इसीलिए हमें इन ग्रंथों का अपने ढंग से संपादन करके प्रकाशन करना है। इनके ऐसे अनुवाद प्रकाशित करने हैं, जो पुरानी अनुश्रुति से विच्छिन्न और असंबद्ध भी न हों और आधुनिक ज्ञान के आलोक में देख भी लिए गए हों। यह बड़ा विशाल कार्य है। संस्कृत भारतवर्ष की अपूर्व महिमाशालिनी भाषा है। वह हजारों वर्षों के दीर्घकाल में और लाखों वर्गमील में फैले हुए मानव-समाज के सर्वोत्तम मस्तिष्कों में विहार करनेवाली भाषा है। उसका साहित्य विपुल है। उसका साधन गहन है और उसका उद्देश्य साधु है। उस भाषा को हिन्दी-माध्यम से समझने का प्रयत्न करना भी एक तपस्या है। उस तपस्या के लिए संयम तथा आत्मबल की आवश्यकता है। हमें अपनी सम्पूर्ण शक्ति लगाकर गम्भीरतापूर्वक उसके अध्ययन में जुट जाना चाहिए। हिन्दी को संस्कृत से विच्छिन्न करके देखनेवाले उसकी अधिकांश महिमा से अपरिचित हैं।

महान कार्य के लिए विशाल हृदय होना चाहिए। हिन्दी का साहित्य सचमुच महान कार्य है, क्योंकि उससे करोड़ों का भला होना है। हम आजकल प्राय: गर्वपूर्वक कहा करते हैं कि हिन्दी बोलनेवालों की संख्या भारतवर्ष में सबसे अधिक है। मैं समझता हूँ, यह बात चिंता की है, क्योंकि हिन्दी बोलनेवाले जन-समूह की मानसिक, बौद्धिक और आध्यात्मिक भूख मिटाने का काम सहज नहीं है।

भारतवर्ष के पड़ोसी देशों में आजकल हिन्दी-साहित्य पढ़ने और समझने में तीव्र लालसा जाग्रत हुई है। चीन से, मलय से, सुमात्रा से, जावा

से, समस्त एशिया से माँग आ रही है। एशिया के देश अब अंग्रेजी पुस्तकों में प्राप्त सूचनाओं से संतुष्ट नहीं हैं। वे देशी दृष्टि से देशी भाषा में लिखा हुआ साहित्य खोजने लगे हैं। आगे यह जिज्ञासा और भी तीव्र होगी। मुझे चिंता होती है कि क्या हम अपने को इस उठती हुई श्रद्धा के उपयुक्त पात्र सिद्ध कर सकेंगे? जिस दिन इतिहास-विधाता हमें ठेलकर विश्व-जनता के दरबार में ला पटकेगा, उस दिन तक क्या हम इतना भी निश्चय कर सके होंगे कि हमारी भाषा कैसी होगी, उसमें भिन्न-भिन्न भाषाओं के शब्दों का अनुपात क्या होगा और शब्दों के 'शुद्ध' और 'गैर-शुद्ध' उच्चारणों में से कौन-सा अपनाया जाएगा?

समूचे जनसमूह में भाषा और भाव की एकता और सौहार्द्र का होना अच्छा है। इसके लिए तर्कशास्त्रियों की नहीं, ऐसे सेवाभावी व्यक्तियों की आवश्यकता है; जो समस्त बाधाओं और विघ्नों को शिरसा स्वीकार करके काम करने में जुट जाते हैं। वे ही लोग साहित्य का भी निर्माण करते हैं और इतिहास का भी। आज काम करना बड़ी बात है। इस देश में हिन्दू हैं, मुसलमान हैं, स्पृश्य हैं, अस्पृश्य हैं, संस्कृत हैं, फारसी हैं—विरोधों और संघर्षों की विराट वाहिनी है; पर सबके ऊपर मनुष्य है—विरोधों को दिन-रात याद करते रहने की अपेक्षा अपनी शक्ति का संबल लेकर उसकी सेवा में जुट जाना अच्छा है। जो भी भाषा आपके पास है, उससे बस मनुष्य को ऊपर उठाने का काम शुरू कर दीजिए। आपका उद्देश्य आपकी भाषा बना देगा।

अच्छी बात करनेवालों की कमी इस देश में कभी नहीं रही है। आज भी बहुत ईमानदारी और सच्चाई के साथ अच्छी बात करनेवाले आदमी इस देश में कम नहीं हैं। उन्होंने प्रेम और भ्रातृभाव का मन्त्र बताया है। आदिकाल से महापुरुषों ने एक और सौहार्द्र का संदेश सुनाया है। कहते हैं, व्यासदेव ने अन्तिम जीवन में निराश होकर कहा था कि मैं भुजा उठाकर चिल्ला रहा हूँ कि धर्म ही प्रधान वस्तु है, उसी से अर्थ और काम की प्राप्ति होती है, पर मेरी कोई सुन नहीं रहा है :

ऊर्ध्वबाहुर्विरौम्येष नैव कश्चिच्छ्रुणोति मे।
धर्मादर्थश्च कामश्च स धर्म किं न सेव्यताम्॥

ऐसा क्यों हुआ? इसलिए कि समाज के ऐतिहासिक विकास, आर्थिक संयोजन और सामाजिक संगठन के मूल में ही कुछ ऐसी गलती रह गई है कि एक दल जिसे धर्म समझता है, दूसरा उसे नहीं समझ पाता। इस वैषम्य को ध्यान में रखकर ही प्रेम सौहार्द्र का पाठ पढ़ाया जाना चाहिए। दही में जितना भी दूध डालिए, दही होता जाएगा। शंकाशील हृदयों में प्रेम की

वाणी भी शंका उत्पन्न करती है।

मेरी अल्प बुद्धि में तो यही सूझता है कि समाज के नाना स्तरों के लिए अलग-अलग ढंग की भाषा होगी। नाना उद्देश्यों की सिद्धि के लिए नाना भाँति के प्रयत्न करने होंगे। सारे प्रतीयमान विरोधों का सामंजस्य एक ही बात से होगा—मनुष्य का हित।

भारत के हजारों गाँवों और शहरों में फैली हुई सैकड़ों जातियों और उपजातियों में विभक्त सभ्यता को नाना सीढ़ियों पर खड़ी हुई यह जनता ही हमारे समस्त वक्तव्यों का लक्ष्यीभूत श्रोता है। उसका कल्याण ही साध्य है; बाकी सबकुछ साधन है—संस्कृत भी और फारसी भी, व्याकरण भी और छंद भी, साहित्य भी और विज्ञान भी, धर्म भी और ईमान भी। हमारे समस्त प्रयत्नों का एकमात्र लक्ष्य यही मनुष्य है। उसकी वर्तमान दुर्गति से बचकर भविष्य में आत्यंतिक कल्याण की ओर उन्मुख करना ही हमारा लक्ष्य है। यही सत्य है, यही धर्म है। सत्य वह नहीं है जो मुख से बोलते हैं। सत्य वह है जो मनुष्य के आत्यंतिक कल्याण के लिए किया जाता है। नारद ने शुकदेव से कहा था कि सत्य बोलना अच्छा है, पर हित बोलना और भी अच्छा है। मेरे मत से सत्य वह है, जो भूत-मात्र के आत्यंतिक कल्याण का हेतु हो :

सत्यस्य वचनं श्रेय : सत्यादपि हितं वदेत्।
यद्भूतहितमत्यंतमेतत् सत्यं मतं मम्॥

यही सर्वभूत का आत्यंतिक कल्याण साहित्य का चरम लक्ष्य है। जो साहित्य केवल कल्पना-विलास है, जो केवल समय काटने के लिए लिखा जाता है; वह बड़ी चीज नहीं है; बड़ी चीज वह है, जो मनुष्य को आहार-निद्रा आदि पशु सामान्य धरातल से ऊपर उठाता है। मनुष्य का शरीर दुर्लभ वस्तु है, इसे पाना ही कम तप का फल नहीं है, पर इसे महान लक्ष्य की ओर उन्मुख करना और भी श्रेष्ठ कार्य है।

इधर कुछ ऐसी हवा बही है कि हर सस्ती चीज को साहित्य का वाहन माना जाने लगा है। इस प्रवृत्ति को 'वास्तविकता' के गलत नाम से पुकारा जाने लगा। तरह-तरह की दलील देकर यह बताने का प्रयत्न किया जा रहा है कि मनुष्य की लालसोन्मुख वृत्तियाँ ही साहित्य के उपयुक्त त्राहन हैं। मुझे किसी मनोरोग के विपक्ष में या पक्ष में कुछ भी नहीं कहना है। मुझे सिर्फ इतना ही कहना है कि साहित्य के उत्कर्ष या अपकर्ष के निर्णय की एकमात्र कसौटी यही हो सकती है कि वह मनुष्य का हित साधन करता है या नहीं। जिस बात के कहने से मनुष्य पशु-सामान्य धरातल के ऊपर नहीं उठता, वह त्याज्य है। मैं उसी को सस्ती चीज कहता हूँ। सस्ती इसलिए कि

उसके लिए किसी प्रकार के संयम या तप की जरूरत नहीं होती। धूल में लोटना बहुत आसान है परन्तु धूल में लोटने से संसार का कोई बड़ा उपकार नहीं होता और न किसी प्रकार के मानसिक संयम का अभ्यास ही आवश्यक है। और जैसाकि रवीन्द्रनाथ ने कहा कि यदि कोई निःसंकोच धूल में लोट पड़े तो इसे हम बहुत बड़ा पुरुषार्थ नहीं कह सकते। हम इस बात को डरने योग्य भी नहीं मानेंगे; परन्तु यदि दस-पाँच भले आदमी ऊँचे गले से यही कहना शुरू कर दें कि धूल में लोटना ही उस्तादी है तो थोड़ा डरना आवश्यक हो जाता है। भय का कारण इसका सस्तापन है। मनुष्य में बहुत-सी आदिम मनोवृत्तियाँ हैं, जो जरा-सा सहारा पाते ही झनझना उठती हैं। अगर उनको भी साहित्य-साधना का बड़ा आदर्श कहा जाने लगे तो उस मानने और पालन करनेवालों की कमी नहीं रहेगी। ऐसी बातों को इस प्रकार प्रोत्साहित किया जाता है कि मानो यह कोई साहस और वीरता का काम है।

पुरानी सड़ी रूढ़ियों का मैं पक्षपाती नहीं हूँ, परन्तु संयम और निष्ठा पुरानी रूढ़ियाँ नहीं हैं। वे मनुष्य के दीर्घ आयास से उपलब्ध गुण हैं और दीर्घ आयास से ही पाए जाते हैं। इनके प्रति विद्रोह प्रगति नहीं है। आदिम युग में मनुष्य की जो वृत्तियाँ अत्यन्त प्रबल थीं, वे निश्चय ही अब भी हैं और प्रबल भी हैं; परन्तु मनुष्य ने अपनी तपस्या से उनको अपने वश में किया है और वश में करने के कारण वह उनको सुन्दर बना सका है। मनुष्य के रंगमंच पर आने के पहले प्रकृति लुढ़कती-पुढ़कती चली आ रही थी। प्रत्येक कार्य अपने पूर्ववर्ती कार्य का परिणाम है। संसार की कार्य-कारण परंपरा में कहीं फाँक नहीं थी। जो वस्तु जैसी होने को है; वह वैसी होगी। इसी समय मनुष्य आया। उसने इस नीरंध्र ठोस कार्य-कारण परम्परा में एक फाँक का आविष्कार किया। जो जैसा है, उसे वैसा ही मानने से उसने इनकार कर दिया। उसे उसने अपने मन के अनुकूल बनाने का प्रयत्न किया। सो मनुष्य की पूर्ववर्ती सृष्टि किसी प्रकार बनती जा रही थी, मनुष्य ने उसे अपने अनुकूल बनाना चाहा—यहीं मनुष्य पशु से अलग हो गया। वह पशु-सामान्य धरातल से ऊपर उठा। बार-बार उसे उसी धरातल की ओर उन्मुख करना प्रगति नहीं, यह पीछे लौटने का काम है। मैं मानता हूँ कि न तो कभी ऐसा समय रहा है, जब लालसा को उत्तेजना देनेवाला साहित्य न लिखा गया हो और न कोई ऐसा देश है, जहाँ ऐसी बातें न लिखी गई हों; परन्तु मेरा विश्वास है कि मनुष्य सामूहिक रूप से इस गलती को महसूस करेगा और त्याग देगा। यह ठीक है, मनुष्य का इतिहास उसकी गलतियों का इतिहास है, पर यह और भी ठीक है कि मनुष्य बराबर

गलतियों पर विजय पाता आता है। लालसा को उत्तेजन देनेवाला साहित्य उसकी गलती है। एक-न-एक दिन यह इस पर अवश्य विजय पाएगा।

सत्य अपना पूरा मूल्य चाहता है। उसके साथ समझौता नहीं हो सकता। साहित्य के चरम सत्य को पाने के लिए भी उसका पूरा-पूरा मूल्य चुकाना ही समीचीन है। जो लोग पद-पद पर सहज और सीधे साधनों की दुहाई दिया करते हैं, शायद किसी बड़े लक्ष्य की बात नहीं सोचते। मनुष्य को उसके उच्चतर लक्ष्य तक पहुँचाने के लिए उसके प्रतिदिन के व्यवहार में आनेवाली वृत्तियों के साथ सुलह करने से काम नहीं चलेगा। कठोर संयम और त्याग द्वारा ही उसे बड़ा बनाया जा सकेगा। जो बात एक क्षेत्र में सत्य है, वह सभी क्षेत्रों में सत्य है—साहित्य में, भाषा में, आचार-विचार में, सर्वत्र। भाषा को ही लीजिए। मनुष्य अपने आहार और निद्रा के साधनों को जुटाने के लिए जिस भाषा का व्यवहार करता है, उसकी अनायास लब्ध भाषा है; परन्तु यदि उसे इस धरातल से ऊपर उठाना है तो उतने से काम नहीं चलेगा। सहज भाषा आवश्यक है। पर सहज भाषा का मतलब है सहज ही महान बनानेवाली भाषा, रास्ते में बटोरकर संग्रह की हुई भाषा नहीं।

सीधी लकीर खींचना टेढ़ा काम है। सहज भाषा पाने के लिए कठोर तप आवश्यक है। जब तक आदमी सहज नहीं होता तब तक भाषा का सहज होना असम्भव है। स्वदेश और विदेश के वर्त्तमान और अतीत के समस्त वाङ्मय का रस निचोड़ने से वह सहज भाव प्राप्त होता है। हर अदना आदमी क्या बोलता है या क्या नहीं बोलता, इस बात से सहज भाषा का अर्थ स्थिर नहीं किया जा सकता? क्या कहने या क्या न कहने से मनुष्य उस उच्चतर आदर्श तक पहुँच सकेगा, जिसे संक्षेप में 'मनुष्यता' कहा जाता है, यही मुख्य बात है। सहज मनुष्य ही सहज भाषा बोल सकता है। दाता महान होने से दान महान होता है।

जिन लोगों ने गहन साधना करके अपने को सहज नहीं बना लिया है, वे सहज भाषा नहीं पा सकते। व्याकरण और भाषाशास्त्र के बल पर यह भाषा नहीं बनाई जा सकती, कोशों में प्रयुक्त शब्दों के अनुपात पर इसे नहीं गढ़ा जा सकता। कबीरदास और तुलसीदास को यह भाषा मिली थी, महात्मा गांधी को भी यह भाषा मिली, क्योंकि वे सहज हो सके। उनमें दान करने की क्षमता थी। शब्दों का हिसाब लगाने से यह दातृत्व नहीं मिलता, अपने को दलित द्राक्षा के समान निचोड़कर महासहज के समर्पण कर देने से प्राप्त होता है। जो अपने को निःशेष भाव से दे नहीं सका, वह दाता नहीं हो सकता। आपमें अगर देने लायक वस्तु है तो भाषा स्वयं सहज हो

जाएगी। पहले सहज भाषा बनेगी, फिर उसमें देने योग्य पदार्थ भरे जाएँगे, यह गलत रास्ता है। सही रास्ता यह है कि पहले देने की क्षमता उपार्जन करो। इसके लिए तप की जरूरत है, साधना की जरूरत है, अपने को नि:शेष भाव से दान कर देने की जरूरत है।

हिन्दी साधारण जनता की भाषा है। जनता के लिए ही उसका जन्म हुआ था और जब तक वह अपने को जनता के काम की चीज बनाए रहेगी, जनचित्त में आत्मबल का संचार करती रहेगी, तब तक उसे किसी से डर नहीं है। वह अपने-आपकी भीतरी अपराजेय शक्ति के बल पर बड़ी हुई है, लोक-सेवा के महान व्रत के कारण बड़ी हुई है और यदि अपनी मूल शक्ति के स्रोत को भूल नहीं गई तो निस्सन्देह अधिकाधिक शक्तिशाली होती जाएगी। उसका कोई कुछ भी बिगाड़ नहीं सकता। वह विरोधों और संघर्षों के बीच ही पली है। उसे जन्म के समय ही मार डालने की कोशिश की गई थी, पर वह मरी नहीं है, क्योंकि उसकी जीवनी-शक्ति का अक्षय स्रोत जनचित्त है। वह किसी राजशक्ति की उँगली पकड़कर यात्रा तय करनेवाली भाषा नहीं है, अपने-आपकी भीतरी शक्ति से महत्त्वपूर्ण आसन अधिकार करनेवाली अद्वितीय भाषा है।

शायद ही संसार में कोई-सी भाषा हो, जिसकी उन्नति में पद-पद पर इतनी बाधा पहुँचाई गई हो, फिर भी जो इस प्रकार अपार शक्ति संचय कर सकी हो। आज वह सैकड़ों 'प्लेटफार्मों' से, विद्यालयों से और दर्जनों प्रेसों से नित्य मुखरित होनेवाली परम शक्तिशालिनी भाषा है। उसकी जड़ जनता के हृदय में है। वह करोड़ों नर-नारियों की आशा और आकांक्षा, क्षुधा और पिपासा, धर्म और विज्ञान की भाषा है। हिन्दी-सेवा का अर्थ करोड़ों की सेवा है। इसका अवसर मिलना सौभाग्य की बात है।

: 2 :

वास्तव में हमारे अध्ययन की सामग्री प्रत्यक्ष मनुष्य है। आपने इतिहास में इसी मनुष्य की धारावाहिक जययात्रा की कहानी पढ़ी है, साहित्य में इसी के आवेगों, उद्वेगों और उल्लासों का स्पंदन देखा है, राजनीति में इसकी लुका-छिपी के खेल का दर्शन किया है, अर्थशास्त्र में इसकी रीढ़ की शक्ति का अध्ययन किया है। यह मनुष्य ही वास्तविक लक्ष्य है। आप इससे सीधा संबंध जोड़ने जा रहे हैं। यह जो प्रत्यक्ष मनुष्य का पढ़ना है, वही बड़ी बात है। हमारी शिक्षा का अधिक भाग जिन सब दृष्टांतों का आश्रय लेता है, वे हमारे सामने नहीं आते। हमारा इतिहास पढ़ना तब तक व्यर्थ है, जब

तक हम उसे इस जीवंत मानव प्रवाह के साथ एक करके न देख सकें। हमारे देश का इतिहास—यदि वह सचमुच ही हमारे देश का है—आज भी निश्चय ही हमारे घरों में, गाँवों में, जातियों में, खण्डहरों में और इस देश के जर्रे-जर्रे में अपना चिह्न छोड़ता जा रहा है। जब तक देश के इन प्रत्येक कणों से हमारा प्रत्यक्ष सम्बन्ध नहीं स्थापित होता तब तक हम इतिहास का वास्तविक ज्ञान कैसे प्राप्त कर सकेंगे? इसमें से जो कोई भी अपने को शिक्षित समझता हो, उसे अपनी उच्च अट्टालिका से नीचे उतरकर अपने देश के इर्द-गिर्द फैले हुए विशाल जनसमूह, विस्तृत भूखंड और सजीव चिंता-प्रवाह को ही प्रधान पाठ्य-पुस्तक बनाना होगा। पुस्तकें इसी महाग्रन्थ को समझाने का साधन मानी जानी चाहिए। नोटों और कुंजियों को उत्पन्न करनेवाली मनोवृत्ति का निर्दयतापूर्वक दमन कर देना चाहिए। हम लोग नृतत्त्व के ग्रन्थ न पढ़ते हों सो बात नहीं है, किन्तु जब हम देखते हैं कि ग्रन्थ पढ़ने के कारण हमारे घरों के निकट जो चमार, धीवर, कोरी, कुम्हार लोग रहते हैं, उनके पूरे परिचय पाने के लिए हमारे हृदयों में जरा-भी उत्सुकता नहीं उत्पन्न होती, तब अच्छी तरह समझ में आ जाता है कि पुस्तकों के संबंध में हमें कितना अन्धविश्वास हो गया है, पुस्तकों को हम कितना बड़ा समझते हैं और पुस्तकें वस्तुत: जिनकी छाया हैं, उनको कितना तुच्छ मानते हैं। यह ढंग गलत है। इसमें सुधार होना चाहिए। विद्या के क्षेत्र में 'सेकेंड हैंड' ज्ञान की प्रधानता स्थापित होना वांछनीय नहीं। दुर्भाग्यवश अपने देश में ऐसे ही ज्ञान की प्रधानता स्थापित हो गई है। हमें यदि सचमुच कुछ नया करना है तो बड़े विकट प्रयास करने पड़ेंगे। समूचे देश के मस्तिष्क में जो जड़-संस्कार पैदा कर दिए गए, उनसे जूझना पड़ेगा। इसका समर्थन तभी हो सकता है, जब हम दृढ़ प्रत्यक्ष ज्ञान की ओर अग्रसर हों।

आपमें से अधिकांश का मार्ग शायद मातृभाषा और उसके साहित्य द्वारा देश की सेवा करना हो! यह बड़ा उत्तम मार्ग है, परंतु हमें अच्छी तरह समझ लेने की आवश्यकता है कि साहित्यसेवा या मातृभाषा की सेवा का क्या अर्थ है? किसे सामने रखकर आप साहित्य लिखने जा रहे हैं? आपके वक्तव्यों का लक्ष्यीभूत श्रोता कौन है? हिन्दी भाषा कोई देवी-देवता की मूर्ति का नाम नहीं है। हिन्दी की सेवा करने का अर्थ हिन्दी की प्रतिमा बनाकर पूजना नहीं है। यह लाक्षणिक प्रयोग है। इसका अर्थ है—हिन्दी के माध्यम द्वारा समझनेवाली विशाल जनता की सेवा। कभी-कभी हम लोग इस भाषा के प्रति होनेवाले अन्यायों से विक्षुब्ध होकर गलत ढंग के स्वभाषा-प्रेम का परिचय देते हैं। अपनी भाषा, अपनी संस्कृति और अपने साहित्य से प्रेम

होना बुरी बात नहीं है, पर जो प्रेम ज्ञान द्वारा चालित और श्रद्धा द्वारा अनुगमित होता है, वही प्रेम अच्छा है। केवल ज्ञान बोझ है, केवल श्रद्धा अंधा बना देती है। हिन्दी के प्रति जो हमारा प्रेम है, वह भी ज्ञान द्वारा चालित और श्रद्धा द्वारा अनुगमित होना चाहिए। हमें ठीक-ठीक समझना चाहिए कि हिन्दी की शक्ति कहाँ है? हिन्दी इसलिए बड़ी नहीं है कि हममें से कुछ लोग इस भाषा में कहानी या कविता लिख लेते हैं या सभा-मंचों पर बोल लेते हैं। नहीं, वह इसलिए बड़ी है कि कोटि-कोटि जनता के हृदय और मस्तिष्क की भूख मिटाने में यह भाषा इस देश में सबसे बड़ा साधन हो सकता है। हमारे पूर्वजों ने दीर्घकाल की तपस्या और मनन से जो ज्ञानराशि संचित की है, उसे सुरक्षित रखने का यह सबसे मजबूत पात्र है—अकारण और सकारण शोषित और पोषित। मूढ़, निर्वाक जनता तक आशा और उत्साह का संदेश इसी जीवंत और समर्थ भाषा के द्वारा पहुँचाया जा सकता है। यदि देश में आधुनिक ज्ञान-विज्ञान को हमें जनसाधारण तक पहुँचाना है तो इसी भाषा का सहारा लेकर हम यह काम कर सकते हैं। हिन्दी इन्हीं संभावनाओं के कारण बड़ी है। यदि वह यह कार्य नहीं कर सकती तो 'हिन्दी-हिन्दी' चिल्लाना व्यर्थ है। यदि वह यह काम कर सकती है तो उसका भविष्य अत्यन्त उज्ज्वल है। यदि वह इन महान उद्देश्यों के अनुकूल है तो फिर वह इस देश में हिमालय की भाँति अचल होकर रहेगी। हिमालय की ही भाँति उन्नत, उतनी ही महान हिन्दी जनता की भाषा है। जनता के लिए ही उसका जन्म हुआ था और जब तक वह जनता के चित्त में आत्मबल संचारित करती रहेगी, उसके हृदय और मस्तिष्क की भूख मिटाती रहेगी, तब तक उसका जीवन सार्थक है। जो लोग इस भाषा और उसके साहित्य की सेवा करने का व्रत करने जा रहे हों, उन्हें यह बात कभी नहीं भूलनी चाहिए।

भारतवर्ष क्या है? अनादिकाल के नाना जातियाँ अपने नाना भाँति के संस्कार, रीति-रस्म आदि लेकर इस देश में आती रही हैं। यहाँ भी अनेक प्रकार के मानवीय समूह विद्यमान रहे हैं। ये जातियाँ कुछ देर तक झगड़ती रही हैं और फिर रगड़-झगड़कर, ले-देकर पास-ही-पास बस गई हैं—भाइयों की तरह। इन्हीं नाना जातियों, नाना संस्कारों, नाना धर्मों, नाना रीति-रस्मों का जीवंत समन्वय यह भारतवर्ष है। विदेशी पराधीनता ने इसके स्वाभाविक विकास में बाधा पहुँचाई है। उसका बाह्यरूप विचित्र-सा दिखाई दे रहा है। इसी वैचित्र्यपूर्ण जनसमूह को आशा और उत्साह का संदेश देना साहित्य-सेवा का लक्ष्य है। हजारों गाँवों और शहरों में फैली हुई, शताधित जातियों और उप-जातियों में विभक्त, सभ्यता के नाना स्तरों पर

ठिठकी हुई यह जनता ही हमारे समस्त प्रयत्नों का लक्ष्य है। इसका कल्याण ही साध्य है। बाकी सबकुछ साधन है। आपने जो अपनी भाषा पर अधिकार प्राप्त किया है, वह अपने आपमें अपना अंत नहीं है। वह साधन है। इसे भाषा के सहारे आपको इस जनता तक पहुँचाना है। इसको निराशा और पस्त-हिम्मती से बचाना आपका कर्तव्य है; परंतु यह कोई सरल काम नहीं है। केवल कुछ अच्छा करने की इच्छा मात्र से यह काम नहीं होगा। आज की समस्याएँ बड़ी उलझनदार और जटिल हैं। बिजली की बत्ती मुँह से फूँककर नहीं बुझाई जाती है। यह समझने की जरूरत है कि जो दुर्गति आज हम प्रत्यक्ष देख रहे हैं, उसका वास्तविक कारण क्या है? साहित्य का साधक केवल कल्पना की दुनिया में विचरण करके, केवल 'हाय-हाय' की या 'वाह-वाह' की पुकार करके अपने सामने की कुत्सित कुरूपता को नहीं बदल सकता। हमें उस समूची विद्या को सीखना पड़ेगा, जो विश्व-रहस्य से नए-नए द्वार खोल रही है, जो प्रकृति के समस्त गुप्त भण्डार पर धावा बोलने के लिए बद्ध-परिकर है, जो मनुष्य को असीम सुख और समृद्धि तक ले जा सकती है। फिर हमें उस स्वार्थ-शक्ति को भी समझना है, जो इस विद्या का गलत प्रयोग करनेवाले मनुष्य को सर्वत्र लांछित और अपमानित कर रही है। साहित्य का कारबार मनुष्य के समूचे जीवन को लेकर है। जो लोग आज भी यह सोचते हैं कि साहित्य के लिए कुछ खास-खास विषय ही पढ़ने के हैं, वे बड़ी गलती करते हैं। आज की जनता की दुर्दशा को यदि आप सचमुच ही उखाड़ फेंकना चाहते हैं तो आप चाहे जो भी मार्ग लें, राजनीति से अलग होकर नहीं रह सकते, अर्थनीति की उपेक्षा नहीं कर सकते और विज्ञान की नई प्रवृत्तियों से अपरिचित रहकर कुछ नहीं कर सकते। साहित्य केवल बुद्धि विलास नहीं है। वह जीवन की वास्तविकता की उपेक्षा करके सजीव नहीं रह सकता।

साहित्य के उपासक अपने पैर के नीचे की मिट्टी की उपेक्षा नहीं कर सकते। हम सारे बाह्य जगत को असुन्दर छोड़कर सौंदर्य की सृष्टि नहीं कर सकते। सुन्दरता सामंजस्य का नाम है। जिस दुनिया में छोटाई और बड़ाई में, धनी और निर्धन में, ज्ञानी और अज्ञानी में, आकाश-पाताल का अंतर हो, वह दुनिया बाह्य सामंजस्य नहीं कही जा सकती और इसीलिए वह सुन्दर भी नहीं है। इस बाह्य असुन्दरता के 'ढूह' में खड़े होकर आंतरिक सौंदर्य की उपासना नहीं हो सकती। हमें उस बाह्य असौंदर्य को देखना ही पड़ेगा। निरन्न, निर्वसन जनता के बीच खड़े होकर आप परियों के सौंदर्य-लोक की कल्पना नहीं कर सकते। साहित्य सुन्दर का उपासक है, इसलिए साहित्यिक को असामंजस्य को दूर करने का प्रयत्न पहले करना होगा;

अशिक्षा और कुशिक्षा से लड़ना होगा; भय और ग्लानि से लड़ना होगा। सौंदर्य और असौंदर्य का कोई समझौता नहीं हो सकता। सत्य अपना पूरा मूल्य चाहता है। उसे पाने का सीधा और एकमात्र रास्ता उसकी कीमत चुका देना ही है। इसके अतिरिक्त कोई दूसरा रास्ता नहीं है। हमारे देश का बाह्य रूप न तो आँखों की प्रीति देने लायक है, न कानों को, न मन को, न बुद्धि को। यह सचाई है।

यदि किसी देश का बाह्य रूप सम्मान योग्य तथा सुन्दर नहीं बन सका है, तो समझना चाहिए कि उस राष्ट्र की आत्मा में एक उच्च जगत का निर्माण किया जाना शुरू नहीं हुआ है, अर्थात् वहाँ सच्चे साहित्य के निर्माण का श्रीगणेश नहीं हुआ है। साहित्य ही मनुष्य को भीतर से सुसंस्कृत तथा उन्नत बनाता है और तभी उसका बाह्य रूप भी साफ और स्वस्थ दिखाई देता है। और साथ ही बाह्य रूप के साफ और स्वस्थ होने से आंतरिक स्वास्थ्य का भी आरंभ होता है। दोनों ही बातें अन्योन्याश्रित हैं! जब कि हमारे देश में नाना भाँति के कुसंस्कार और गंदगी वर्तमान है जब कि हमारे समाज का आधा अंग परदे में ढका हुआ है, जब कि हमारी नब्बे फीसदी जनता अज्ञान के मलबे के नीचे दबी हुई है, तब हमें मानना चाहिए कि अभी दिल्ली बहुत दूर है। हम साहित्य के नाम पर जो कुछ कर रहे हैं और जो कुछ दे रहे हैं, उसमें कहीं बड़ी भारी कमी रह गई है। हमारा भीतर और बाहर आप ही साफ-स्वस्थ नहीं है। साहित्य की साधना तब तक बाध्य ही रहेगी जब तक हम पाठकों में एक ऐसी अदमनीय आकांक्षा जाग्रत न कर दें, जो सारे मानव-समाज की भीतर से और बाहर से सुन्दर तथा सम्मान-योग्य देखने के लिए सदा व्याकुल रहे। अगर यह आकांक्षा जागृत हो सकी तो हममें से प्रत्येक अपनी-अपनी शक्ति के अनुसार उन सामग्रियों को जरूर संग्रह कर लेगा, जो उक्त इच्छा की पूर्ति की सहायक हैं। अगर यह आकांक्षा जाग्रत नहीं हुई तो कितनी भी विद्या क्यों न पढ़ी हो, वह एक जंजाल मात्र सिद्ध होगी और दुनियादारी और चालाकी का ढकोसला ही बनी रहेगी। जो साहित्यिक निष्ठा के साथ इच्छा को लेकर रास्ते पर निकल पड़ेगा, वह स्वयं अपना रास्ता खोज निकालेगा। साधन की अल्पता से कोई महती इच्छा आज तक नहीं रुकी है। भूख होनी चाहिए। एक बार भूख होने पर खाद्य-सामग्री जुट ही जाती है, पर खाद्य-सामग्री के भरे रहने पर भूख नहीं लगती है। गरुड़ ने उत्पन्न होते ही कहा, ''माँ, बहुत भूख लगती है।'' माता विनता घबड़ाकर विलाप करने लगी कि इस प्रचंड क्षुधाशाली पुत्र को अन्न कहाँ से दें। पिता कश्यप ने आश्वासन देकर कहा था, ''कोई चिन्ता की बात नहीं। महान पुत्र उत्पन्न हुआ है; क्योंकि उसकी भूख महान

है।" हमारी भाषा को भी इस समय प्रचंड साहित्यिक क्षुधावाले महान पुत्र की आवश्यकता है। जब तक हमारी मातारूपी भाषा के गर्भ से ऐसे कृती पुत्र पैदा नहीं होते, तभी तक वह विनता की तरह कष्ट पा रही है। जिस दिन ऐसे पुत्र पैदा होंगे, उस दिन मातृ-भाषा धन्य हो जाएगी।

इस देश में हिन्दू हैं, मुसलमान हैं, ब्राह्मण हैं, चांडाल हैं, धनी हैं, गरीब हैं—विरुद्ध संस्कारों और विरोधी स्वार्थों की विराट वाहिनी हैं। इसमें पद-पद पर गलत समझे जाने का अन्देशा है, प्रतिक्षण विरोधी स्वार्थों के संघर्ष में पिस जाने का डर है, संस्कारों और भावावेशों का शिकार हो जाने का अंदेशा है; परन्तु इन समस्त विरोधों और संघातों से बड़ा और सबको छापकर विराज रहा है मनुष्य। इस मनुष्य की भलाई के लिए आप अपने-आपको निःशेष भाव से देकर ही सार्थक हो सकते हैं। सारा देश आपका है। भेद और विरोध ऊपरी हैं। भीतरी मनुष्य एक हैं। इस एक को दृढ़ता के साथ पहचानने का यत्न कीजिए। जो लोग भेद-भाव को पकड़कर ही अपना रास्ता निकालना चाहते हैं, वे गलती करते हैं। विरोधी रहे हैं तो उन्हें आगे भी बने ही रहना चाहिए, यह कोई काम की बात नहीं हुई। हमें नए सिरे से सबकुछ गढ़ना है, तोड़ना नहीं है, टूटे को जोड़ना है। भेद-भाव की जयमाला से हम पार नहीं उतर सकते। कबीर ने हैरान होकर कहा था :

कबीर इस संसार को समझाऊँ कै बार।
पूँछ जु पकड़ें भेद का, उतरा चाहै पार॥

मनुष्य एक है। उसके सुख-दुःख को समझना, उसे मनुष्यता के पवित्र आसन पर बैठाना ही हमारा कर्तव्य है।

नया वर्ष आ गया

चैत्र शुक्ल प्रतिपदा को उत्तर भारत का नया साल शुरू हुआ है। इस दिन पत्रा बदला, नए वर्ष के राजा और मंत्री बदले, धान्य और मेघ के अधिपति बदले, श्रद्धालु लोगों ने ज्योतिषियों से इस नए परिवर्तन का फल सुना, धार्मिक लोगों ने तेल-उबटन लगाकर परलोक की चिन्ता से छुट्टी पाई और महाराज विक्रमादित्य के महिमा-मंडित नाम के साथ जुड़ा हुआ संवत्सर 2004 डग भरकर अग्रसर हुआ। बहुत लोग नहीं जानते कि इस तिथि को ये सब बातें क्यों बदल जाती हैं? क्या इसका कोई इतिहास है, कोई अनुश्रुति है, कुछ अर्थ है, यह केवल पोंगापंथियों की एक कपोल-कल्पना मात्र है? नीचे इसका उत्तर देने का प्रयत्न किया जा रहा है।

आज के दुविधाभरे युग में इस संवाद से संतोष अनुभव किया जाएगा कि उत्तर भारत के नए वर्ष के साथ उत्तर भारत के पत्रों में जो परिवर्तन होते बताए जाते हैं, वे नाना आर्य और आर्येतर विश्वासों के समन्वय के परिणाम हैं। शकों; यवनों (ग्रीकों) और आर्यों के राजनीतिक संघर्ष बड़े कठोर हुए थे, परन्तु फिर भी ये जातियाँ भीतर-ही-भीतर मिलन की ओर बढ़ती रहीं। राजनीति के कठोर संघर्ष के आवरण में विश्वासों का यह समन्वय सचमुच बड़े आश्चर्य का विषय है। हमारा नया वर्ष हर साल आकर घोषणा कर जाता है कि स्वार्थों के संघर्ष क्षणिक हैं। इनके अन्तराल में मनुष्य अपने मिलन की भूमिका बिना किसी प्रयास के ही तैयार करता जा रहा है।

ज्योतिष की पुरानी पोथियों में लिखा है कि जिस दिन सृष्टि का चक्र प्रथम बार विधाता ने प्रवर्तित किया, उस दिन चैत्र शुदि 1 रविवार था। शुदि 'शुक्ल दिवस' का संक्षिप्त रूप है। इसका मतलब शुक्ल पक्ष का दिन है। सो चैत के महीने के शुक्ल पक्ष की प्रथम तिथि (प्रतिपद् या प्रतिपदा) को सृष्टि का आरम्भ हुआ था। यह विश्वास काफी पुराना है। ब्रह्मगुप्त (सातवीं

शताब्दी) और भास्कराचार्य (बारहवीं शताब्दी) के ग्रन्थों में इसकी चर्चा हैं। ब्रह्मगुप्त काफी प्रसिद्ध ज्योतिषी थे। इनके ग्रन्थों का अनुवाद अरबी भाषा में हुआ था। इस अनुवाद ने पश्चिमी देशों को नए सिरे से प्रभावित किया था। इनकी पुस्तकों में इस विश्वास के उल्लेख से जान पड़ता है कि कम-से-कम डेढ़ हजार वर्ष पहले से चैत शुक्ल प्रतिपदा वर्षारंभ की तिथि है। लेकिन ब्रह्मगुप्त और भास्कराचार्य ने यह भी लिखा है कि उस दिन रविवार था। अपने देश के पंडितों में इस विषय को लेकर बड़ा शास्त्रार्थ हुआ कि वार-प्रथा भारतवर्ष में कितनी पुरानी है। बहुत पुरानी तो नहीं है। इसका सबसे पुराना उल्लेख कच्छ राज्य के अंधो गाँव में मिले हुए शक क्षत्रप रुद्रदामाकालीन एक लेख में मिला है। यह 52 शक संवत् (सन् 130 ई०) का है। इसमें स्पष्ट रूप में 'गुरुवार' शब्द का उल्लेख है। हाल कवि की 'गाथासप्तशती' में भी अंगारबार (मंगलवार) का उल्लेख है। कहते हैं, हाल सुप्रसिद्ध सातवाहन राजा का ही नामांतर है। इसका समय भी ईसवी सन् की दूसरी शताब्दी में माना जाता है। इस प्रकार वार-प्रथा का पुराने-से-पुराना उल्लेख ईसवी सन् की दूसरी शताब्दी का है। इसलिए जब यह कहा जाता है कि विधाता ने सृष्टि का प्रथम प्रवर्तन रविवार को किया था, तो इस विश्वास का मूल बहुत पुराना नहीं हो सकता। ईसवी सन् के बाद का ही हो सकता है।

जो बातें हमारी अत्यन्त परिचित होती हैं; उनकी ओर हमारा ध्यान ही नहीं जाता। क्या यह आश्चर्य की बात नहीं कि शताब्दियों की परम्परा से गिनते हुए हम दिन को रवि का वार कहते हैं, उसे सुदूर इंग्लैंड के लोग अपनी एकदम भिन्न परंपरा से गिनकर भी सन्-डे (सूर्य का दिन) कहते हैं? सारे संसार में सोम या चन्द्रमा के वार को लोग सोम या चन्द्रमा का वार ही कहते हैं। ईसाई हों या यहूदी, हिन्दू हों या मुसलमान, सभी एक-एक दिन को करीब-करीब एकार्थक नामों से ही पुकारते हैं। हमारे जीवन में ये कितने सहज भाव से घुलमिल गए हैं और फिर कितने गम्भीर रूप में हमें प्रभावित कर रहे हैं। प्रत्येक धर्म में इन दिनों के साथ व्रत, पूजा और शुभाशुभ फल जुड़े हुए हैं। क्या यह आश्चर्यजनक शुभ संवाद नहीं है कि परस्पर विरोधी समझी जानेवाली संस्कृतियाँ और परंपराएँ इस विषय में विचित्र भाव से एक हैं? लेकिन मनुष्य की संस्कृतियाँ परस्पर-विरोधी नहीं होतीं! हम विचार करके देखें तो इस प्रकार की अचरज-भरी बातें थोड़ी नहीं हैं। हमारा नया वर्ष हमें बहुत-सी बातों को सोचने-समझने को मजबूर करता है।

वर्ष का राजा कौन ग्रह होता है? 'ज्योतिष फलोदय' नामक एक पुराने

ग्रन्थ में कहा गया है कि चैत्र शुक्ल प्रतिपदा को जिस ग्रह का वार होगा, वही उस वर्ष का राजा होगा और मेष राशि में संक्रांति होने के दिन जिस ग्रह का वार होगा; वह मंत्री होगा। बहुत पुराने जमाने से हिन्दुस्तान के लोग नौ ग्रह मानते आए हैं। सूर्य, चंद्रमा, मंगल, बुध, बृहस्पति, शुक्र, शनि, राहु और केतु। इनमें सात के नाम पर तो वार हैं; पर राहु मंत्री केतु के नाम पर नहीं। क्यों नहीं है? और ये बेचारे क्या राजा और मंत्री होंगे ही नहीं?

ज्योतिष का मामूली विद्यार्थी भी जानता है कि जिस क्रम से दिनों के नाम के ग्रहों के नाम हैं, उस क्रम से ग्रह आकाश में नहीं दिखाई देते। फिर भी क्या कारण है कि सारे संसार में दिनों के नाम इसी क्रम से हैं? हमारे एक काफी पुराने ग्रंथ में इसका कारण बताया गया है। यह ग्रंथ है 'सूर्य-सिद्धान्त'। जो बात 'सूर्य-सिद्धान्त' में थोड़े में कही गई है, उसको जरा समझाकर यों कहा जा सकता है।

बहुत दिनों तक हमारे ज्योतिषी सात ग्रहों की ही बात जानते रहे। पृथ्वी को केन्द्र समझा जाता रहा। यह विश्वास किया जाता रहा कि सातों ग्रह पृथ्वी को केन्द्र करके परिक्रमा कर रहे हैं। उनके घूमने के मार्ग को कक्षा कहते हैं। सबसे दूर शनि देवता की कक्षा है, फिर उसके नीचे बृहस्पति की, फिर मंगल की, फिर सूर्य की, फिर शुक्र की, फिर बुध की और सबसे नीचे, और इसलिए पृथ्वी के सबसे नजदीक, चन्द्रमा की कक्षा है। आजकल भी यह क्रम बहुत कुछ ऐसा ही है। केवल सूर्य की जगह पृथ्वी मानी गई है और पृथ्वी की जगह सूर्य। चन्द्रमा का उपग्रह है इसलिए पृथ्वी के साथ ही उसे स्थान बदलना पड़ा है; परंतु हम पुराने जमाने की बात कर रहे हैं। इसलिए पुराने ज्योतिषों का कायदा ही मानना होगा। तो ग्रहों का क्रम अगर ऊपर से लें तो शनि, बृहस्पति, मंगल, सूर्य, शुक्र, बुध, चंद्रमा होगा और नीचे से लें तो उलटा होगा। पुराने ज्योतिषों को इन दो में से किसी एक ही क्रम से सप्ताह के दिनों का नाम रखना चाहिए था, पर उसने कुछ और ही क्रम रखा। इसका कारण क्या है? कारण यह है कि उन दिनों दिन-रात को 24 होरों में बाँटते थे! होरा यद्यपि हिन्दू-ज्योतिष का बहुत प्रचलित शब्द है, लेकिन है यह ग्रीक भाषा का शब्द। अंग्रेजी का hour शब्द भी उसी ग्रीक शब्द का रूपांतर है। होरा अर्थात् hour अर्थात् घंटा। पुराने ज्योतिषी सातों ग्रहों को बारी-बारी से 24 घंटों के मालिक मानते थे। क्रम ऊपर से शुरू होता था। अर्थात् पहली होरा शनि की, दूसरी बृहस्पति की...और अंतिम चंद्रमा की। 21 होराओं तक तो हिसाब ठीक-ठीक मिल जाता था। बाकी तीन ग्रहों की तीन होराएँ और मिलती थीं, तब तक दूसरा दिन शुरू हो जाता था और उस दिन की पहली होरा चौथे ग्रह की होती थी।

इस तरह हर दूसरा दिन पहले दिन के आरम्भवाली होरा के मालिक ग्रह से चौथे ग्रह की होरा से शुरू होता था। जो होरा दिन में शुरू होती थी, उसके मालिक को ही सारे दिन का मालिक मान लिया जाता था। इस प्रकार पहला दिन शनि का, दूसरा उसके चौथे ग्रह सूर्य का, तीसरा उसके भी चौथे अर्थात् चंद्रमा का और इसी प्रकार चौथा मंगल का, पाँचवाँ बुध का, छठवाँ बृहस्पति का और सातवाँ शुक्र का होता था। 'सूर्य-सिद्धान्त' में यही नियम संक्षेप में लिखा है। जिस प्रकार दिन में जो होरा शुरू में आती है, उसी के मालिक को सारे दिन का मालिक मान लेते हैं; उसी प्रकार मास के शुरू में जो होरा होती है, उसके मालिक को मासेश और वर्ष के शुरू में जो होरा आती है, उसके मालिक को वर्ष का राजा मान लेते हैं। अब यह समझना बहुत आसान है कि ज्योतिष की पोथियों में क्यों लिखा है कि चैत्र शुक्ल प्रतिपदा को जिस ग्रह का वार होगा, वही सारे वर्ष का राजा होगा, क्योंकि उस दिन जिस ग्रह का वार होगा, वह ग्रह ही वस्तुतः उस दिन के शुरू में आनेवाली होरा का मालिक होता है।

छोटे बच्चे कभी-कभी चक्कर में डाल देनेवाले सवाल कर बैठे हैं। एक बार मैं यही बात अपने बच्चों को समझा रहा था। छोटी लड़की ने प्रश्न किया कि यदि यही बात सच है तो विधाता ने जिस दिन सृष्टि का पहिया पहले-पहल घुमाया था, उस दिन शनिवार होना चाहिए था, रविवार क्यों हुआ? होशियार माँ-बाप ऐसे मौके पर बच्चों को डाँट दिया करते हैं, पर मैं सोच में पड़ गया। जवाब तो देना ही चाहिए।

जिन पंडितों ने वार-प्रथा के इतिहास की आलोचना की है, उनका कहना है कि दिन-रात को 24 घंटों में बाँटकर गणना करने का रिवाज सीरिया और मिस्र आदि देशों में प्रचारित हुआ था। 'होरा' शब्द इसी रास्ते सोचने को बाध्य करता है। कहते हैं, इन्हीं देशों से यह विद्या सारे संसार में प्रचलित हुई। शुरू-शुरू में शनिवार से ही सप्ताह का आरम्भ हुआ करता होगा। यहूदी लोगों में अब भी शनिवार का महत्त्व ज्यों-का-त्यों बना हुआ है। इस हिसाब से अन्तिम दिन शुक्रवार का होगा। मुसलमान लोग आज भी शुक्रवार या जुम्मा को विश्राम का दिन मानते हैं।

हमारे देश में (असीरियनों), यवनों (ग्रीकों) और मनों (मैगीज) से परिचय बहुत पुराना था। मग या शाकद्वीपी ब्राह्मण आज भारतवर्ष में बहुत हैं। ये लोग अब भी तांत्रिक समझे जाते हैं। अंग्रेजी का 'मैजिक' (जादू) शब्द इन्हीं मगों की विद्या का नाम है। इसलिए इतना तो हम निश्चित रूप से कह सकते हैं कि असुरों, यवनों और शकों के सम्पर्क में आने के बाद भारतवर्ष में वार-प्रथा का प्रचारित होना असम्भव नहीं है। हमने पहले ही

देखा है कि अब तक हमारे पास जो प्रमाण उपलब्ध हैं, उन पर से हम इतना ही समझ सके हैं कि इस प्रथा का पुराने-से-पुराना उल्लेख ईसवी सन् के बाद का है। पश्चिम के साहित्य में इससे भी पुराना उल्लेख उपलब्ध हुआ है। एक बात इस प्रसंग में बड़ी मजेदार है, यहूदी लोगों से अपने को पृथक् करने के लिए ईसाई लोगों ने रविवार को सप्ताह का आदि दिन घोषित किया था। धीरे-धीरे सारे संसार में रविवार का प्राधान्य घोषित हो गया। भारतवर्ष में जो रविवार के दिन सृष्टि-प्रवर्तन करने का विश्वास है, इसका कारण यह है कि इस देश में सूर्य को बराबर प्रधान ग्रह मानते आए हैं। लेकिन जब मुझे अपने नववर्ष की याद आती है, तो यह विचित्र समानता स्मरण हुए बिना नहीं रहती कि हमारे पूर्वजों की ही भाँति ईसाई लोगों के आदि नेताओं ने भी रविवार को बहुमान दिया था।

इस प्रसंग में एक बात और याद आ रही है। विक्रम संवत् प्रायः सारे भारतवर्ष में चैत्र शुक्ल प्रतिपदा से ही नहीं आरंभ होता। विक्रम संवत् का मूल नाम मालव-संवत् था। मालव में यह संवत् कार्तिक शुक्ल 1 से शुरू होता है। दक्षिण भारत में भी यह संवत् कार्तिक शुक्ल प्रतिपदा से ही शुरू होता है। केवल उत्तर भारत में वह चैत्र शुक्ल प्रतिपदा से आरम्भ हुआ माना जाता है। वैसे तो शिलालेखों में चैत्रादि और कार्तिकादि दोनों प्रकार के संवतों का उल्लेख है; परंतु 12वीं शताब्दी तक के शिलालेखों में साधारणतः कार्तिक शुक्ल 1 से ही संवत् का आरंभ माना जाता था। चैत्रादि संवत् का प्रचार इसके बाद ही हुआ है। वस्तुतः चैत्र शुक्ल 1 से शक संवत् का आरंभ बहुत प्राचीन काल से ही होता आता था। बाद में उत्तर भारत में पंचांगों और अन्य व्यावहारिक कृत्यों में जब दोनों संवतों का प्रयोग होने लगा तो सुभीते के लिए दोनों का आरम्भ एक ही तिथि से माना जाने लगा। शक वर्ष किसी शक राजा का चलाया हुआ है। उन लोगों ने चैत्रादि संवत् का प्रवर्तन किया था। यह शायद इस देश की फसलों को ध्यान में रखकर किया गया था। गुप्तों का गुप्त संवत् भी चैत्र से ही आरम्भ होता था और आगे चलकर मुसलमान बादशाहों ने भी जो नया सन् चलाया, वह चैत्र के आस-पास ही आरम्भ होता है। वस्तुतः इस देश के लिए वसंतादि संवत् ज्यादा व्यावहारिक है।

मेष राषि में जिस दिन सूर्य का प्रवेश होता है, उस दिन सौर वर्ष आरंभ होता है। उस दिन को मेष संक्रान्ति का दिन कहते हैं। इस दिन जिस ग्रह का वार होता है, वह मंत्री होता है। विशुद्ध ज्योतिष की दृष्टि से देखा जाए तो यही तिथि वास्तविक वर्षारंभ की तिथि कही जानी चाहिए; परन्तु नाना कारणों से प्राचीन काल में इस तिथि से मुख्य वर्ष का आरंभ नहीं माना

गया है। फिर भी इसे गौण वर्ष की आरम्भ तिथि तो मानते ही थे। यही कारण है कि इस तिथि के वारवाले ग्रह को मन्त्री पद दिया गया है। असल में पुराना भारतवासी व्रत-उपवास को प्रधान मानकर वर्ष की प्रधानता मानता था। व्यावहारिक सुभीते के लिए या विशुद्ध ज्योतिषिक मत से आरम्भ होनेवाले संवत् को वह गौण ही समझता था।

मुसलमान बादशाहों के जमाने में इस दिशा में एक और प्रयत्न हुआ। उन लोगों का हिजरी सन् विशुद्ध चांद्र वर्ष है। हिन्दुओं के चांद्र वर्ष को अधिमास में संशोधन करके सौर वर्ष के साथ सामंजस्य कर लेने की प्रथा है। मुसलमानी संवत् में वह सामंजस्य नहीं है। इसीलिए मुसलमान बादशाहों ने इस देश में आकर अनुभव किया कि हिजरी सन् से इस देश की नियमित ऋतु-व्यवस्था का कोई मेल नहीं है। इसलिए उन्होंने उस सन् को सौर वर्ष के साथ चलाकर एक बिलकुल नए संवत् की नींव डाली, फसली सन् ऐसा ही सन् है। बाद में इस सन् को विशुद्ध ज्योतिषिक संवत् बना देने का प्रयत्न हुआ। बंगाल में प्रचलित बंगाब्द इसी प्रकार का संशोधन है। यह मेष संक्रान्ति के दूसरे दिन शुरू होता है। पंजाब में वर्ष मेष संक्रांति के दिन शुरू होता है। भारतवर्ष के अनेक भागों में यह सौर वर्ष मुख्य संवत् बन गया है।

सो, भारतवर्ष के इस राष्ट्रीय संवत् के सात असुरों, यवनों, शकों और आर्यों को दीर्घ साधना से उपलब्ध ज्ञानों की स्मृति जुड़ी हुई है। वह ईसाइयों और यहूदियों के सांस्कृतिक संघर्ष की याद दिला जाता है और प्रति वर्ष ऊँचे गले से घोषणा कर जाता है कि मनुष्य ही महान है। उसकी कल्याण-बुद्धि ही जगत के अत्यन्त कठिन प्रश्नों का समाधान करती आ रही है। हमारा नया वर्ष हिन्दुओं और मुसलमानों की सम्मिलित प्रतिभा की स्मृति भी जगा देता है और जो लोग दुविधा में पड़े हुए हैं, उन्हें आश्वासन दे जाता है कि विकट भृकुटियाँ ज्यादा दिन तक परेशान नहीं करेंगी, ये स्वार्थ संघात क्षणिक हैं। कठोर संघर्ष के भीतर भी मनुष्य की मिलन-भूमि तैयार होती रहती है। हमारा यह राष्ट्रीय त्यौहार पुराने ऋषि की महिमामयी वाणी की याद दिला जाता है, 'तुमसे यह गुप्त रहस्य की बात बताए जा रहा हूँ, मनुष्य से बढ़कर कुछ भी नहीं है—**गुह्यं-गुह्य तदिदं वो ब्रवीमि न मानुवात् श्रेष्ठतरं हि किंचित्' (महाभारत शांति० 299)।**

भारतीय फलित ज्योतिष

फलित ज्योतिष के ऐतिहासिक विकास की कहानी एक मनोरंजक और महत्त्वपूर्ण विषय है। यह अजीब विरोधाभास है कि जिस विद्या ने देश की प्राय: संपूर्ण जनता पर अपना अद्‌भुत प्रभाव जमा रखा है, उसके विषय में लोग बहुत कम जानते हैं। इसका कारण तो यह है कि यह विषय शास्त्रीय परिभाषाओं और मर्यादाओं की अपेक्षा रखता है और सीधी-सादी भाषा में इसकी चर्चा करना एकदम असंभव तो नहीं, पर कठिन अवश्य है। परंतु जब पाठक इस विषय की जानकारी प्राप्त करने को उत्सुक हैं तो थोड़ा शास्त्रीय प्रसंग भी उनको बरदाश्त करना ही पड़ेगा। मैं यथासंभव सीधी भाषा में इस विषय की साधारण जानकारी कराने का प्रयत्न करा रहा हूँ; परन्तु यह विषय इतना विशाल है और जटिल है कि मैं इसके प्रत्येक अंग-प्रत्यंग का परिचय चाहूँ भी तो नहीं करा सकता। कोशिश यह करूँगा कि फलित ज्योतिष के विकास की प्रवृत्तियों की ओर इशारा कर दूँ, ताकि अधिक जिज्ञासा होने पर पाठक उसे समझने में कुछ मदद पा सकें। मैं अपने अल्पज्ञान का रोना यहाँ नहीं रोऊँगा, क्योंकि उसे बिना कहे भी लोग जान ही जाएँगे।

अँग्रेजी की एक कहावत है कि गणित ज्योतिष फलित-रूपी मूर्ख माता की बुद्धिमती संतति है। यूरोप के फलित ज्योतिष के संबंध में शायद यही बात सच भी है। मगर भारतवर्ष में यह कहावत ठीक नहीं कही जा सकती। हमारे देश के सबसे प्राचीन ग्रंथ वेदों में फलित ज्योतिष के सम्बन्ध में कोई विशेष उल्लेख नहीं है। यह ठीक है कि केवल वेदों में उल्लेख न होने के कारण ही यह नहीं कहा जा सकता कि गणित ज्योतिषी फलित ज्योतिष से उत्पन्न नहीं है, परन्तु भारतीय फलित ज्योतिष चीज ही ऐसी है कि वह 'एस्ट्रोनोमो' या ग्रह-नक्षत्रों की विद्या तक ही सीमित नहीं की जा सकती।

भारतीय फलित ज्योतिष एक विशाल विषय है। कब उठना चाहिए, कब बैठना चाहिए, कब जाना चाहिए, कैसे जाना चाहिए, क्यों जाना चाहिए, कहाँ जाना चाहिए, क्या देखना अच्छा है, क्या देखना बुरा है, किस दिन दवा खानी चाहिए, कब बीमार होना अच्छा है, कब दवा खाना अच्छा है, बीमार होकर कब स्नान करना चाहिए, कब चोरी करनी चाहिए, कब खरीद-बिक्री करना अच्छा है—यहाँ तक कि कब मरना अच्छा है, कब बुरा—यह सब ज्योतिष के आलोच्य विषय हैं। बादल कैसे बनते हैं, सुबह-शाम आकाश लाल क्यों हो जाता है, कब कौन-सी हवा चलेगी, भूमि-कंप क्यों होता है, कहाँ होता है, ओले क्यों पड़ते हैं, कैसे पड़ते हैं, आँधी, पानी बर्फ, वृष्टि, तूफान क्या हैं, कब होते हैं, क्यों होते हैं—ये सब ज्योतिष के विचारणीय प्रश्न हैं। पुरुष में कौन-से चिह्न अच्छे होते हैं, कौन-से बुरे, स्त्री को कौन-सा चिह्न रानी बना देता है, कौन-सा कर्कशा, किस चिह्न से धन मिलता है, किससे दारिद्र्य, मिट्टी में गड़ा धन कैसे मिलता है, कौवे का प्रेमालाप क्या सूचित करता है, श्रृगाली का रोदन किस भावी दुश्चिंता का कारण है, उल्लू के कहीं बैठने का क्या अर्थ है, शेर के स्थान-विशेष पर शयन करने का क्या फल है—ये सभी बातें ज्योतिषशास्त्र की व्याख्येय हैं। कैसा मकान बनाना चाहिए, रसोईघर किधर होना चाहिए, चौखट का ठीक न बैठना किस प्रकार से अशुभ का सूचक है, चूल्हा कैसा, कब और किस तरह बनना चाहिए, तालाब कैसा बनाना चाहिए, कुआँ किस प्रकार होना चाहिए—इत्यादि बातें भी फलित ज्योतिष के अन्तर्गत हैं। किसी विशेष समय में पैदा हुए बालक के भविष्य-जीवन में क्या होगा, किसी विशेष तिथि को किसी का वर्ष या मास आरंभ होना उसके किस शुभाशुभ का कारण होता है—इत्यादि बहुत-सी बातें फलित ज्योतिष के प्रतिपाद्य हैं। आजकल के अनेक शास्त्र अपरिणत अवस्था में इसके अन्तर्गत थे। इनमें से बहुतों का सम्बन्ध ग्रह-नक्षत्रों से है ही नहीं।

भारतवर्ष में ज्योतिष के अध्ययन का कारण याग-यज्ञ है। वैदिक आर्य याग-यज्ञ के प्रेमी थे। विशेष-विशेष यज्ञों के लिए समय का निर्णय करना नितांत प्रयोजनीय था। काल का निर्णय करने के लिए ज्योतिष विद्या के सिवा दूसरा रास्ता नहीं था। गणित ज्योतिष के सबसे प्राचीन ग्रंथ 'वेदांग ज्योतिष' के अंत में लिखा है कि वेद यज्ञ के लिए अभिप्रवृत्त हुए हैं और यज्ञों का विधान समय के अनुसार हुआ है। इसलिए काल के विधान करनेवाले इस ज्योतिष शास्त्र को जानता है; वस्तुतः वही यज्ञों को जाता है।

विद्वानों का इस विषय में मतभेद है कि वैदिक काल में हिन्दुओं को ग्रहों का ज्ञान था कि नहीं। इसका मतलब यह नहीं है कि वैदिक ऋषियों ने

शुक्र और बृहस्पति-जैसे ज्वलंत ज्योतिष्क पिंडों को देखा था या नहीं, इस विषय पर मतभेद है! भला ज्वलंत ज्योतिष्क पिंडों को देखने के लिए भारतवर्ष के विशाल मैदान और साफ आसमान से बढ़कर और कौन स्थान हो सकता है? असल बात यह है कि आकाश में दो प्रकार के ज्योतिष्क पिंड हैं। एक को नक्षत्र कहते हैं। ये स्व-प्रकाश हैं और हम लोगों की इस नाचीज पृथ्वी से इतने दूर हैं कि हम हजारों वर्षों में भी इनकी मामूली गति का ही अंदाज लगा सकते हैं। मध्यकाल के ज्योतिषी तो उन्हें स्थिर ही मानते थे। दूसरे ग्रह हैं जो सूर्य के प्रकाश से प्रकाशित होते हैं और चलते नजर आते हैं। वैदिक आर्यों ने नक्षत्र और ग्रह का अंतर समझा था या नहीं, इस विषय पर कई यूरोपियन पंडितों को संदेह है, यद्यपि उनका संदेह निराधार है, तथापि उनका मत तो बना देना आलोचक का कर्तव्य है ही। देशी पंडितों ने वेदों में आए हुए 'सप्त-आदित्य' शब्द का अर्थ 'सात ग्रह' बताया है। यह सत्य है कि वैदिक संहिताओं में बृहस्पति, सूर्य और चन्द्र के अतिरिक्त और किसी ग्रह का नाम नहीं है, पर इससे यह सिद्ध नहीं हो जाता कि वैदिक ऋषियों को ग्रहों का ज्ञान था ही नहीं। सौभाग्यवश नक्षत्रों के बारे में ऐसा कुछ बड़ा झगड़ा नहीं है। थोड़ा तो है ही। किसी समय यूरोपियन पंडितों ने बताना चाहा था कि भारतीय नक्षत्र-विद्या या तो बेबीलोनिया से भारत में आई थी या चीन से, परंतु आज शायद ही कोई इन बातों को विचार योग्य भी मानता हो। उलटे अब यह सिद्ध हो चुका है कि भारत की नक्षत्र-विद्या ही उन देशों में गई थी। आज हम इन बातों की विस्तृत चर्चा करना नहीं चाहते, पर इतना जान लेने से हमारा काम आसान हो जाएगा कि वैदिक काल में नक्षत्रों का प्रचलन अधिक था। ग्रहों और राशियों की गणना लगभग दो हजार वर्ष पहले से ही हमारे देश में विशेष प्रचलित हुई है।

जो हो, वेदों के बाद जब हम ब्राह्मण-युग में आते हैं तो देखते हैं कि देवता को प्रसन्न करने की अपेक्षा परम्परा और अनुश्रुति ज्यादा महत्त्वपूर्ण हो उठी है। इन परम्पराओं की नाना प्रकार की व्याख्याएँ करके उन्हें युक्तिसंगत करने की कोशिश की जा रही है। प्रश्न किया जाता है (ऐतरेय ब्राह्मण 28/6), तृतीय सवन के देवता तो विश्वे देवाः हैं, तो इस तृतीय सवन के आरम्भ में इंद्र को उद्दिष्ट अथच जगती छंद का सूक्त क्यों पाठ किया जाता है? (क्योंकि या तो वैश्वदैवत मन्त्र का पाठ करना चाहिए, या अगर इंद्रदैवत मन्त्र का पाठ करना ही अभीष्ट हो, तो उसकी छन्द त्रिष्टप पढ़ना उचित है।) इस पर जवाब दिया जाता है कि ऐसा करने से इन्द्र के उद्देश्य से ही यज्ञ आरंभ करने के लिए यज्ञानुष्ठान किया जाता है और तृतीय

सवन का छंद जगती है, इसलिए इससे जगत की कामना होती है। इसी तरह प्रश्न किया जाता है कि फाल्गुनी नक्षत्र में यज्ञ आरम्भ क्यों किया जाए? जवाब मिलता है, पूर्वा-फाल्गुनी नक्षत्र संवत्सर का मुख है। जो इसमें यज्ञ करता है, वह मुख्य होता है, इत्यादि।

उत्तर-संहिता-युग में स्पष्ट ही बताया जाने लगा कि अमुक नक्षत्र में यज्ञ करने से फल शुभ होता है, अमुक में अशुभ। ईसवी सन् के पहले की लिखी गई ज्योतिष संहिताओं में (जिनका परिचय हम अधिकांश में टीकाकारों के उद्धरणों से ही पाते हैं) यज्ञ के अतिरिक्त विवाह आदि संस्कारों के लिए भी शुभ-अशुभ नक्षत्रों का विधान किया जाता है। महाभारत काल में शुभ मुहूर्त में विवाहादि करने की प्रथा चल पड़ी थी। द्रुपद ने युधिष्ठिर को शुभ मुहूर्त में विवाह करने का आदेश दिया था। (आदि०, 198)। ज्योतिष का यही प्राचीन अंग विकसित होकर मुहूर्तशास्त्र के रूप में परिणत हुआ और आज संसार का कोई काम ऐसा नहीं है, जिसके लिए विधि और निषेध इस शास्त्र ने प्रस्तुत न किए हों।

इसी प्रकार की परम्पराओं के समर्थन के लिए शुभाशुभ फल-निर्देश की नींव पड़ी, परन्तु यह विश्वास भारत के आदियुग में बिलकुल ही नहीं था कि मनुष्य के भाग्य का नियंत्रण कोई आकाशचारी ग्रह या नक्षत्र कर रहा है। अपने शुभाशुभ कर्मों के फलस्वरूप ही मनुष्य शुभ या अशुभ फल पाता है, किसी दूसरे के कारण नहीं। यही साधारण विचार था! ब्राह्मण और उपनिषदों के बाद के युग में यह बात भी विश्वास की जाने लगी थी कि आकाश में चलनेवाले ग्रहनक्षत्र भी मनुष्य के शुभाशुभ भाग्य के कारण हैं। कुछ यूरोपियन पंडितों को विश्वास है कि यह बात बेबीलोनिया या सीरिया से भारतवर्ष में आई होगी। उन दिनों बेबीलोनिया और सीरिया (या एक शब्द में यूफ्रेटस की घाटियों) में पुरोहितों को भविष्यफल बताना पड़ता था। इन पुरोहितों को 'बारे' कहा करते थे। 'बारे' लोग बलि दिए गए पशुओं के जिगर और आसमान में चलनेवाले ग्रहों की गति के अनुसार फल बताया करते थे। बहुत सम्भव है कि यूफ्रेटस उपत्यका की यह विद्या भारतवर्ष में आ गई हो, क्योंकि उन दिनों भारतीय व्यापारी यूफ्रेटस की घाटियों में व्यापार करने जाया करते थे। यह बात ईसा से छः-सात सौ वर्ष पहले की है।

जो हो, ब्राह्मण और सूत्र ग्रंथों के समय में यह बात स्पष्ट ही स्वीकार की जाने लगी थी कि किसी विशेष नक्षत्र में यज्ञ करने का भावी फल शुभ और किसी में अशुभ होता है। धर्म-सूत्रों में फलित ज्योतिषी या देवज्ञ को राजा के लिए आवश्यक बताया गया है। हाल ही में 'अर्थशास्त्र' नाम की

पुस्तक आविष्कृत हुई है। कुछ लोगों के मत से इस ग्रन्थ के रचयिता सुप्रसिद्ध सम्राट चन्द्रगुप्त के सुविख्यात मंत्री चाणक्य हैं, पर कुछ विद्वान इसे ईस्वी सन् के पहले रखने को राजी नहीं हैं। पर इस विषय में किसी को संदेह नहीं कि यह ग्रंथ ईसा के बहुत बाद का नहीं है। इस ग्रंथ के अनुसार छोटी अदालत्त के कार्यवाहकों में शुभाशुभ भविष्य के निर्देश करनेवाले दैवज्ञ का रहना आवश्यक है। युद्ध में तो भावी फलाफल के निर्देश के लिए ज्योतिषी का होना निहायत जरूरी बताया गया है। दूसरी तरफ बुद्धदेव ने ज्योतिष-विद्या को गर्हित बताया था।

ईसवी सन् के आसपास फलित ज्योतिष के अनेक ग्रंथ लिखे जा चुके थे, जो प्राय: सब लोप हो गए हैं। ईसा की छठी शताब्दी में एक बहुत बड़े ज्योतिषी वराहमिहिर ने ज्योतिष की प्रत्येक शाखा पर ग्रंथ लिखे। ये ग्रंथ नाना ज्ञातव्य तथ्यों से भरे हैं। इन्हीं ग्रन्थों से पता चलता है कि वराहमिहिर के पहले असित, देवल, गर्ग, वृद्धगर्ग, नारद, पराशर, सत्याचार्य, जीवशर्मा, सिद्धसेन, मय, यवन, और मणित्य आदि अनेक आचार्यों ने पुस्तकें लिखी थीं। अन्तिम तीन नामों को ग्रीक बताया जाता है।

वराहमिहिर ने ज्योतिष-शास्त्र को तीन शाखाओं में विभक्त किया है—तंत्र, संहिता और होरा। तंत्र में पाटीगणित (एरिथमेटिक), बीजगणित (एलजब्रा), ग्रहगणित (मेथेमेटिकल एस्ट्रोनोमी), गोल (स्फेरिकल एस्ट्रोनोमी) और कारण (प्रैक्टिल एस्ट्रोनोमी) शामिल हैं। संहिता में नानाविध प्राकृत घटनाओं का विचार रहता है और होरा-शास्त्र में जन्म के समय के ग्रह-नक्षत्रों की स्थिति से भविष्य-फल बताया जाता है। अँग्रेजी में जिसे 'एस्ट्रोलोजी' कहते हैं, वह होराशास्त्र ही है। मगर भारतीय फलित ज्योतिष में होरा के अतिरिक्त और अनेक बातें भी सम्मिलित हैं।

पहले हमने बताया है कि अर्थशास्त्र और धर्म-सूत्रों के युग में या हजरत ईसा से कुछ सौ वर्ष पूर्व भारतीय राजाओं को ज्योतिषी अवश्य रखना पड़ता था। वराहमिहिर ने 'वृहत्संहिता' में दैवज्ञ या ज्योतिष का जो लक्षण दिया है, उससे पाठक सहज ही अनुमान कर सकेंगे कि ज्योतिषियों को क्या-क्या काम करना पड़ता था? ज्योतिषी को हर प्रकार के ज्योतिषिक और अन्य गणितों से परिचित होना पड़ता था। देह के फड़कने का क्या अर्थ है, स्वप्न का फल कैसा होता है, विविध शुभ कर्मों के आरम्भ या समाप्त करने का शुभ मुहूर्त कौन-सा है, इत्यादि नाना कार्यों के लिए ज्योतिषी की जरूरत होती थी, पर जैसा कि 'अर्थशास्त्र' में लिखा है, राजा को ज्योतिषी की सबसे बड़ी आवश्यकता युद्ध के लिए होती थी। ज्योतिषी आक्रमण करने का शुभ मुहूर्त तो बताता ही था, यह भी तय कर

देता था कि किस पुरुष के सेनापतित्व में जय की आशा है। उसे घोड़ा, हाथी, खड्ग आदि के इंगित से भावी शुभाशुभ का फल निर्देश करना पड़ता था। यदि घोड़ा बार-बार ताड़न करने पर भी आगे नहीं बढ़ता था और बार-बार मूत्र-पुरीष करता था, तो ज्योतिषी को इस अशुभ-शकुन की सूचना राजा को देनी पड़ती थी। हाथी धरती पर सूँड़ रख देता, आँख मुकुलित कर लेता और कान खड़ा कर लेता था, तो यह भावी पराजय का लक्षण माना जाता था; परन्तु यदि वह सूँड़ उठाकर वेग में चल पड़ता, तो राजा की जीत निश्चित मान ली जाती थी।

किसी पुरुष को सेनापति बनाने के पूर्व उसके अरिष्टों की परीक्षा हुआ करती थी। उन दिनों लड़ाई का जीतना-हारना बहुत-कुछ सेनापति के जीवन-मरण पर निर्भर करता था।

सप्तर्षि-मंडल या 'ग्रेट बियर' में जो वशिष्ठ नामक तारा है, जिसे अँग्रेजी में 'मिजार' कहते हैं, उसी के पास एक छोटी-सी तारिका अरुंधती है। इसे अँग्रेजी में शायद 'एलकर' या सैडक' कहते हैं। इसे देख न सकनेवाले आदमी की मृत्यु छः महीने के अन्दर हो जाती है। खुली चाँदनी में बहुत देर तक अपनी छाया को देखते रहकर एकाएक ऊपर की ओर ताकने पर पुरुषाकृति छाया होती है, इसे छायापुरुष कहते हैं। शास्त्रों में बताया गया है कि छायापुरुष के सिर न दिखाई देने पर मनुष्य शीघ्र ही मर जाता है। अपनी नाक के अगले हिस्से या जीभ का अग्रभाग न देखने वाला आदमी भी ज्यादा दिन तक का मेहमान नहीं होता। हथेली को ललाट पर रखकर कलाई की ओर अगर स्थिर दृष्टि से ताका जाए, तो वह क्रमशः क्षीण होती दिखाई देती है। यहाँ तक कि वह पहले सूत-जैसी दिखाई देती है, पर अगर वह बिलकुल टूटी हुंई या ऊबड़-खाबड़ दिखाई दे, तो मृत्यु निश्चित समझनी चाहिए। इन नाना परीक्षाओं के भीतर से सेनापति को गुजरना पड़ता था। इसके अतिरिक्त ज्योतिषी को उसका जन्मपत्र देखकर उसके भावी फलादेश का निर्देश करना पड़ता था।

ज्योतिषी को सूर्यादि ग्रहचार का खयाल रखना पड़ता था। कब कौन-सा ग्रह कैसा रंग पकड़ रहा है; उसकी प्रकृति, प्रमाण, वर्ण, किरण, प्रकाश, संस्थान, अस्त, उदय, भिन्न पथ, वक्रता, ग्रहण, युति आदि के शुभाशुभ फल को बताना पड़ता था। चंद्रमा की कोई नोक किस तरफ उठी है, मंगल का रंग फीका क्यों हो रहा है, इत्यादि बातें उसे जाननी पड़ती थीं। जिन दिनों गणित ज्योतिष की विशेष उन्नति नहीं हुई थी; उन दिनों भी इन बातों की नाना परीक्षाएँ की जाती थीं; उदाहरणार्थ—आजकल यह सभी जानते हैं कि चन्द्रग्रहण में चन्द्रमा पृथ्वी की छाया में प्रवेश करता है। अतः

यह ग्रहण कभी पश्चिम से आरम्भ नहीं होगा। वराहमिहिर ने इस बात का उल्लेख करते हुए बहुत पुराने आचार्यों की कुछ बातें उद्धृत की हैं। गर्ग ने लिखा है कि अष्टमी के दिन जल में तेल डालना चाहिए। यह तेल जिस ओर नहीं फैलेगा, उसी ओर से ग्रहण की मुक्ति होगी! जो हो, इन सारी बातों की जानकारी दैवज्ञ के लिए नितांत आवश्यक हुआ करती थी।

उसे वर्षा होने-न-होने की सूचना भी देनी पड़ती थी। उसके लिए वृक्षायुर्वेद, फल-फूल आदि का ज्ञान आवश्यक था। परिधि, चन्द्रमा के चारों ओर परिवेश, उल्का, वायु, दिग्दाह, भूकंप, संध्या की लालिमा, गंधर्व नगर, इन्द्रधनुष इत्यादि क्या हैं—इन सारी बातों की जानकारी उसके लिए नितांत आवश्यक है। पाठक शायद उस युग के इस विज्ञान के सम्बन्ध में कुछ अधिक जानने की इच्छा रखते होंगे। वृहत्संहिता से ही कुछ उदाहरण दे रहा हूँ:

भूकम्प के लिए काश्यप कहते हैं कि पृथ्वी पानी के ऊपर तैर रही है। पानी में कच्छ, कच्छप आदि बड़े-बड़े जल-जन्तु हैं। उन्हीं के क्षुब्ध होने से पृथ्वी काँप उठती है। गर्ग का कहना है कि पृथ्वी हाथियों की पीठ पर स्थित है। कभी-कभी थककर वे ही शरीर हिला दिया करते हैं। बस, भूकम्प हो जाता है, वशिष्ठ कहते हैं कि पृथ्वी के ऊपर हवाओं के प्रतिघात होने से धरती काँप उठती है, इत्यादि।

इन सारी बातों के अतिरिक्त ज्योतिषी को मकान, गाय, बैल, घोड़ा, कंबल, खड्ग, पट्ट, मणि-माणिक्य, अजा-कुक्कुर आदि के लक्षण जानना जरूरी था। उसे खंजन, शृंगाली, काक, कुत्ता, चामर, आसन आदि के शुभ और अशुभ लक्षणों का जानना आवश्यक समझा जाता था। मगर यहीं तक अंत न था, यद्यपि मैं इस सूची का अंत यहीं कर देना चाहता हूँ। ज्ञातव्य विषयों की नीरस सूची देकर मैं पाठकों का समय बरबाद करना नहीं चाहता।

अब तक जिन बातों की चर्चा करते आए हैं, वे प्राय: उस युग की हैं, जब कहा जाता है, भारतीय ज्योतिष के ग्रंथों में ग्रहों की विशेष चर्चा नहीं है। राशि चक्र के बारह विभागों की चर्चा भी नहीं है। कुछ यूरोपियन पंडितों की धारणा है कि ग्रह और राशियों का ग्रीकों ने भारतवर्ष में परिचय कराया था। यह परिचय भी हज़रत ईसा के तीन-चार सौ वर्ष बाद हुआ। हमारी अपनी यह धारणा है कि ग्रहों का ज्ञान आर्य-पूर्व भारतीय जातियों में पहले से ही विद्यमान था और राशियों का परिचय हिन्दुओं ने पर्शियनों की मध्यस्थता में असीरियनों या असुरों से प्राप्त किया था। जो हो, इस बात को स्वीकार नहीं किया जा सकता कि ईसा की तीसरी-चौथी शताब्दी में भारतीय ज्योतिष में एक नया युग शुरू हुआ। इस समय ग्रहों और राशियों को प्रधानता दी गई और सबसे बड़ी बात यह हुई कि भारतीय समाज में इस

विचार को एक स्थायी स्थान मिल गया कि आकाश में चलनेवाले ग्रह-पिंड मनुष्यों के भाग का नियंत्रण कर रहे हैं। यह बात हिन्दुओं के परंपरागत विश्वास से एकदम विपरीत था, तथापि उसकी 'समझौते' की प्रकृति के अनुसार उसे जगह मिल गई। परन्तु उस युग में जब यह विचार पहले-पहल हिन्दू-समाज के सामने आया तो एक बहुत बड़ा आन्दोलन हुआ। कहा गया है कि जब पूर्वजन्म का कर्म-फल ही इसी जन्म में पाना है और वह पाना होगा ही, तो यह भाग्य-निर्णय का बावेला कैसा? जवाब दिया गया—'पूर्वजन्म में जो शुभाशुभ कर्म किया गया है, उसके फल को यह शास्त्र उसी तरह व्यक्त कर देता है, जिस तरह अंधकार में प्रदीप।' और भी बताया गया कि कुछ कर्म तो दृढ़ मूल होते हैं। और कुछ शिथिलमूलक (उत्पल, बृहज्जातक की टीका)।[1] दूसरे प्रकार के कर्मों को जानकर दान, जप-तप आदि के द्वारा निवारण किया जा सकता है। असल में इस युग के नए विचार ने सारे हिन्दू धर्म को बड़ी दूर तक प्रभावित किया और सच तो यह है कि पिछले डेढ़ हजार वर्ष का हिन्दू-धर्म तीनों टाँगों पर खड़ा हुआ है—जाति-भेद, खान-पान और फलित ज्योतिष।

पुरानी प्रथा से नई प्रथा की विशेषता के पहले हम इस नई प्रथा का थोड़ा सा परिचय देना चाहते हैं। इस नए युग में सबसे पहले महत्त्व राशियों और ग्रहों को दिया गया। जिस मार्ग में सूर्य पृथ्वी के चारों ओर चक्कर लगाया करता है, उसे क्रांतिवृत्त कहते हैं। उसे बारह हिस्सों में बाँटा गया है। प्रत्येक हिस्से के नक्षत्रों के व्यूह से एक-एक राशि बन जाती है। इन राशियों को मेष (भेड़ा), वृष (बैल), मिथुन (जोड़ा), कर्क (केकड़ा), सिंह, कन्या, तुला (तराजू), वृश्चिक (बिच्छू), धनुः (धनुष), मकर (मगर), कुंभ (घड़ा) और मीन (मछली) कहते हैं। ये नाम इनके आकार के अनुसार रखे गए हैं। सूर्य और चाँद के अतिरिक्त उन दिनों आकाश में चलनेवाली अन्य पाँच ताराएँ पहचानी गई थीं। इन सातों को ग्रह कहते हैं। इन सातों का नाम आप सभी लोग जानते हैं! हमारे सप्ताहों के दिनों के नाम इन्हीं ग्रहों के नाम पर रखे गए हैं। ये नाम हैं—सूर्य, चन्द्र, मंगल, बुध, बृहस्पति, शुक्र और शनि। बस, नए युग के ज्योतिष का सर्वस्व इन उन्नीस नामों के ही भेद-उपभेद हैं। अगर आप रात में आकाश को रोज ध्यान से देखें तो मालूम होगा कि नित्य ही 'होराइजन' या क्षितिज पर कोई नवीन नक्षत्र दिखाई पड़ता है। अंततः एक ही नक्षत्र एक ही समय सदा एक ही बिंदु पर नहीं रहता। अगर आप मेष, वृष आदि राशियों को

---

1. येन यत्प्राप्तव्यं तस्य विपाकः सुरेशसवोऽपि।
यः साक्षान्नियतिज्ञः सोऽपि न शक्तोऽन्यथाकर्तृम्॥—शौनक

पहचानते हैं तो देखेंगे कि आकाश में एक बार मेष आकर लगता है, फिर वृष और फिर मिथुन। जो राशि क्षितिज पर लगती रहती है, उसे लग्न कहते हैं। यह लग्न ज्योतिष की सबसे महत्त्वपूर्ण चीज है। इससे शरीर का विचार करते हैं। ज्योतिष के ग्रंथों में इसका खूब सूक्ष्म विचार किया गया है कि कौन-सी राशि लग्न में आ-आंकर कौन-कौन-सा फल देती है, अगर उस राशि में कोई ग्रह हो तो उसका क्या फल होगा, इत्यादि।

लग्न अगर आपके समझ में आ गया होगा तो आप आसानी से समझ सकते हैं कि उसकी सातवीं राशि पश्चिम के आकाश या अस्त-क्षितिज में लगी होगी। यह दूसरी प्रधान चीज है। उस पर से स्त्री और स्वामी का विचार करते हैं। अगर यह राशि अच्छी हुई, उसमें अच्छे-अच्छे ग्रह रहे, तो स्त्री भी अच्छी मिलेगी। अगर ग्रहों में झगड़नेवाले पहुँच गए तो पति-पत्नी में सदा महाभारत छिड़ा रहेगा और तीसरा महत्त्वपूर्ण स्थान है पैर के नीचे। यहाँ लग्न की चौथी राशि रहेगी। इससे सुख और माता-पिता का विचार करते हैं। चौथा महत्त्व का स्थान होगा सुख-स्थान के ठीक उलटे, ऊपर। इसे भाग्य का स्थान कहते हैं। यह स्थान इतना महत्त्वपूर्ण है कि किसी यजमान इसके बारे में पूछे बिना नहीं रहता। इन चारों को केन्द्र स्थान कहते हैं। इन्हीं केन्द्रों के अगल-बगल जीवन-सम्बन्धी अन्य आवश्यकताओं के फल-निर्णायक स्थान होते हैं। लग्न शरीर-स्थान के एक तरफ धन का और दूसरी तरफ खर्च का कोठा होता है। सुख के एक तरफ भाई और दूसरी तरफ पुत्र और विद्या का घर होता है। पति-पत्नी के कोठे की एक ओर शत्रु और दूसरी मृत का घर होता है और भाग्य की एक बगल में धर्म और दूसरी में आमदनी का कोठा रहता है। ज्योतिष के आचार्यों ने ग्रहों की मित्रता और शत्रुता की बात तय कर रखी है। यह भी बता रखा है कि कौन-सा ग्रह उच्च का होता है और कब नीच का। कौन कब शुभ होता है; कौन अशुभ; अर्थात् विविध भेद, उपभेद, भाग-विभाग के बल पर इन उन्नीस वस्तुओं का विचार किया है।

एक और सवाल रह गया। पाठक कह सकते हैं कि लग्न तो बारह ही होते हैं; इसलिए एक लग्न आसमान में करीब-करीब दो घंटे ठहर सकता है। इन दो घंटों में न जाने कितने बच्चे पैदा होंगे। क्या उन सबका भाग्य एक-जैसा ही होगा? ज्योतिषी इसके जवाब में कहेगा—नहीं, ऐसा नहीं होता। लग्न के इन दो घंटों के प्रत्येक क्षण में कुछ-न-कुछ विशेषता है। मोटे तौर पर एक लग्न में पैदा होने वाले की मोटी-मोटी बातें प्रायः समान ही होंगी, पर सूक्ष्म भेद में अन्तर भी काफी होगा। इस बात को ध्यान में रखकर ज्योतिषी ने लग्न के अनेक भेद किए हैं। वह इस सारी बातों को देखकर फल बताया है।

पुरानी प्रथा से नई प्रथा का भेद बताते समय मैं इस बात पर भी विचार कर लेना अच्छा समझता हूँ कि इस नई प्रथा से क्या लाभ या नुकसान हुआ। पुराने ज्योतिषी को प्रकृति का सूक्ष्म अध्ययन करना पड़ता था। किसी दूसरे के परिश्रम से वह बहुत कम ही लाभ उठा सकता था। खेती-बारी की वृद्धि या युद्ध के प्रश्न के उत्तर में उसे प्रकृति के नाना तथ्यों का अध्ययन करना पड़ता था। उदाहरणार्थ, उसे जानना पड़ता था कि आषाढ़ी योग के दिन जब सूर्य अस्त होता है, उस समय यदि पूर्वी हवा समुद्र के तरंग-शिखरों पर आस्फालन करके अघूर्णित हो तथा चंद्र-सूर्य की किरण-रूपी जटा के अभिसंघात से बद्ध हो तो सारी पृथ्वी के अनेक स्थानों पर नील मेघ पटल-सम्पन्ना और संवर्द्धित शारदीय फल शस्यमयी होती है और प्रचुर परिमाण में वासंतिक अन्न उत्पन्न होता है अर्थात् खरीफ और रबी दोनों की फसल खूब होती है (बृ० 27/1)। सूर्य के अस्त हो जाते समय जब नैऋत्य कोण की हवा छोटी इलायची और लवंग लतिकाओं को समुद्र-तट पर लोट-पोट करा दे तो भूख-प्यास के मारे मनुष्यों की ठठरियों और तृण-गुच्छ के भार से ढकी पृथ्वी उन्मत्त प्रेम-वधू की तरह दुष्ट होगी (वृ०सं०27/3)। सूर्य के अस्त हो जाते समय वायु धूल उड़ाकर जटाजूट की आकृति धारण करे और गर्व से चंचल होकर बहे तो पृथ्वी पर अन्न की कमी तो न होगी, परन्तु बड़े-बड़े राजाओं की समर-भूमि बनकर मांस, खून और हड्डियों से लद जाएगी इत्यादि, किंतु नए युग के ज्योतिषी को हवा-पानी, आकाश-पाताल के इतने अध्ययन की आवश्यकता नहीं थी। प्रश्न-लग्न के समय की ग्रहों और राशियों की परिस्थिति को समझ लेना ही उनके लिए पर्याप्त था। उसे जानना चाहिए कि प्रश्न करते समय सूर्य वृश्चिक राशि में हो, केन्द्र में अच्छे-अच्छे ग्रह हों या कम-से-कम उन ग्रहों को देख रहे हों, तो वासंतिक या रबी की फसल अच्छी होगी (ज्योति-निबंध, पृ० 270)। चंद्रमा, यदि प्रश्न करते समय, लग्न में या कर्क, कुंभ या मीन राशि में हो, या केन्द्र-स्थानों में हो और अच्छे-अच्छे ग्रह उसे देख रहे हों तो वृष्टि तत्काल ही होगी, इत्यादि।

नए युग में फलित ज्योतिष ने जो रूप ग्रहण किया, उससे गणित ज्योतिष के या ग्रह-नक्षत्रों की विद्या के अध्ययन में खूब वृद्धि हुई, परंतु अन्य प्राकृतिक व्यापारों का अध्ययन शिथिल पड़ गया। दूसरा दोष यह हुआ कि फलित का ज्योतिषी संपूर्णतः ग्रह-गणित के ज्योतिषी पर निर्भर रहने लगा। अगर कोई गणित से ग्रहों की स्थिति निकालकर रख दे तो फलित ज्योतिषी का काम बहुत सरल हो जाए, और हुआ भी वैसा ही। जहाँ पुराने ज्योतिषी को दिन, महीना, ऋतु आदि के सब विपर्यय पर लक्ष्य रखना पड़ता था, वहाँ नए ज्योतिषी के लिए केवल पत्रे का ही शस्त्र पर्याप्त

था। पुराना ज्योतिषी जानता था, उसे इस बात का लक्ष्य रखना पड़ता था कि अगर गरमी के मौसम में ठंड या ठंड के मौसम में गरम पड़ी तो रोग और राष्ट्र का भय होगा। अगर बरसात के सिवा अन्य ऋतु में लगातार सात दिन तक वर्षा होती रही, तो सम्राट के मरण की आशंका होगी (बृ० सं० 46, 39-40), यदि दिन या रात में निर्मेघ आकाश में पूर्व या पश्चिम में इंद्रधनुष देखा गया, तो अकाल का भय है, इत्यादि। नए ज्योतिषी को यह सब देखने की कतई जरूरत न थी।

नये युग में राशि और ग्रहों के ज्योतिष ने बड़ा विशाल रूप धारण किया। केवल जल्मकालीन ग्रहस्थिति पर से ही फल नहीं कहा जाता था। वर्ष पूरा करके दूसरे वर्ष में प्रवेश करने की ग्रह-स्थिति पर से भी फल बताया जाता था। मास पूरा करके दूसरे मास में प्रवेश करने के समय की ग्रह-स्थिति से भी महीने-भर का फल बताया जाता था। ज्योतिष के इस विभाग का नाम ताजिकशास्त्र है। ताजिक अरबी लोगों को कहते हैं। इससे आप समझ सकते हैं कि यह शास्त्र मुसलमानों से हिन्दुओं को मिला। ताजिक के सभी पारिभाषिक शब्द अरबी से लिए गए हैं।

मुसलमान ज्योतिषियों ने एक-दूसरे विभाग को भी ज्योतिष से परिचित कराया। इसे रमल-शास्त्र कहते हैं। रमल अरबी के रम्माल शब्द का संस्कृत रूप है। रमल का सम्बन्ध ग्रहों और राशियों से नहीं है।

ज्योतिष का अत्यन्त महत्त्वपूर्ण अंग है शकुनशास्त्र। शकुन शब्द का अर्थ है पक्षी। जान पड़ता है कि आरंभ में यह विषय पक्षियों तक ही सीमित रहता था। प्राचीन युग के नाना कुतूहल और कुसंस्कारों के कारण यह शास्त्र विकसित हुआ। बाद में इसमें अन्य अनेक ऐसी बातें भी सम्मिलित हुईं, जिनका पक्षियों से कोई सम्बन्ध नहीं था। शकुन कुछ शुभ होते हैं, और कुछ अशुभ। अशुभ शकुन में शारीरिक और प्राकृतिक उन क्रियाओं का समावेश है, जो अकस्मात् हो जाती है। छींक एक आकस्मिक शरीर-व्यापार है, इसीलिए यह अशुभ है। अकाल में पुष्प का खिलना एक आकस्मिक व्यापार है, अतएव यह अशुभ है। गाँव में शृंगालों का रोदन एक असाधारण बात है, इसलिए इसका फल खराब है। दिन में तारा दिखाई देना, मूर्ति का हँसना आदि जो बातें साधारणतः दृष्टिगोचर नहीं होतीं, वे सब अशुभ शकुन हैं, क्योंकि कुछ चीजें ऐसी हैं, जिन्हें आप कह नहीं सकते कि ये क्यों शुभ हैं और दूसरी क्यों अशुभ। उदाहरणार्थ, मुर्दा, वेश्या, धोबी और मछली का देखना शुभ है, पर कषाय वस्त्रधारी संन्यासी का देखना अशुभ। अन्य अनेक बातें भी ज्योतिषी को जाननी पड़ती थीं। मगर यह फिर कभी। आज तो यहीं रुका जाए।

●●●